步步高

汉语阅读教程

（第五册）

主编 张丽娜
编者 梁　静
　　 雷　蕾

Step by Step

A Course in Chinese Reading Comprehension (Book 5)

北京语言大学出版社
BEIJING LANGUAGE AND CULTURE UNIVERSITY PRESS

图书在版编目（CIP）数据

步步高汉语阅读教程．第 5 册 / 张丽娜主编 ；梁静，雷蕾编．-- 北京 ：北京语言大学出版社，2009.03
ISBN 978-7-5619-2298-9

Ⅰ.①步… Ⅱ.①张… ②梁… ③雷… Ⅲ.①汉语－阅读教学－对外汉语教学－教材 Ⅳ.① H195.4

中国版本图书馆 CIP 数据核字（2009）第 028442 号

步步高汉语阅读教程　第 5 册

BUBUGAO HANYU YUEDU JIAOCHENG DI 5 CE

排版制作：北京创艺涵文化发展有限公司
责任印制：陈　辉

出版发行：北京语言大学出版社
社　　址：北京市海淀区学院路 15 号，100083
网　　址：www.blcup.com
电子信箱：service@blcup.com
电　　话：编 辑 部　8610-82303390
　　　　　发 行 部　8610-82303650/3591/3648
　　　　　北语书店　8610-82303653
　　　　　网购咨询　8610-82303908
印　　刷：保定市中画美凯印刷有限公司

版　　次：2009 年 3 月第 1 版　　印　　次：2018 年 8 月第 5 次印刷
开　　本：787 毫米 × 1092 毫米　1/16　　印　　张：17
字　　数：385 千字
定　　价：35.00 元

PRINTED IN CHINA

编写说明

本套教材共六册，面向海内外将汉语作为第二语言学习的学习者，既可作为阅读课专用教材，也可作为读写课课外阅读辅助教材，还可供自学者使用。

编写思路

阅读对全面提升语言水平有着至关重要的作用。只有通过大量的阅读才能体会出一种语言的语音感、语法感和语义感，从而培养出这种语言的正确语感。正是源于这一思路，我们编写出版了《步步高——汉语阅读教程》，从第一册完全依照词汇、语法等级大纲，由资深对外汉语教师编写的规范课文，逐步过渡到第六册全部源于国内报纸杂志以及网络资源的基本未加改动的原文。我们的目标是为不同层级的汉语学习者提供最适合的阅读材料。

浅显易读的第一册，可以使那些刚刚掌握了最基本词汇的学习者尽快开始成段阅读。在词语和句式的反复出现中，加深记忆，增强语感。重复中的拓展，又使词汇量得以扩大，在进一步学习之前对新词语有了一些感性认识；

在原文基础上改写而成的第二三册，适用于学过半年以上汉语的学习者。随着阅读长度的增加，学习者可以迅速扩展词汇量，训练阅读技能，从而更好地应对 HSK 阅读测试；

第四五册，选取难度较小的原文，根据不同层级学习者的水平稍加改动，通过强化的阅读训练，使学习者在读完所有课文之后，有望在 HSK 初、中等考试中，阅读一项达到 7～8 级的水平；

第六册的训练目标是实现原文阅读并能应对 HSK 高等考试的阅读测试。通过基本未加改动的原文阅读，在教师的指导和练习的引导下，学习者从学习性阅读逐步过渡到使用性阅读。同时，比照 HSK 高等考试中阅读测试的题型设计的练习，也能使学习者更好地应对汉语水平测试。

总之，我们希望广大汉语学习者在《步步高——汉语阅读教程》铺设的层级平台中，体会语感，扩大词汇量，循序渐进，一步一步地提高阅读能力，顺利通过 HSK 阅读测试，最终实现语言水平的全面提升。

教材特色

A. 视角年轻化：教材将读者对象锁定在 18 至 25 岁左右受过中等以上教育的汉语学习者，突出年轻、时尚、探索的特色，从年轻人的视角选择阅读材料，把握叙述态度。

B. 语料多样化：本着有用、有益、有趣的原则，选取最前沿的材料，反映最新的时尚和潮流。所选语料涉及年轻人的日常生活、当前社会现实和现象、娱乐、体育、保健、科普等诸多年轻人感兴趣的话题，同时参考了近年来 HSK 阅读理解部分的语料取向，在遵循语言学习规律的同时突出新鲜实用的特点。

C. 编写科学化：在循序渐进原则指导下，课文长度和难度比照 HSK 大纲，由易而难地逐级递增。以国家汉办编制的《汉语水平词汇与汉字等级大纲》为依据，对课文和练习的难度进行筛选和控制，同时，为了突出新鲜实用的特色，在新词语、流行词语的使用上又对等级大纲有所突破。

D. 练习标准化：以练促学是本教材的理念之一。以练习的方式检查学习者的理解程度，突出每一课的重点、难点，通过强化练习完成教学任务。部分练习在设计上与 HSK 阅读理解题型挂钩，突出阅读的工具性特点，使学习者逐渐适应标准化答题方式，有针对性地训练学习者在 HSK 阅读理解方面的答题能力和答题速度。

训练目标

A. 速读能力：培养学习者进行扫读、跳读的能力和习惯，使之能够跨越词语障碍，迅速捕捉并获取所需的信息。

B. 综合能力：培养学习者排除细节的局限和制约，进行综合概括的能力，以便迅速把握文章的主要内容和中心大意。

C. 推断能力：培养学习者的语感，以及根据字里行间或言外之意加以推断的能力，进而理解作者的情感、态度和倾向。

编写体例

A. 词汇：本套教材不设生词表，以《汉语水平词汇与汉字等级大纲》为依据，对重要词语进行难度分级，在练习一中体现对重点词语的解释和强化，对于其他超纲词，在练习二和练习三中进行解释和理解，少数新词、难词以注释形式标出。

B. 课文：词语难度决定了课文的选择。本套教材从编写到改写逐步过渡到原文，每单元围绕同一主题，由4篇课文组成。这4篇课文又形成一个小坡度，每册16单元形成一个大坡度，难度逐步加大。

C. 练习：练习数量基本上是课文长度的2～3倍，分为客观性练习和主观性练习两大类，客观性练习参照HSK阅读理解的题型，分别考查学习者对词语、句子和段意的理解。该部分既是通过练习解释词语，也是通过练习训练语法点。主观部分以填空题和问答题为主，填空题用以加深对难点、重点词语的印象，问答题则是通过“输出”来检查“输入”，使学习者在通篇阅读之后做到对课文完全理解。

关于本册

A. 本册教材选取有一定难度的原文，对一些不规范的语法、用词及生僻词语稍加改动。每单元4篇主题相关的文章难度基本形成递增趋势，字数控制在800～900左右。词语难度扩展到丁级以上，对于部分超过汉语水平词语等级大纲的词，在练习一中进行解释和强化，对一些惯用语、固定用法及特殊用法主要在练习二和练习三中进行解释和理解。

B. 本册练习四采用了“选词填空”的练习形式，对一些重要的、常用的词语进行重点练习。例句大多选自真实语境，旨在增加重点词语的例句，使学习者更好地掌握这些词语的用法。练习四作为一个提升性练习，可视使用者实际水平进行取舍。

C. 本册教材的“简答题”形式，目的在于逐渐向HSK高等阅读形式靠拢，训练学生的查读能力。“简答题”和“回答问题”两种训练形式的区别在于，前者基本上能直接在课文中找到答案，而后者则需要学生自己加以综合、概括，主要训练学生的表达能力。

D. 本册教材适合学过两年左右汉语的学习者使用，可作为三年级的阅读教材，课时建议为每周两课时。在使用本册教材时，教师可以根据学习者的实际水平，适当调整阅读进度和数量。每单元4篇课文，可部分进行课堂阅读，部分作为课后练习；也可以根据学习者的实际情况，部分精读精讲，部分用于训练快速阅读能力。总之，4篇课文，给使用者留下了一个灵活运用的空间。

本套教材的编写人员，都是从事对外汉语教学多年并具有丰富教学经验的教师，都开设过阅读课程，因此本书具有较好的教学实践基础。

在本套教材的编写过程中，我们从近年来国内出版的各种报纸杂志以及网络上，参考或选用了一些适合汉语学习者阅读的语料。由于种种客观原因，我们无法与所选阅读语料的原作者一一取得联系，希望看到本教材的原作者尽快与我们联系，我们将按照国家有关规定支付稿酬并表示衷心的感谢。

本套教材在编写出版过程中得到西安外国语大学汉学院众多同人的关心和支持，北京语言大学出版社的侯明老师也提出了不少中肯的意见和建议，在此一并表示诚挚的感谢。

编者

目　录

第一单元

一、路　遇

六月天，孩儿脸，说变就变。刚才还出太阳，忽然间便下起了小雨。她赶着要回单位，看来只能冒雨赶路了。

咦，雨停了？她抬头看看天，头上多了一把黑黑的雨伞，撑伞的是个陌生的青年，高大威猛，一表人才。

“谢谢你。”她向他表示谢意。

“不用谢。我也是向这方向走的，举手之劳，何足挂齿。”小伙子说得从容大方。

于是，一把伞下，一男一女，便聊了起来，说说笑笑，好不快活的样子。

雨真的停了，那男的向她说了一声再见，从另一个路口走了。她还感激地望着他离去的背影。

“那男人是谁？”真巧，她的男朋友碰上了，也看到了，便走过来问。

“他？我不认识他。”她无奈地摇头。

“不认识他他为你撑伞？”

“我真的不认识他。”

“不认识他和他谈得这般亲热？”

“我真的不认识他，你……”

“我想不到你会做出一脚踏两船的事。”他说完，头也不回地走了。

他和她分手快一年了，但他并不后悔，他始终认为，一脚踏两船的姑娘不可靠。不久，他又认识了一位如花似玉的姑娘，很快便热恋上了。

一天，他赶着去上班。又是说变就变的六月天，太阳刚钻进云，雨便下了起来。他想避也来不及了，便索性冒雨赶路上班。

啊，雨停了？他抬头看看天，头上多了一把大花伞，撑伞的是个陌生的姑娘，白净苗条，长得好漂亮。

“谢谢你。”他向她致谢。

“不用谢。我也顺道，举手之劳，何足挂齿。”姑娘说得很从容，也很大方。

于是，一把大花伞下，一男一女，便聊了起来，有说有笑，好不快活的样子。

雨，真的停了。那姑娘向他说了一声再见，便朝另一个街口走了。他非常感激地向她招着手，目送着她远去。

“那姑娘是谁？长得好漂亮呀！”真巧，他的女朋友路过遇上，看到了，便走过来问。

“她？”他无奈地摇了摇头，“我不认识她。”

"不认识她她会为你撑伞挡雨?"

"我真的不认识她……"他想解释但又不知怎么去解释。

"不认识会这般亲热?你倒会撒谎,但撒谎也不会看对象。"

"我真的不认识她,你……"

"我想不到你一副正人君子的模样,也会做出一脚踏两船的事。"她说完,头也不回地走了。

他知道她的脾性,一去再不复返。他望望天,天还是这个天。他望望地,地还是这个地。巧呀,去年,他也是在这里,离他的女朋友而去的。难道,去年,那小伙子,真的与她不相识?他想到这,头"嗡"的一声响起来,差点儿晕了过去。

(916字)

[选自《人民日报》(海外版),作者:林荣芝,有改动]

练 习

一、根据课文内容,选择下列词语的正确解释:

1. 冒雨 ( )

A. 下着雨　B. 戴着雨　C. 不怕雨　D. 淋着雨

2. 一表人才 ( )

A. 相貌气质出众　B. 一看就很有学问

C. 了不起的人才　D. 表面看起来很帅

3. 举手之劳 ( )

A. 举手示意　B. 举起手来　C. 毫不费力　D. 简单劳动

4. 何足挂齿 ( )

A. 不值一提　B. 挂在嘴上　C. 怎么说呢　D. 为什么要说

5. 好不快活 ( )

A. 走得很快　B. 好像不快乐　C. 非常快乐　D. 非常不快乐

6. 无奈 ( )

A. 没有耐心　B. 没有办法　C. 无比伤心　D. 无言以对

7. 一脚踏两船 ( )

A. 比喻和异性很亲热　B. 比喻谈恋爱不专一

C. 比喻说的和做的不一样　D. 比喻两人用一把伞

8. 如花似玉 ( )

A. 形容女子很美丽　B. 形容女子性格可爱

C. 形容女子很温柔　D. 形容女子肌肤洁白

9. 索性 (　　)

A. 搜索　　B. 迅速　　C. 干脆　　D. 任性

10. 正人君子 (　　)

A. 恋爱中的男人　　B. 品德高尚的人　　C. 主持正义的人　　D. 很正直的老师

11. 脾性 (　　)

A. 特点　　B. 思想　　C. 性格　　D. 爱好

二、根据课文内容，选择正确答案：

1. 陌生小伙子给这个姑娘撑伞，是因为 (　　)

A. 他愿意帮助人　　B. 他和姑娘是朋友

C. 他喜欢这个姑娘　　D. 姑娘请求他这样做

2. 当这个姑娘的男朋友看到有人为他的女友撑伞时，他 (　　)

A. 很生气　　B. 决定和陌生小伙子聊天儿

C. 很感激　　D. 决定和陌生小伙子交朋友

3. 小伙子和这个姑娘分手后一直 (　　)

A. 不后悔　　B. 很伤心　　C. 很高兴　　D. 很无奈

4. 小伙子的第二个女友决定与他分手是因为 (　　)

A. 小伙子为陌生姑娘撑伞　　B. 小伙子不喜欢她了

C. 姑娘认为小伙子还爱着别人　　D. 姑娘又爱上了别人

5. 小伙子两次与女友分手都是因为

A. 小伙子变心了　　B. 误会　　C. 姑娘变心了　　D. 雨伞

6. 小伙子“头‘嗡’的一声响起来”是因为 (　　)

A. 他突然病了　　B. 和第二个女友分手太伤心了

C. 想起来了这个地方　　D. 突然明白误解了第一个女友

7. 下面哪一项最能概括本文的内容？ (　　)

A. 都是误会惹的祸　　B. 雨天奇遇

C. 做个乐于助人的人　　D. 一脚踏两船的人

三、根据课文内容，判断正误：

1. 六月的天气变幻无常。 (　　)
2. 一个撑着黑伞的帅小伙帮助了姑娘。 (　　)
3. 姑娘很快与陌生青年成为了好朋友。 (　　)
4. 陌生青年一直把姑娘送到单位。 (　　)
5. 姑娘的男友认为姑娘和那个青年认识。 (　　)
6. 这个小伙子不喜欢爱情不专一的女孩儿。 (　　)
7. 一年后同样的事情发生在小伙子身上。 (　　)

8. 陌生的漂亮姑娘顺路送小伙子到单位。（ ）

9. 小伙子的第二个女友觉得小伙子在骗她。（ ）

10. 小伙子和第二个女友分手后难过得晕倒了。（ ）

四、选词填空：

A. 一表人才　B. 如花似玉　C. 正人君子　D. 举手之劳　E. 何足挂齿

1. 表面上看，他是________，其实他一肚子坏水。
2. 随手关灯是________的事情。
3. 小郭找了一个________的女朋友。
4. “老张，你儿子真是________，将来一定大有作为。”李老汉说道。
5. ________的男人，无论是求职还是找对象，都能给人留下良好的第一印象。
6. 赵红笑着说：“这点儿小忙，________！”
7. 这些看似________的小事却关系着广大群众的利益。
8. 在周围许多朋友甚至陌生人眼里，我是个地地道道的________，而我自己一直以来都感觉我很卑鄙。

五、简答题：

1. 小伙子认为第一个女友是什么样的人？
答：________________________________。
2. 小伙子为什么和第二个女友分手？
答：________________________________。
3. 小伙子为什么差点儿晕过去？
答：________________________________。

六　回答问题：

1. 最后，小伙子明白了什么？
2. 请谈一谈你对这个故事的感受。

二、车战

我把蓝色别克车开进公寓的地下停车场时，看见一辆黄色奥尔兹车紧靠着我的车位停着——这已经不是第一次了。那车主怎么总是停得那么贴呢？我真不明白！

连续倒了好几次车，终于把车塞进了黄奥尔兹和一根大水泥柱子间的空位，几乎都没法打开车门下车了。

一天，我回家得早，刚熄火，那辆黄奥尔兹就驶进了车位——像往常一样，它紧贴着我的车位线停下了。终于有机会会会车主了！我对这件事早已失去了耐性。不仅这样，那天我感冒了，头正疼得厉害，雪上加霜的是，我还收到了税务局的信，告诉我要补交更多的税款……

我沉下脸，对奥尔兹的车主大叫起来："你没见我都没位置停车了吗？你那边宽着呢！停远点儿！"

那车主扭过头来瞪着我，"嚷嚷什么！"她打开车门，"砰"的一声，车门撞到我的车门上。"你以为你是谁？女皇吗？"她不屑地晃着头，走出停车场。

"算你狠！"我心里想，"咱们走着瞧！"第二天我回家时发现黄奥尔兹不在，我赶紧把车挨着她的车位停下。她的车位右边也有一根大水泥柱子……

情况还是毫无改变。每次黄奥尔兹车回家，她都会紧挨着我的车位停车。直到一天，我开车驶进那狭窄的车位时，别克的后视镜被水泥柱子撞弯了。我叹了口气，趴在方向盘上。天啊！再也不能这样下去了。怎么办好呢？突然间我有了主意。

第二天，当那位女车主走到车位时，她在挡风玻璃上发现一个信封，里面的字条写着：

亲爱的黄奥尔兹：

我为那天我主人向你主人尖声大叫感到抱歉。你知道人类总是会做些傻事的。从那以后她一直过意不去。我是清楚的，因为她开车时不像往常那样快活地唱歌了。她平时可不是那样的。事实上那天她是因为收到了一封信，得知了些坏消息，然后把气撒在了你们俩身上。

我希望你和你的主人能原谅她。

你的邻居：蓝别克

第二天一早，我到停车场时，黄奥尔兹已经开走了。我在挡风玻璃上也看到了一个信封。我打开它读道：

亲爱的蓝别克：

我的主人也一直过意不去。她停车停得那么贴是因为她刚学会开车。以后我们会停远点儿的。我很高兴我们现在是朋友了。我主人很高兴你写了那字条，她也很想和你成为朋友。

你的邻居：黄奥尔兹

开动引擎时，我不禁笑出了声。从那以后，每当蓝别克在路上遇见黄奥尔兹时，两车的主人都会兴奋地招手，彼此会心地微笑。

（889字）

（选自《今晚报》，彭丽嫦译，有改动）

练习

一、根据课文内容，选择下列词语的正确解释：

1. 贴　（　）
   A. 靠得紧　B. 粘在车上　C. 靠边儿　D. 粘在一起
2. 熄火　（　）
   A. 把火扑灭了　B. 不发脾气
   C. 发动机停止转动　D. 打开了车门
3. 会会　（　）
   A. 开会　B. 一会儿　C. 见面　D. 会合
4. 雪上加霜　（　）
   A. 不幸的消息　B. 灾祸接二连三
   C. 雪下得很大　D. 又下雪又下霜
5. 沉下脸　（　）
   A. 表情沉重　B. 脸色灰暗　C. 脸色变坏　D. 心情压抑
6. 不屑　（　）
   A. 不停　B. 不像　C. 轻视　D. 生气
7. 算你狠　（　）
   A. 算你坚决　B. 算你狠心　C. 算你正确　D. 算你厉害
8. 走着瞧　（　）
   A. 走路去看　B. 边走边看　C. 去看看　D. 以后再看结果
9. 过意不去　（　）
   A. 感觉抱歉　B. 难以忘记　C. 回忆过去　D. 不断思索
10. 引擎　（　）
    A. 发动机　B. 牵引并发动　C. 用手引开　D. 发动汽车
11. 会心　（　）
    A. 面对面　B. 心情愉快　C. 很开心　D. 心心相通

二、根据课文内容，选择正确答案：

1. “我”早已经失去耐性，是因为　（　）
   A. “我”感冒了　B. “我”的头很疼
   C. “我”要补交税款　D. 黄奥尔兹总是紧贴着“我”的车位
2. “我”向黄奥尔兹的车主发脾气，是因为“我”　（　）
   A. 终于见到了她　B. 身心都很疲惫
   C. 突然很讨厌她　D. 没有位置停车

3. 黄奥尔兹的车主总是把车紧贴蓝别克，是因为 （ ）

A. 她刚学会开车，技术不好　　B. 她没有停车的地方

C. 她要惩罚蓝别克的主人　　D. 蓝别克的主人脾气不好

4.“我”发完脾气以后，黄奥尔兹车 （ ）

A. 车主以为“我”是女皇　　B. 开过来撞了“我”的车门

C. 还是紧贴着“我”的车停　　D. 把“我”的车的后视镜撞弯了

5.“我”给黄奥尔兹车写信是为了 （ ）

A. 批评它主人做得不对　　B. 向它主人表示歉意

C. 告诉它主人“我”平时怎么开车　　D. 告诉它主人“我”一直很生气

6.“我”不禁笑出声，是因为 （ ）

A.“我”胜利了　　B.“我”心情好了

C. 我们彼此原谅了对方　　D. 黄奥尔兹终于停得比较远了

7. 这个故事告诉我们 （ ）

A. 停车常常会引起一些争吵　　B. 车技不好会带来一些麻烦

C. 写字条是解决问题的一种好方法　　D. 要理解、宽容别人

三、根据课文内容，判断正误：

1. 故事发生在公寓的地下停车场。 （ ）
2. 第一次见黄奥尔兹车主那天，“我”心情很不好。 （ ）
3. 那天下着雪，天气很冷，“我”感冒了。 （ ）
4. 那天更糟糕的事情是税务局通知“我”要补交很多的税款。 （ ）
5.“我”要停车的时候发现黄奥尔兹已经把“我”的车位占了。 （ ）
6. 看见“我”发脾气，黄奥尔兹的车主也很不客气。 （ ）
7. 看到黄奥尔兹车主的态度，“我”决定也挤她的车位。 （ ）
8.“我”平时总是开着车快活地歌唱。 （ ）
9. 黄奥尔兹的车主刚刚学会开车 。 （ ）
10. 后来，“我”和黄奥尔兹的车主常常一起开车出去。 （ ）

四、选词填空：

A. 过意不去　B. 雪上加霜　C. 会心　D. 不屑　E. 走着瞧

1. 对于朋友的忠告，他总是表现出一副________的样子。
2. 看着眼前信誓旦旦的面孔，我只能说：“________吧！”
3. 她送了我这么多东西，不请她吃顿饭真是________。
4. 这次投资失误让本来就深陷困境的公司________。
5.“有本事，咱们________！”他狠狠地说。
6. 他们________一笑，又成为了好朋友。

7. 父亲刚刚去世，丈夫就提出了离婚，这对她无疑是＿＿＿＿＿。

8. 让你白跑了一趟，我觉得特＿＿＿＿。

五、简答题：

1.“我”不明白的是什么事情？

答：＿＿＿＿＿＿＿＿＿＿＿＿＿＿＿＿＿＿＿＿＿＿＿＿。

2. 为解决双方的矛盾，“我”想出了什么主意？

答：＿＿＿＿＿＿＿＿＿＿＿＿＿＿＿＿＿＿＿＿＿＿＿＿。

3.“车战”的结局是什么？

答：＿＿＿＿＿＿＿＿＿＿＿＿＿＿＿＿＿＿＿＿＿＿＿＿。

六、回答问题：

1. 这场“车战”的原因是什么？

2. 你觉得她们解决矛盾的办法怎么样？

三、开往春天的火车

火车疾驰着。

他微闭着双眼，但车内的一切场景都在他的视线里，他时刻用细缝一样的目光注视着旅客的一举一动，以及旅客身边的背包。

他几乎每天都在这趟列车上，因为这是他的工作，他的饭碗。他不想做小偷，但他真不知道自己还会做什么。

就在他打算出手时，车厢里的旅客骚动起来，因为不知什么时候火车上来了一个剧组。穿着蓝马甲的大胡子导演对旅客们说，要在车上拍几个电视剧镜头，请大家配合一下。

旅客们立即往摄像机这边投来好奇的目光。他也不由自主地回了一下头，看到了摄像师，也看到了女主角。他把目光停在女主角的身上。这个女的真漂亮，他在心里说，要是娶一个这样的媳妇我就啥也不要了。他都三十五岁了，还没娶到老婆。

他把眼睛闭紧了，现在没有机会，等这个该死的剧组下了车再说吧。

他正想要放松一直绷紧的神经时，突然有人拽了一下他的胳膊，然后听见一个女人甜润的声音：“导演，你看他行不？”

是剧组中的那个女主角。

“行，就他了。”导演说。“他的形象还真像个小偷。”导演又补充道，“我没别的意思，只是想让你客串一下小偷，做一个临时演员，演一个小偷把女主角的东西偷走了。”

“能帮个忙吗？”女主角微笑地看着他。

这样姣好的脸蛋再加上这样清新的笑容，他没法拒绝。

这组镜头拍得异常顺利。尽管他没有台词，只是简单地把手伸进女主角的包儿，然后把钱包拿出来，但这样的顺利还是超乎导演的想象。导演拍着他的肩膀高兴地说：“演得太好了，惟妙惟肖。”女主角也夸奖他：“你很有表演天赋，不做演员可惜了。”虽然像是一句玩笑话，但他的心里仍然很温暖。

尽管他几乎每天都在重复着这样的动作，却从没有过什么幸福感，但这一次除外。

到站的时候，导演和女主角都给他留下了联系方式，女主角下车时还甜甜地和他说了声“拜拜”。他开心地向女主角笑了一下。

下车的时候，他的眼泪不知为什么落了下来。自从农村老家出来打工那天起，他就没得到过什么夸奖和肯定，也没有什么朋友，他似乎不会笑了，因为没有人向他微笑。

走出车站的时候，他回头看了一眼那趟列车，他知道那趟列车循环往复，永远没有终点，而他以前的生活，此时却到了终点。

(842 字)

（选自《微型小说选刊》，作者：吕清明，有改动）

练习

一、根据课文内容，选择下列词语的正确解释：

1. 疾驰 (　　)

   A. 飞奔　B. 停靠　C. 暂停　D. 行驶

2. 视线 (　　)

   A. 关注　B. 目光　C. 范围　D. 视力

3. 饭碗 (　　)

   A. 爱好　B. 特长　C. 职业　D. 吃饭

4. 出手 (　　)

   A. 开始动手　B. 拿出来　C. 卖出东西　D. 上厕所

5. 骚动 (　　)

   A. 行为不文明　B. 秩序混乱　C. 身体不舒服　D. 活动起来

6. 马甲 (　　)

   A. 外套　B. 裤子　C. 背心　D. 毛衣

7. 不由自主 (　　)

   A. 不禁　B. 随便　C. 自然　D. 自动

8. 该死 (　　)

   A. 带来麻烦　B. 令人厌恶　C. 应该结束　D. 令人烦恼

9. 拽 （ ）

A. 拉　B. 提　C. 扭　D. 打

10. 客串 （ ）

A. 客人来回走动　B. 临时参加表演

C. 像客人一样介绍　D. 扮演一个客人

11. 姣好 （ ）

A. 娇气　B. 美丽　C. 特别　D. 大方

12. 惟妙惟肖 （ ）

A. 非常奇妙　B. 非常逼真　C. 只是奇妙　D. 非常好看

13. 天赋 （ ）

A. 天生的勤奋　B. 每天都很努力

C. 每天得到的　D. 生来具有的能力

二、根据课文内容，选择正确答案：

1. 他坐火车是为了 （ ）

A. 旅行　B. 回家　C. 偷东西　D. 表演

2. 剧组上火车来是为了 （ ）

A. 拍镜头　B. 找演员　C. 抓小偷　D. 照相

3. 看到那个女演员，他 （ ）

A. 一下子喜欢上了她　B. 想起了自己的老婆

C. 觉得自己该娶老婆了　D. 觉得自己太老了

4. 由于剧组上了火车，他 （ ）

A. 没有偷成东西　B. 产生了结婚的想法

C. 变成了一个演员　D. 放松地休息了一下

5. 导演让他客串小偷是因为 （ ）

A. 他就是小偷　B. 他看起来像小偷

C. 女主角喜欢他　D. 他一直在看女主角

6. 他演得惟妙惟肖是因为 （ ）

A. 这场戏没有台词　B. 他有表演天赋

C. 这场戏很简单　D. 他本来就是小偷

7. 下车时他落下了眼泪是因为他 （ ）

A. 舍不得女主角　B. 第一次得到夸奖和肯定

C. 没有偷到东西　D. 没有能够当上演员

8. 最后一段的意思是 （ ）

A. 他再也不坐火车了　B. 那趟列车不知道开到哪里去

C. 他再也不当小偷了　D. 他再也不想活下去了

三、根据课文内容，判断正误：

1. 他坐在火车上睁大眼睛注视着车上的一切。 (　　)
2. 他总是盯着旅客身边的背包。 (　　)
3. 他几乎每天都在这趟列车上偷东西。 (　　)
4. 他正在偷东西的时候，火车上上来了一个剧组。 (　　)
5. 由于剧组的到来，车厢里有些混乱了。 (　　)
6. 他已经三十五岁了，可还是单身。 (　　)
7. 看到让他客串小偷，旅客们都很好奇。 (　　)
8. 剧组要找一个人演小偷，他感觉很紧张。 (　　)
9. 他的表演得到了导演和女主角的肯定。 (　　)
10. 他已经很久没有得到过别人的关心了。 (　　)
11. 他决心从此改变自己的生活。 (　　)

四、选词填空：

A. 惟妙惟肖　　B. 出手　　C. 骚动　　D. 不由自主　　E. 放松　　F. 注视

1. 小镇的这条路不宽，人很多，你会________地随着拥挤的人流向前走去。
2. 剧中她扮演了一位英雄的母亲，言谈举止，无不________。
3. 他刚一________，那个男人就倒下了，周围马上有人打电话报警。
4. 最近，不知道是什么原因，他________了学习。
5. 等了很长时间，电影还没有开始放，观众________起来。
6. 看到这感人的情节时，我________地流下了眼泪。
7. 他的翻译技巧非常高超，甚至连原作中的幽默风味也能________地表达出来。
8. 他的讲话引起了一阵________，人们纷纷开始议论。
9. 终于等到________的机会了，他一把摁住了小偷。
10. 他目不转睛地________着远处的高楼。

五、简答题：

1. 剧组上车之前，他在做什么？

   答：____。

2. 他要演的镜头是什么？

   答：____。

3. 他为什么开心地向女主角笑？

   答：____。

六、回答问题：

1. 请谈一谈他以前的生活。

2. 他以前的生活到了终点，这指什么？

四、单片眼镜

1947 年，我在老家的乡村小学读四年级，这一年来了一位叫张演群的老先生。从上课的第一天开始，我对他鼻梁上那副眼镜就十分感兴趣：两个厚厚的镜片像玻璃瓶底。更令我奇怪的是，当他朗读课文时便把眼镜摘下，把课本贴到鼻尖上；当向学生提问时，又需戴上眼镜。此时，他便要用手在讲台上摸索半天才能找回他的眼镜。他这动作引起我这个 10 岁孩子极大的好奇心。

我是一个极顽皮的孩子，因为个子矮小，座位安排在第一排，所以稍有小动作，演群老师便会立即戴上那副瓶底似的眼镜瞪着我。透过镜片，他的双眼活像金鱼的眼睛，鼓鼓的，显得很滑稽。我也因此忍不住“扑哧”地笑出声来。这时，演群老师可不客气，他一拍桌子叫我站起来。然而，我屡遭处罚又死不改悔，这样，大凡张老师的课，十有八九也是我练“站功”的科目了。于是我想捉弄一下老师。

有一次他提出一个问题，我马上举起了手，老师示意让我回答，我说我写在纸上。我径自走上讲台，将空白的小本子交了上去。老师照样取下眼镜放在讲台上。我偷偷地将老师的眼镜移到桌边，有一半悬空。老师的鼻尖差不多碰到我那什么也没有的笔记本上时，便伸手取眼镜。“啪”的一声，眼镜被老师的手碰落在地上。我听到了一声玻璃碎裂的脆响，吓得拔腿就跑。

我好几天不敢去上学，校长找上门来了。我浑身哆嗦，吞吞吐吐地讲了事件的经过。校长叹了一口气，告诉我，演群老师的眼镜砸破了一个镜片，他的眼镜有两千多度，价格昂贵，而且本地配不上，要到离家乡两百多里以外的汕头市才能配上，他现在不能上课了。我一听吓得说不出话来。校长的目光很严厉，但没有责怪我。

过了一周，再上张老师的课时，我清楚地记得老师左手捂着左眼，右手举着只剩下单片镜片的眼镜讲课，朗读课文时，小心地把眼镜放在口袋里，不敢再放在讲台上。我不禁感到了忏悔，但是我没有勇气向老师认错。奇怪的是，老师竟从不提这件事，更没有责备我。

1955 年我到广州上大学时，曾向演群老师辞别，然而我仍然没有勇气向他道歉。以后我再也没有见过演群老师。如今，50 年过去了，老师已经过世，我只要想起他，就会想起那只单片眼镜，我就会深深地内疚……

（855 字）

（选自《南方周末》，作者：张木桂，有改动）

练习

一、根据课文内容，选择下列词语的正确解释：

1. 摸索（　　）

A. 抚摸　　B. 寻找　　C. 探索　　D. 移动

2. 顽皮（　　）

A. 非常狡猾　　B. 非常坚强　　C. 聪明活泼　　D. 贪玩儿爱闹

3. 活像（　　）

A. 极像　　B. 正像　　C. 好像　　D. 活动

4. 屡遭处罚（　　）

A. 不断遭受处理　　B. 很少受到处理

C. 多次受到惩罚　　D. 不怕受到惩罚

5. 死不改悔（　　）

A. 无法改正　　B. 死了也不后悔

C. 坚决不改　　D. 后悔得要死

6. 大凡（　　）

A. 大概　　B. 大约　　C. 如果　　D. 凡是

7. 捉弄（　　）

A. 捉住　　B. 戏弄　　C. 教训　　D. 玩弄

8. 示意（　　）

A. 很生气地同意　　B. 表示意义

C. 用表情表示意思　　D. 马上同意

9. 径自（　　）

A. 自己　　B. 自愿　　C. 很快　　D. 直接

10. 吞吞吐吐（　　）

A. 说不清楚　　B. 想说又不敢说

C. 说话很慢　　D. 想吃又不敢吃

11. 捂（　　）

A. 遮盖　　B. 保护　　C. 揉搓　　D. 抚摸

12. 忏悔（　　）

A. 难过　　B. 后悔　　C. 害怕　　D. 担心

13. 内疚（　　）

A. 悄悄地后悔　　B. 心里一直有病

C. 在内心道歉　　D. 内心惭愧不安

二、根据课文内容，选择正确答案：

1. 从第一天开始，“我”对张演群老先生感兴趣的是他的 （　　）

A. 鼻梁　B. 眼镜　C. 玻璃瓶　D. 教学方法

2. “我”很好奇张老先生 （　　）

A. 为什么戴眼镜　B. 眼镜的样子

C. 朗读课文的方法　D. 找眼镜的动作

3. “我”坐在第一排是因为 （　　）

A. “我”很顽皮　B. “我”个子矮

C. “我”经常做小动作　D. 演群老师瞪“我”

4. 老师批评“我”时，“我”忍不住要笑是因为 （　　）

A. 老师的眼镜好笑　B. 老师瞪“我”的样子很滑稽

C. 老师对“我”很不客气　D. 老师的眼睛变成了金鱼眼睛

5. “我”是怎样捉弄老师的？ （　　）

A. 把老师的眼镜移到桌边　B. 向校长告状

C. 故意写很小的字给老师看　D. 几天不去上学

6. 老师的眼镜为什么配不上？ （　　）

A. 他很穷，没有钱　B. 本地没有眼镜店

C. 眼镜度数太高，本地没有　D. 张老师不想配

7. 校长为什么找上门来？ （　　）

A. 因为“我”几天没去上课　B. 来告诉“我”张老师的情况

C. 要让“我”给老师配眼镜　D. 来告诉“我”现在不能去上课了

8. “我”最终没有向张演群老师道歉是因为 （　　）

A. 不喜欢张老师　B. 没有足够的勇气

C. 张演群老师去世了　D. 去广州上大学去了

三、根据课文内容，判断正误：

1. 张演群老师总是戴着眼镜朗读课文。 （　　）
2. 摘了眼镜张演群老师几乎什么都看不清楚了。 （　　）
3. “我”一有小动作，张演群老师就戴上眼镜瞪“我”。 （　　）
4. 张老师一生气“我”就高兴得笑出声来。 （　　）
5. 张老师的课上“我”常常被罚站。 （　　）
6. 老师的眼镜被打碎了，“我”吓得跑了。 （　　）
7. 捉弄了老师以后，“我”不敢去上学了。 （　　）
8. 校长来找“我”，“我”很害怕。 （　　）
9. 校长目光严厉地批评了“我”。 （　　）

10. “我”一直都觉得很对不起张演群老师。 ( )

四、选词填空：

A. 死不改悔　B. 吞吞吐吐　C. 十有八九

1. 这件事________是张朋做的。
2. 老师已经批评了他很多次，可是，他就是________，总是欺负女同学。
3. 他说话________，这说明他心里有鬼。
4. 看着他欲言又止、________的样子，我不禁有些着急。
5. 他________，始终坚持他的错误论调。

D. 捉弄　E. 摸索　F. 活像　G. 示意　H. 径自

6. 楼道漆黑一片，张老师________着上楼。
7. 他的眼圈黑黑的，________一只大熊猫。
8. 我经常被别人________。
9. 警察________让那辆黑色的小车停到路边。
10. 任务还没有完成，怎么能________离开呢？
11. 他微笑着________我到前边来。
12. 他把我撇在这儿，________跟别人走了。
13. 干中学，学中干，经过长期的________，他终于总结出了一套行之有效的方法。
14. 看看你的样子，浑身上下湿淋淋的，________一只落汤鸡。

五、简答题：

1. 为什么张演群老师瞪“我”时“我”会发笑？
答：____。
2. 张演群老师的眼镜为什么会掉在地上？
答：____。
3. 张演群老师的眼镜哪里可以配到？
答：____。

六、回答问题：

1. 在张演群老师的课上，“我”为什么练“站功”？
2. 张演群是什么样的老师？
3. “我”为什么深深地内疚？

第二单元

一、沙堡与大海

虽然我一向喜欢登山，但是在这个晴朗的早晨，日出时的海滩向我展现出独一无二的美丽。当我来到空旷的海滩时，两个孤独的身影映入我眼中：一个在喂海鸥，另一个在加固沙堡，抵御逼近的潮水。

我将自行车停在人行道上，向大海走去，边走边审视着喂海鸥的那个身影。那天然的优雅、流畅的动作，与大海构成和谐的一体。我认出了她，是王阿姨。磨破的牛仔裤，褪色的T恤，头戴一顶棒球帽，远看活像十几岁的少年。在波涛轰鸣中，她如同在自家一般自如。

她并没有转过身来，却已感觉到我来了。“拿几片儿面包。”她温柔地对我说，信手递给我几片儿面包，而眼睛却仍注视着所喂的那对海鸥。当我捏碎面包时，头顶海鸥的鸣叫，带着咸味的海风，还有不远处保护沙堡的小男孩儿的身影，使我内心无比安宁。自从得知父母打算离婚，我很久不曾感受这种安宁了。所有的忧虑都抛在一边，我忽然感到更加自由轻盈，就像春天来临时脱去冬衣。

最后一片儿面包也已经喂光，我和王阿姨仍久久地看着那个男孩儿。最后她开口道：“这个孩子的执著实在令人钦佩。他竭尽全力保护自己的沙堡，因为他用了美丽的贝壳装饰沙堡，把心和灵魂都倾注在其中。但是无论他筑多么高的墙，挖多么深的沟，大海永远更加强大。”

在她的话语声中，我注视着那个男孩儿。潮水越来越近，他也越来越忙乱。他拼命地挖着，每一波潮水都在他脸上增加一分忧惧。最后，王阿姨拉着我的手，向水边走去。男孩儿仰起脸看着我们，起初似乎有些迷惑，接着便微笑起来。王阿姨伸出另一只手，男孩儿离开沙堡，站起来拉住她的手。在我们三人的注视下，潮水冲垮了沙墙，淹没了壕沟，将沙堡夷为平地。

看着装饰沙堡的贝壳散落下来，王阿姨松开我们的手说：“来，把贝壳收集起来。它们是沙堡最美丽的部分，用这些贝壳我们就可以在安全的地方建起一座新的沙堡。”

王阿姨这番话将永远引导着我。当一次又一次不可抗拒的力量使我陷入困境时，是沙滩上的这一天，鼓舞我奋力重建新的生活。

（790字）

（选自《环球时报》，张越编译，有改动）

练习

一、根据课文内容，选择下列词语的正确解释：

1. 独一无二 （　　）

A. 无与伦比　B. 难以再现　C. 数一数二　D. 孤独寂寞

2. 抵御 （　　）

A. 反抗　B. 抵挡　C. 防止　D. 控制

3. 审视 （　　）

A. 审查　B. 远远地看　C. 凝视　D. 仔细地看

4. 褪色 （　　）

A. 变色　B. 深色　C. 掉色　D. 浅色

5. 自如 （　　）

A. 自信　B. 自然　C. 自由　D. 自主

6. 信手 （　　）

A. 随手　B. 伸手　C. 随便　D. 信任

7. 忧虑 （　　）

A. 思虑　B. 考虑　C. 伤心　D. 忧愁

8. 执著 （　　）

A. 努力　B. 坚强　C. 认真　D. 坚持

9. 竭尽全力 （　　）

A. 用尽全部力量　B. 全面地努力　C. 调动一切力量　D. 非常卖力地

10. 迷惑 （　　）

A. 看不清楚　B. 不明白　C. 听不清楚　D. 不知道

11. 夷为平地 （　　）

A. 出现一片平地　B. 铺出一片平地

C. 削成一片平地　D. 走过一片平地

12. 抗拒 （　　）

A. 抵抗　B. 拒绝　C. 抗议　D. 服从

二、根据课文内容，选择正确答案：

1. “我”一直喜欢的是 （　　）

A. 登山　B. 看海上日出　C. 喂海鸥　D. 海滩散步

2. 王阿姨让“我”和她一起 （　　）

A. 喂海鸥　B. 看日出

C. 看小男孩儿筑沙堡　D. 捏碎面包

3. 自从知道父母要离婚以后，“我”一直 （ ）

A. 很忧虑 B. 穿着冬衣 C. 很安宁 D. 自由轻盈

4. 和王阿姨喂海鸥的时候，“我” （ ）

A. 脱掉了冬天的外套 B. 得知了父母打算离婚的消息

C. 忘掉了所有的烦恼 D. 一直看着远处小男孩儿的背影

5. 王阿姨觉得 （ ）

A. 男孩儿的精神可嘉 B. 沙堡的墙应该再高一点儿

C. 男孩儿是个失败者 D. 沙堡的沟挖得很深

6. 男孩儿和我们一起离开了沙堡是因为他知道了 （ ）

A. 王阿姨想让他离开 B. 我们不喜欢他的沙堡

C. 他的沙堡没做好 D. 他无法战胜大海

7. 王阿姨让我们收集贝壳是因为 （ ）

A. 这些贝壳很美丽 B. 这些贝壳倾注着男孩儿的心

C. 她很喜欢收集贝壳 D. 她要用贝壳装饰新的沙堡

8. 这件事让“我”知道了 （ ）

A. 在海滩上筑沙堡是没用的 B. 无论遇到什么困难，总会有新的开始

C. 喂海鸥能让心灵放松 D. 贝壳是沙堡最美丽的部分

三、根据课文内容，判断正误：

1. 清晨的海滩上人很少。 （ ）
2. “我”到海滩上找王阿姨一起喂海鸥。 （ ）
3. 王阿姨看起来很年轻。 （ ）
4. 王阿姨没看见“我”，但感觉到“我”来了。 （ ）
5. 近来“我”的心情一直很不好。 （ ）
6. 喂完海鸥，“我”和王阿姨开始注意那个男孩儿。 （ ）
7. 王阿姨觉得人类无法和大海对抗。 （ ）
8. 潮水来的时候男孩儿不知道该怎么办。 （ ）
9. 我们一起看着潮水冲毁了沙堡。 （ ）
10. 王阿姨的话对“我”产生了很大的影响。 （ ）

四、选词填空：

A. 竭尽全力 B. 抵御 C. 信手 D. 钦佩 E. 执著 F. 自如

1. 日本的猴子也喜欢泡温泉，以________冬日的严寒。
2. 我________地尝试用各种方法联系他。
3. 不管有多少困难，我都要________完成这个任务。
4. 这本小说主人公的爱国精神让我非常________。

5. 张老师国画画得非常好，________几笔就是一只活灵活现的小鸭子。

6. 他对爱情的________感动了很多人。

7. 我已经________了，最后能不能成功就看老天爷了。

8. 他________写在纸上的几句话暴露了内心的秘密。

9. 这种车型主要适用于城市道路，应付城市路况轻松________。

五、简答题：

1. “我”在空旷的海滩看到了什么？

答：____。

2. 请描述一下王阿姨的打扮。

答：____。

3. 男孩儿为什么竭尽全力保护自己的沙堡？

答：____。

六、回答问题：

1. 为什么“我”要去海滩？

2. 你觉得王阿姨是一个什么样的人？

3. 男孩儿保护沙堡这件事有什么象征意义？

二、穿越一万公里的鱼

一条鱼，原来生长在南极洲冰冷的海水中，后来却来到了北极圈内，被格陵兰岛上的渔民捕捉了去。

岛上的人从来没有见过这样的鱼，于是专家来了。他们说这是深海鲈鱼，应该生活在南半球的，一般不可能出现在北极圈内。

没有人知道这条鱼是如何从南极圈附近到达北极圈的。所掌握的资料证明，它是自个儿游来的。可能它是某个迁徙家庭中的一员。它只朝着一个方向游，在深海中穿行，躲过了天敌的攻击，它的家族成员在长途迁徙过程中老去。最终它穿过温带的海水，经历了赤道的酷热，游过一万公里的路程，终于在某一个太阳升起的日子，顺利地到了同样严寒的空间里。

不知道它为什么这样做，这真是一个问题。我说的不是那条鱼，我想知道除了鱼之外，还有多少生命在进行令人不可思议的穿越。

也许真的太少。哺乳类动物和鸟类都比鱼类高级，但从来没有发现过南极洲企鹅会跑马拉松到北极，它们只会生长在既定的环境里，与世隔绝，也不希望被外界打扰。人可以借助交通工具到达某个目的地，但那只是惊鸿一瞥，浮光掠影一番后，又回到属于自己的那个空间。还有更多的人，留恋自己的家园，即使是穷山恶水，也会把自己滚烫的血肉一点儿点儿地在那贫瘠的土地上挥霍一空。

人类基因科学家破译了人类的遗传基因，黄色人种的起源地应该是在非洲，科学家列举了黄色人种和黑色人种存在的基因相同的数字。科学家说，在很久远的过去，我们的祖先曾经从非洲大陆出发，经历几十年或者更长的时间到了亚洲大陆。他们在这个亚洲大陆上繁衍，然后就再没有走出大陆一步。当美洲发生疯狂移民的时候，亚洲大陆还在沉睡。

到底是谁羁绊了我们的脚步？

20年前的一个黄昏，一架飞机低空掠过一个偏僻的山坳。一个孩子在想："长大以后我要飞向远方，很远很远的地方。"20年后，孩子有了飞翔的资本，但是他舍不得故土，舍不得亲情，舍不得爱情，舍不得安逸的环境。

那个孩子就是现在的我。我被故土围住，也被故土所伤。现在我想起了那条鱼，那条穿越了一万公里让人感到莫名其妙的鱼，心中就升起敬重。

（809字）

（选自《中国青年》，作者：肖路，有改动）

练习

一、根据课文内容，选择下列词语的正确解释：

1. 迁徙 （ ）

A. 迁移 B. 迁居 C. 流浪 D. 徒步

2. 天敌 （ ）

A. 天然的敌人 B. 天下的敌人 C. 天上的敌人 D. 天才的敌人

3. 不可思议 （ ）

A. 不能思考 B. 无法评说 C. 难以理解 D. 从未想过

4. 借助 （ ）

A. 借来 B. 凭借 C. 帮助 D. 使用

5. 惊鸿一瞥 （ ）

A. 惊奇地看一眼 B. 飞快地看一眼

C. 大雁从空中飞过 D. 像飞翔的大雁一样

6. 浮光掠影 （ ）

A. 光影交错 B. 抓住影子 C. 光芒耀眼 D. 简单看看

7. 贫瘠 （ ）

A. 不肥沃　B. 贫苦　C. 不富裕　D. 病弱

8. 挥霍一空 （ ）

A. 浪费一次　B. 耗费完　C. 全部播撒　D. 迅速搬空

9. 破译 （ ）

A. 完全翻译　B. 彻底了解　C. 揭开秘密　D. 首次翻译

10. 羁绊 （ ）

A. 束缚　B. 阻挡　C. 停留　D. 制止

11. 安逸 （ ）

A. 安静优美　B. 安全富裕　C. 安闲舒适　D. 安定有序

12. 敬重 （ ）

A. 重视　B. 沉重　C. 尊严　D. 尊敬

二、根据课文内容，选择正确答案：

1. 这条鱼原来生活在哪里？ （ ）

A. 北极圈内　B. 格陵兰岛　C. 南极圈附近　D. 温带的深海

2. 这条鱼是怎么到达北极圈的？ （ ）

A. 海水冲过去的　B. 被一个迁徙的家庭带过去的

C. 自己游过去的　D. 被渔民捉住带过去的

3. 这条鱼在迁徙的过程中 （ ）

A. 成为某个迁徙家庭中的一员　B. 一直坚持着自己的方向

C. 在深海中遇到了天敌的攻击　D. 它的家庭成员都长大成熟了

4. 这条鱼的迁徙路线是 （ ）

A. 南极洲—北极圈—格陵兰岛—温带—赤道

B. 南极洲—北极圈—格陵兰岛—南半球—南极圈附近

C. 南极圈附近—温带—赤道—温带—北极圈内

D. 南极圈附近—北极圈内—温带—赤道—格陵兰岛

5. 这件事让作者开始思考 （ ）

A. 这条鱼为什么这样做　B. 有多少生命在进行着不可思议的穿越

C. 哺乳动物为什么不穿越　D. 如何能让南极洲企鹅跑马拉松到北极

6. 人类基因科学家 （ ）

A. 揭开了人类遗传基因的秘密　B. 发现了不同人种的遗传基因

C. 发现了人类大迁徙的时间　D. 提出是谁羁绊了我们的脚步

7. 人类基因科学家研究表明 （ ）

A. 黄色人种和黑色人种基因完全相同　B. 美洲正在疯狂移民

C. 黄种人从非洲到亚洲后就没有离开　D. 亚洲大陆还在沉睡

8. 20 年前作者 （ ）

A. 喜欢看飞机　　B. 想长大后开飞机

C. 想长大后离开家乡　　D. 舍不得安逸的环境

9. 这篇文章主要告诉我们 （ ）

A. 鱼是能够长途迁徙的动物　　B. 有许多生命在进行着长途迁徙

C. 黄色人种的起源地在非洲　　D. 人类对故土的留恋羁绊了自己的发展

三、根据课文内容，判断正误：

1. 格陵兰岛的渔民在南极洲冰冷的海水中捉到一条深海鲈鱼。 （ ）
2. 深海鲈鱼是生活在南半球的一种鱼类。 （ ）
3. 这条鱼独自从南极圈向北极圈迁徙。 （ ）
4. 这条鱼在迁徙中经历了种种磨难。 （ ）
5. 作者由此开始研究动物迁徙的问题。 （ ）
6. 南极洲的企鹅生活在一种与世隔绝的环境中。 （ ）
7. 即使生活在自然环境恶劣的地方，人类也不愿意迁徙。 （ ）
8. 科学家知道黄色人种和黑色人种哪些基因相同。 （ ）
9. 美洲的大移民对亚洲没有产生影响。 （ ）
10. 作者的故乡是一个交通不便的山区。 （ ）
11. 20 年后作者拥有了飞机。 （ ）
12. 作者现在依然生活在故乡。 （ ）

四、选词填空：

A. 借助　　B. 帮助

1. 众多好心人给予他的无私________使他坚定了与疾病作斗争的信心。
2. 很多企业都在思考如何________广告宣传提升自己的品牌形象。
3. 她喜欢________文字来表达内心丰富的情感。

C. 羁绊　　D. 绊倒

4. 我想要像雄鹰一样飞向天空，然而亲情却________着我的梦想。
5. 小莉总是不小心，这不，光顾着和同学说话，一出门又被________了。
6. 我要冲破所有的________，不顾一切地去追求我的理想。

E. 敬重　　F. 尊重

7. 苏步青老师是中国数学界人人________的前辈。
8. 幼儿教育应________幼儿的人格和权利。
9. 人是富于感情的，需要得到别人的________和信任。

五、简答题：

1. 这条鱼怎样从南极洲到达了北极圈？

答：____________________________________。

2. 为什么人类基因科学家说黄种人起源于非洲？

答：____________________________________。

3. 为什么作者长大后没有走向远方？

答：____________________________________。

六、回答问题：

1. 这条鱼在迁徙过程中都经历过什么？
2. 为什么说人类非常留恋自己的家园？
3. 为什么作者对这条鱼会有一种敬重？

三、爱心不会闲置

我每周都准时收看央视新闻频道的《本周》节目，这是一档附加着哑语解说，充满着人文关怀的节目。

有一次，我和一个朋友一道收看《本周》节目，突然，他指着那个哑语解说员说：看这比画劲儿的，纯粹是多此一举！播新闻你就好好儿播吧，整哪门子哑语呀？好像全中国人都耳背似的。哼！

我说：你说的可不对。不知你留意过盲道没有，反正我留意过。自打这座城市里修建了盲道，我就从来没有遇见过真正的盲人在上面走。你可能要说，这不是浪费吗？我不这么认为。

我的学校曾有过一个在大地震中失去了右臂的学生。他最怕上体育课和实验课，终日里郁郁寡欢。更糟糕的是，有些调皮的同学还会没深没浅地跟他开玩笑。有一天，政治老师来上课，她点了四个同学的名字，让他们到讲台上完成一道练习题。首先，她让大家把自己的外套脱掉，同学们便嘻嘻哈哈地脱了；老师又命令他们穿好，他们也照办了。老师又说：现在，请你们用一只左手把外套脱掉再穿上。他们笨拙地完成了。然后，老师又说：请你们不要用自己的双手将外套脱掉再穿上。他们面面相觑。半晌，才有一个同学恍然大悟地去帮着邻近的同学脱外套。受到了他的启发之后，他们互帮互助，顺利完成了任务。末了，老师说：从某种意义上讲，我们每个人都是残疾人。在我们的婴儿时期，我们的大脑与四肢几乎都处于残障状态，我们需要人来抱、来喂、来帮助；等我们老了，我们的大脑和四肢又有可能陷入残障状态，痴呆，偏瘫，活动受限，这些疾患威胁着我们。同学们，你们看，今天的我们有多么幸运，趁着我们还健康，趁着我们还有足够的时间和能力去帮助那些需要帮助的人，我们就应该多做一点儿啊！

从此以后，那个班的同学都争着抢着去帮助那个失去右臂的同学，爱护他，善待他，让他充分感受到班集体的温暖。

所以我想，在某一时刻，即便没有失聪的人收看《本周》，即便没有盲人行走在城市四通八达的盲道上，它们的存在也是有充分理由的。就像这位令人敬佩的政治老师苦心设计的练习题一样，它们要以自己的存在唤醒人们也许已然麻木的爱心。

(819字)

(选自《求学》，作者：张丽钧，有改动)

练　习

一、根据课文内容，选择下列词语的正确解释：

1. 附加　　（　　）

A. 有时加上　B. 另外加上　C. 附近还有　D. 附近加上

2. 比画　　（　　）

A. 用手势表达意思　B. 非常费力

C. 比赛画画儿　D. 比原来好

3. 哪门子　　（　　）

A. 哪个门　B. 哪里　C. 哪个人　D. 什么

4. 耳背　　（　　）

A. 耳朵上　B. 耳朵背后　C. 听不见　D. 喜欢听

5. 没深没浅　　（　　）

A. 没完没了　B. 没有礼貌　C. 不多不少　D. 没有分寸

6. 笨拙　　（　　）

A. 不聪明　B. 笨重　C. 不灵活　D. 慢慢

7. 面面相觑　　（　　）

A. 面对面进行讨论　B. 互相看着不知道怎么办

C. 面对面互相看着　D. 互相打量着对方的表情

8. 半晌　　（　　）

A. 白天的一半　B. 整个早上　C. 很长时间　D. 一个下午

9. 恍然大悟　　（　　）

A. 突然明白了一切　B. 迷迷糊糊地开始

C. 突然看到了希望　　D. 小心翼翼地想到

10. 苦心（　　）

A. 心中厌恶　B. 痛苦的心　C. 心中痛苦　D. 费尽心思

11. 麻木（　　）

A. 非常厌烦　B. 变成木头　C. 不再敏锐　D. 非常麻烦

二、根据课文内容，选择正确答案：

1.《本周》节目可能是一个（　　）

A. 新闻节目　　B. 哑语节目

C. 针对残疾人的节目　　D. 介绍人与人之间相互关心的节目

2.“我”喜欢收看《本周》节目，因为（　　）

A. 节目主持人是“我”的朋友　　B.“我”能听懂哑语

C. 这个节目充满人文关怀　　D.“我”要学习哑语

3. 在谈论《本周》节目时，“我”的朋友的语气是（　　）

A. 满意　B. 憎恨　C. 厌烦　D. 气愤

4. 朋友认为节目里有哑语解说（　　）

A. 非常好　B. 没必要　C. 无所谓　D. 很麻烦

5.“我”提到城市盲道是为了（　　）

A. 安慰“我”的朋友　　B. 说明“我”经常留意城市里的盲道

C. 证明到处都有浪费　　D. 说明对残疾人的关心始终应该存在

6. 关于“我”的学校那个没有右臂的学生，下面哪种说法不正确？（　　）

A. 是大地震造成了他的残疾　　B. 上体育课和实验课时他很不方便

C. 他一天到晚都不开心　　D. 他喜欢和同学们开玩笑

7. 政治老师让同学们做这个练习是要让他们知道（　　）

A. 这四个同学是最调皮的　　B. 穿脱衣服是一件不容易的事情

C. 不能随便和残疾人开玩笑　　D. 残疾人不容易，应该多帮助他们

8. 最后，老师告诉大家（　　）

A. 每个人都是残疾人　　B. 我们小时候都曾是残疾人

C. 每个人都会需要别人的帮助　　D. 将来老了可能会得很多病

9. 政治老师设计这道练习题是为了（　　）

A. 让人们收看《本周》节目　　B. 让人们触摸盲道

C. 让学生互帮互助穿衣服　　D. 唤醒人们麻木的爱心

10.“爱心不会闲置”这个主题出现在（　　）

A. 第一段　B. 第三段　C. 第四段　D. 最后一段

三、根据课文内容，判断正误：

1.《本周》是每周一期的节目。（ ）
2.“我”的朋友不清楚解说员用的是什么哑语。（ ）
3. 这个城市的盲道从来没有人在上面走过。（ ）
4.“我”认为城市盲道很重要。（ ）
5. 有些同学喜欢拿失去右臂的同学开玩笑。（ ）
6. 老师刚开始让学生脱衣服的时候，学生都满不在乎。（ ）
7. 过了好一会儿，终于有一个同学想到了完成任务的办法。（ ）
8. 人进入老年会有各种疾病，所以应该限制老人的活动。（ ）
9. 政治课老师设计的练习题取得了预期的效果。（ ）
10.“我”认为为残疾人设置的这些东西能够唤醒人们的爱心。（ ）

四、选词填空：

A. 多此一举　B. 面面相觑　C. 恍然大悟　D. 没深没浅　E. 嘻嘻哈哈

1. 他们在一起能有什么正事儿，无非是吃吃喝喝、________而已。
2. 听到这里，我有一种________的感觉，原来最重要的是想象能力。
3. 没想到他突然说出这样莫名其妙的话，大家不禁________。
4. 这次原谅他，如果下次还是说话________的，我就要当面批评他了。
5. 当在家乐福看到这个男人的时候，我和老公________，甚是惊讶。
6. 这孩子说话做事________的，真让人操心。
7. 看了她的日记，小王________，原来她是个聋哑人。
8. 人家都要出院了，你还去医院探望，真是________！

五、简答题：

1.《本周》是一个什么样的节目？
答：____。
2. 同学们为什么面面相觑？
答：____。
3. 这次政治课的效果是什么？
答：____。

六、回答问题：

1. 朋友对《本周》节目的看法是什么？
2. 政治课老师让学生做了什么练习？为什么要做这个练习？
3. 为什么说“从某种意义上讲，我们每个人都是残疾人”？

四、谷仓与友谊

和一位老朋友变得生疏了，紧张和冷淡取代了曾经的亲密无间。想打个电话问候一下，傲气又使自己拉不下面子。

后来有一天，我顺道拜访了另一位老朋友，他是一名律师，长期从事咨询顾问工作。我们坐在他堆满书的书房里促膝长谈，最后话题转到友谊上来了。我们都深有感触地说现在的友谊太脆弱了，然后我向朋友讲了自己的经历。朋友说："友谊是种神秘的东西，一些经久不衰，而另一些很快就土崩瓦解。"

从书房的窗户向外望去，有一个农场。朋友说："过去，那里有一个很大的谷仓。"

"谷仓刚建好时十分坚固。但是因为后来人们大量离开，谷仓衰败了。长期的风吹雨打使得仓顶亟须修缮，但是没有人关心这个问题。雨水顺着屋檐流下，慢慢渗入到椽子和横梁上，一点儿一点儿腐蚀着谷仓的结构。在一个暴风雨的夜晚，谷仓终于轰然倒塌了。"朋友慢慢道来。

"暴风雨过后，我发现那些横梁还是十分结实，就充满了疑问：横梁完好无损，谷仓怎么就倒塌了呢？原来是雨水渗入了横梁接合处的木钉孔里，慢慢地把木钉腐蚀了，没有了木钉，横梁就散架了。"

远远望去，谷仓的旧址只剩下一些断壁残垣和丛生的杂草。朋友说谷仓倒塌之后他翻来覆去思索了很久，最后发现了建一个谷仓和建立一份友谊之间的相通之处：无论你多么强壮，你的成就多么引人注目，你只有与他人相互关联才能经久不衰。

"把你的生活变成一个服务他人的坚固建筑吧，只有这样你才能不断发挥你的潜能。"朋友说，"要记住，力量无论有多强大，一旦脱离了外界的支撑就不可能持久。一个人单打独斗早晚会摔跟头，就像谷仓顶一样。"朋友补充道："友谊也需要关怀和照顾。不互相通信，感谢不说出口，对朋友不信任，有了争吵不及时化解，等等，所有这些都像雨水一样慢慢渗入了友谊的木钉孔，久而久之就使感情的横梁失去了支撑，友谊的大厦就会坍塌。"

"那曾经是一座多好的谷仓啊。本来稍稍努力就可以把它修葺一新的，可是现在再也不可能修复了，唉。"朋友遗憾地摇摇头。

那天下午晚些时候，我正准备离开时，朋友对我说："你不想借我的电话用一下吗？"

"谢谢，我正有此意。"

(840 字)

(选自《环球时报》，王启国编译，有改动)

练习

一、根据课文内容，选择下列词语的正确解释：

1. 生疏 （ ）

A. 生气　B. 疏忽　C. 生动　D. 疏远

2. 亲密无间 （ ）

A. 亲近密切毫无距离　B. 相亲相爱同居一室

C. 亲热紧密无法分开　D. 亲近得毫无秘密

3. 促膝长谈 （ ）

A. 拍着膝盖谈心　B. 长时间讨论膝盖

C. 坐在一起谈心　D. 很快地讨论膝盖

4. 经久不衰 （ ）

A. 经常很久不再出现　B. 经常像年轻人一样具有活力

C. 经过一段时间就消失了　D. 经过很长时间依然很有活力

5. 土崩瓦解 （ ）

A. 彻底崩溃　B. 变成砖土　C. 突然爆发　D. 完全动摇

6. 亟须 （ ）

A. 似乎要　B. 迫切要　C. 应该要　D. 可能要

7. 渗入 （ ）

A. 一点儿一点儿透入　B. 完全流入

C. 一片一片淋湿　D. 逐渐加入

8. 完好无损 （ ）

A. 好像完全坏了　B. 完整得无法损坏

C. 最后好像坏了　D. 一点儿都没损坏

9. 散架 （ ）

A. 散乱　B. 无力　C. 散开　D. 倒塌

10. 翻来覆去 （ ）

A. 来回翻滚　B. 倒来倒去　C. 变来变去　D. 反复多次

11. 化解 （ ）

A. 化开　B. 消除　C. 缓和　D. 解释

12. 久而久之 （ ）

A. 一次又一次　B. 坚持不懈　C. 长久地保持　D. 时间长了

13. 正有此意 （ ）

A. 这样是正确的　B. 正准备这样做

C. 正式的意思　D. 正说着就来了

二、根据课文内容，选择正确答案：

1.“我”没有给老朋友打电话是因为 （ ）

A. 没有话可说 B. 不想打电话

C. 朋友太骄傲 D. 觉得不好意思

2.“我”去律师朋友的家里是因为 （ ）

A. 他认识和“我”关系不好的那个朋友

B. 路过那里想顺便看看他

C. 要咨询一些法律上的事情

D. 想和他探讨关于友谊的问题

3. 我们都觉得现在的友谊 （ ）

A. 很珍贵 B. 靠不住 C. 不好说 D. 太神秘

4. 律师朋友说起谷仓是为了说明 （ ）

A. 友谊的神秘性 B. 友谊很快就会土崩瓦解

C. 友谊的重要性 D. 怎样保持建筑物的完好

5. 谷仓倒塌的根本原因是 （ ）

A. 人们大量离开 B. 经常刮风下雨

C. 无人进行维修 D. 下了一场暴风雨

6. 谷仓倒塌后，律师朋友发现原来是 （ ）

A. 雨水渗入到椽子和横梁上了 B. 谷仓的结构不合理

C. 连接横梁的木钉全都烂了 D. 横梁全都散架了

7. 从谷仓倒塌这件事，律师朋友感悟到了 （ ）

A. 木钉的作用 B. 与他人合作的重要性

C. 雨水的力量 D. 谷仓和友谊的关系

8. 律师朋友告诉“我” （ ）

A.“我”的生活应该改变了 B.“我”应该不断地发挥潜能

C. 再强大的人没有朋友也会失败 D. 一个人就像谷仓顶一样

9.“摔跟头”的意思是 （ ）

A. 摔破脑袋 B. 遇到挫折

C. 摔掉自己的头 D. 全面失败

10. 下面哪一项不是律师朋友的观点？ （ ）

A. 友谊需要关怀和照顾 B. 朋友间应该互相通信

C. 朋友之间没必要常常表示感谢 D. 应该信任朋友

三、根据课文内容，判断正误：

1.“我”觉得主动联系那位生疏了的老朋友有些没面子。 （ ）

2. 有一天，“我”顺道拜访了那位已经生疏了的老朋友。 (　　)
3. “我”和律师朋友一见面就开始讨论友谊问题。 (　　)
4. 谈到友谊，“我”和律师朋友都有很多感慨。 (　　)
5. “我”把“我”和那位老朋友的事告诉了律师朋友。 (　　)
6. 从书房的窗户向外望去，“我”和律师朋友看到了一个谷仓。 (　　)
7. 律师朋友家住在一个农场附近。 (　　)
8. 谷仓顶最早开始出问题。 (　　)
9. 谷仓虽然倒塌了，但是横梁没有坏。 (　　)
10. 谷仓倒塌后“我”思考了很多问题。 (　　)
11. 一个人单独奋斗很难成功。 (　　)
12. 最后“我”借走了律师朋友的电话。 (　　)

四、选词填空

A. 摔跟头　　B. 亲密无间　　C. 土崩瓦解　　D. 完好无损

E. 翻来覆去　　F. 久而久之

1. 大学四年积累起来的感情，就在毕业的这一瞬间________了。
2. 如果你不虚心学习，工作上肯定是要________的。
3. 他从小多病，________自己已经久病成医了。
4. 仅有伟大的理想而不愿意脚踏实地的人早晚会________。
5. 他们邻里之间________，你来我往，随随便便，谁家有喜事大家都一起分享。
6. 宇宙飞船经过12天太空飞行之后________地返回地球。
7. 这首歌我最喜欢了，________不知道听了多少遍。
8. 这孩子总是低着头走路，________就成了一个小驼背。
9. 最令人惊奇的是，出土的五件陶制粮仓内，其中一件所盛的谷子经历七百多年后依然________。
10. 猫狗从来都是死对头，可是他们家养的猫和狗却成了________的好伙伴。

五、简答题：

1. “我”和那位老朋友的关系现在怎么样？

答：____。

2. 为什么说“友谊是种神秘的东西”？

答：____。

3. 谷仓倒塌后，律师朋友的疑问是什么？

答：____。

六、回答问题：

1. 那个谷仓为什么会倒塌？

2. 律师朋友认为应该怎样保持友谊？

3. “我”最后决定如何处理和老朋友的关系？

第三单元

一、影评：《开往春天的地铁》

不管《开往春天的地铁》是不是一个浅显的 MTV，它最起码做到了一点：让观众心动。

大望路是实际存在的一个地铁站，一段爱情就发生在附近。小慧跟建斌在一起已经七年，这么一个数字一下子就会让人想起七年之痒，两个人的爱情也确实走到了这一步。七年前两人到北京，建斌发誓说要让小慧幸福，可现在他没了工作，甚至没有钱交房租。他觉得自己让小慧失望，就绝口不提自己的现状。但凡跟七年之痒有关的爱情故事，都跟一个第三者有关。第三者老虎是个生活在规则之外的人，他让小慧觉得新鲜。尽管如此，小慧知道心里爱的还是建斌，但她就是说不出口，听任建斌放弃争取她的努力。

影片剔除了跟爱情无关的所有东西，只有一个现代的地铁站，一个用简单的家具布置起来的家，一个单人病房。所有安排都是为避免生活中琐事的打扰，虽然能很明显看出小慧和建斌家的内景和外景不是在一个地方拍的。导演张一白要做的是给观众讲一个干干净净的爱情故事。张一白拍过 MTV，所以高速摄影、优美的环境和音乐都让这部电影像一个庞大的 MTV。故事很简单，没有激烈的冲突，没有生离死别。准确地说，它是一个电影小品，但它确实能时不时打动在黑暗中坐着的观众，让人想起自己。因为电影中的故事契合了人们内心里对情感的想象：它很美，即使将要逝去，也必然有诗意的姿态；爱情能让天空明亮，让人生活得更有勇气。

徐静蕾的表演没有让人有太多惊喜，不过她所表现出来的淡淡的忧伤跟影片的气质相符，跟影片里的爱情相符。耿乐扮演的建斌中规中矩，他已经努力去表现一个有心事的人了。这部电影里还用了不少观众熟悉的演员，剧中有不少有意思的小细节，像建斌点着了老虎看的报纸，等等。这部电影常常通过一些细微的动作表达一些微妙的感受，比如建斌骗小慧说单位要派他去法国，小慧知道这是谎言，两个人都不揭穿。建斌去拿牙具，他的手臂蹭过小慧的胳膊，小慧压抑了许久的情感因为这一蹭而爆发。电影要表达的就是这一蹭里的东西。

（781 字）

（选自《三联生活周刊》，有改动）

练 习

一、根据课文内容，选择下列词语的正确解释：

1. 浅显（ ）
   A. 色彩浅淡　B. 短小明显　C. 形象有趣　D. 简明易懂
2. 心动（ ）
   A. 心脏跳动　B. 有所感动　C. 内心激动　D. 心理运动
3. 发誓（ ）
   A. 发表　B. 表示　C. 决定　D. 保证
4. 绝口不提（ ）
   A. 绝对不知　B. 完全不说　C. 嘴上不说　D. 不许说出
5. 听任（ ）
   A. 听到一个任务　B. 接受别人的任何建议
   C. 接受一个任务　D. 由别人随意去做
6. 剔除（ ）
   A. 开除　B. 除以　C. 除去　D. 挑选
7. 小品（ ）
   A. 质量很平常　B. 小成本制作　C. 没有名气的　D. 针对小孩儿的
8. 时不时（ ）
   A. 有时候　B. 时常　C. 何时　D. 很少
9. 契合（ ）
   A. 描绘　B. 表达　C. 符合　D. 契机
10. 气质（ ）
    A. 脾气　B. 个性特点　C. 质量　D. 品质
11. 中规中矩（ ）
    A. 中间距离　B. 超越规范　C. 很守规矩　D. 不守规矩
12. 蹭（ ）
    A. 擦　B. 滑　C. 摸　D. 拉
13. 压抑（ ）
    A. 压迫　B. 镇压　C. 珍藏　D. 抑制

二、根据课文内容，选择正确答案：

1. 这篇文章主要介绍了（ ）
   A. 一部电影　B. 一个 MTV　C. 两个演员　D. 一个导演

2. “七年之痒”的意思是 （ ）

A. 爱情在第七年常会有波折　　B. 第七年时出现的疾病

C. 结婚七年全身都感到很痒　　D. 一种延续了七年的病

3. 建斌现在 （ ）

A. 生活穷困　　B. 对小慧失望了

C. 有了第三者　　D. 不爱小慧了

4. 小慧和建斌的爱情出现问题是因为 （ ）

A. 他们在一起已经七年了　　B. 他们中间出现了第三者

C. 小慧爱上了别人　　D. 建斌不爱小慧了

5. 关于老虎，下面哪种说法不正确？ （ ）

A. 他是一个破坏别人婚姻的人　　B. 他的生活很有个性

C. 小慧很爱他　　D. 小慧觉得他很有意思

6. 这部电影的场景 （ ）

A. 很复杂　　B. 很简单　　C. 变化很多　　D. 很单调

7. 第三段中“干干净净”的意思是 （ ）

A. 整洁的　　B. 纯粹的　　C. 美好的　　D. 感人的

8. 这部电影为什么能打动观众？ （ ）

A. 它像一个 MTV　　B. 故事简单，没有激烈冲突和生离死别

C. 它是一个电影小品　　D. 人们能在其中找到内心对情感的想象

9. 这部电影中演员们的表演 （ ）

A. 让人感到惊喜　　B. 充满淡淡的忧伤

C. 有自己的创新　　D. 符合电影的要求

10. 这部电影一个很大的特色是 （ ）

A. 用了中国最有名的演员　　B. 使用了最现代的拍摄手法

C. 给人们一种幻想的感觉　　D. 通过细微的动作表达微妙的感受

三、根据课文内容，判断正误：

1. 《开往春天的地铁》是一个浅显的 MTV。 （ ）
2. 故事发生在大望路地铁站附近。 （ ）
3. 建斌不想让小慧知道自己现在的情况。 （ ）
4. 老虎很有钱，所以小慧喜欢他。 （ ）
5. 面对感情危机，建斌选择了放弃。 （ ）
6. 影片主要讲述生活中的琐事。 （ ）
7. 导演用拍 MTV 的方法来拍这部电影。 （ ）
8. 徐静蕾的表演很有突破。 （ ）
9. 影片中有一个细节是建斌用火烧着了老虎看的报纸。 （ ）

10. 这部电影非常注重细节。 （ ）

四、选词填空：

A. 蹭　B. 心动　C. 浅显　D. 听任　E. 压抑

1. 春节过后，旅行社都在打折，欧洲游的价格便宜了几乎一半，你难道不________吗？

2. 未来很多事物可能会呈现这样看似矛盾的形态：表面________，其后是深刻与深入；表面简单，背后却隐藏着复杂。

3. 面对高房价，政府必须尽快采取措施，绝不能________其一涨再涨。

4. 现在是买车容易养车难啊！光是表面的漆________掉了都要花一大笔钱来修。

5. 这几年别人给我介绍的对象也不少了，可没一个让我________的。

6. 现在我觉得每天都过得很________，不仅仅是因为成绩不好，还觉得自己好孤单，没有朋友。

7. 没有付出就没有收获，这是________的道理，无奈许多人不懂。

8. 她要追求自己的爱情，不愿再________父母的摆布。

五、简答题：

1. 影片设计了哪些场景？

答：____。

2. 为什么这部电影像一个庞大的MTV？

答：____。

3. 为什么说这部电影是一个电影小品？

答：____。

六、回答问题：

1. 这部电影讲了一个怎样的故事？

2. 这部电影有什么特点？

3. 在人们的想象中，情感是什么样的？

二、《妈妈我拿什么爱你》剧情介绍

在北方某城市的一个小院里，住着萧鹤和他的母亲，还有单身女人姚美丽和陈大妈一家。

萧鹤自幼与患有精神病的母亲相依为命，过着贫寒的生活。他虽然成绩优异，但初中毕业后却执意要去学美容美发，想尽早挣钱养家。没想到此举却适得其反。知道真相的母亲认为是自己的病拖累了儿子，深受刺激，旧病复发……

在疯癫中，她告诉萧鹤，他是自己从医院门口捡来的弃儿。母亲把萧鹤赶出了家门，逼着他去寻找亲生母亲，然后自己住进了精神病院。面对着精神失常的母亲，儿子的心碎了。15岁的萧鹤意识到，他应为这个可能不是生他，但十几年来却忍受着常人所不能理解的痛苦，养他、爱他的妈妈承担起一个儿子应尽的责任。面对母亲的爱，他更加坚定信念，无论如何也要留在母亲身边，照顾母亲，支撑家庭。生活的重担过早地压在这个初涉世事的孩子身上……

姚美丽是住在这个小院里的单身女人。纯洁、善良的她，十几年来一直照顾着萧鹤母子，在精神和物质上给予他们无私的支持。在她的资助下，萧鹤进入了重点高中，母亲也病情好转，出院回家，生活又回到正轨。萧鹤的同学以及邻居陈大妈都在用各自不同的方式帮助着萧鹤，用真情温暖着他。但萧鹤坚持着自己的原则，执拗地拒绝别人的帮助，用街头卖唱、打短工以及更加苛刻的节俭来维持着自己和母亲的生活，并将无法拒绝的帮助一一记录下来，以期将来回报……

高中毕业以后，他为了照顾母亲，选择了本地大学，放弃了升入北京大学的机会。母亲的病，爱情的困惑，同学的离去，这一系列的挫折不断地考验着他。在母亲的慈爱和姚美丽的帮助下，他一次次地重新振作，勇敢面对人生中的苦难……

光阴荏苒，就在萧鹤欣喜地面临毕业的时候，生活却发生了巨大的变故：姚美丽患上了尿毒症。萧鹤毅然决定将自己的肾换给她，但手术前的配型惊人地一致，又引发了他的怀疑，难道姚美丽真的就是自己的生母？为此，他悄然失踪……而舍不得儿子的母亲也又一次发病，和姚美丽吵得不可开交。姚美丽绝望之极，恨不得一死了之……

真相是什么呢……萧鹤、母亲和姚美丽又开始恢复到平静的生活中，用自己的方式面对着这份剪不断、理还乱的感人深情……

(855字)

(改写自 http：//www.v108.net/Article/mainland/5445.html)

练习

一、根据课文内容，选择下列词语的正确解释：

1. 相依为命 （ ）

A. 互相依靠才有生命　　B. 互相依靠着生活

C. 不得不在一起生活　　D. 生命是互相依存的

2. 执意 （ ）

A. 坚持　　B. 有意　　C. 执行　　D. 决定

3. 适得其反 （ ）

A. 结果和希望的相反　　B. 最好和希望相反

C. 应该得到相反的结果　　D. 适合的总和希望相反

4. 拖累 （ ）

A. 越来越麻烦　　B. 让别人感觉累

C. 慢慢地觉得累　　D. 使别人受损害

5. 支撑 （ ）

A. 努力建设　　B. 高高举起　　C. 勉强维持　　D. 承受压力

6. 正轨 （ ）

A. 符合标准的道路　　B. 正确的方式

C. 正常的发展道路　　D. 正式的道路

7. 执拗 （ ）

A. 生气　　B. 固执　　C. 客气　　D. 执行

8. 以期 （ ）

A. 以后　　B. 所以　　C. 希望　　D. 决定

9. 光阴荏苒 （ ）

A. 岁月艰难　　B. 时间匆匆过去

C. 阴天的日子　　D. 时间渐渐过去

10. 不可开交 （ ）

A. 不能开始　　B. 无法交流　　C. 无法解开　　D. 不能沟通

11. 一死了之 （ ）

A. 一下子就死了　　B. 死了就没有烦恼了

C. 用死来解决问题　　D. 死了一次之后

二、根据课文内容，选择正确答案：

1. 本文最有可能介绍的是 （ ）

A. 一部电视剧　　B. 一个社会新闻

C. 一部小说　　D. 一个电视访谈节目

2. 这个故事发生在 （ ）

A. 一个小院里　　B. 一个医院里　　C. 精神病院里　　D. 一所大学里

3. 故事的主要人物有 （ ）

A. 萧鹤、母亲　　B. 萧鹤、母亲、姚美丽

C. 萧鹤、姚美丽　　D. 萧鹤、母亲、姚美丽、陈大妈

4. 第二段中“此举”指的是萧鹤 （ ）

A. 和母亲相依为命　　B. 母子生活十分贫寒

C. 初中没有毕业　　D. 要去学美容美发

5. 母亲知道萧鹤要去学美容美发以后 (　　)

A. 把他赶出了家门　　B. 认为儿子是要给自己治病

C. 感到非常激动　　D. 精神病又犯了

6. 母亲要把萧鹤赶出家门是因为 (　　)

A. 她精神失常了　　B. 萧鹤不去上学

C. 她对萧鹤彻底失望了　　D. 萧鹤的亲生母亲来了

7. 萧鹤最后能进入重点高中是因为 (　　)

A. 他学习成绩优异　　B. 姚美丽在经济上帮助了他

C. 他妈妈的病好了　　D. 他们的生活回到了从前

8. 在一系列挫折面前，萧鹤 (　　)

A. 放弃了上大学　　B. 感到困惑孤独

C. 能够勇敢面对　　D. 失去了爱情

9. 萧鹤即将大学毕业时 (　　)

A. 做了一个换肾手术　　B. 发现姚美丽可能是他的生母

C. 母亲和姚美丽吵了一架　　D. 姚美丽绝望地死了

10. “剪不断，理还乱”在这里的意思是 (　　)

A. 萧鹤的美容美发技术学得不好　　B. 形容像乱麻一样复杂交错的感情

C. 他们无法确立自己的形象　　D. 形容令人厌恶的无法解决的问题

三、根据课文内容，判断正误：

1. 萧鹤、姚美丽和陈大妈是一家人。 (　　)
2. 萧鹤成绩优异，但他更喜欢学美容美发。 (　　)
3. 母亲说萧鹤是被亲生父母扔掉的孩子。 (　　)
4. 萧鹤虽然年纪很小，但他挑起了生活的重担。 (　　)
5. 姚美丽是医生，在她的帮助下萧鹤母亲的病情好转了。 (　　)
6. 萧鹤拒绝了所有人对他的帮助。 (　　)
7. 萧鹤母子的生活非常节俭。 (　　)
8. 因为打工影响了学习等原因，萧鹤没能考上北京大学。 (　　)
9. 姚美丽的病需要换肾。 (　　)
10. 萧鹤发现母亲不是亲生母亲后就离开了她。 (　　)

四、选词填空：

A. 执意　B. 适得其反　C. 拖累　D. 支撑　E. 以期　F. 不可开交

1. 他这几天正忙得________，以后再找他吧。
2. 王强性格太倔强了，不听父母的劝告，________要去法国学习绘画。
3. 美国、中国及其他27个国家的贸易官员本周齐聚大连，________推动全球农产品及服务贸易自由化进程。

4. 此时的我更加坚信：孩子是一生的________，更是永远的幸福！
5. 我没想到我自认为的好心，都是________，原来我是在自讨没趣。
6. 好好儿的大公司白领他不做，却________要当男保姆，真让人无法理解。
7. 这次投资失败也________了家人，全家人都开始过苦日子了。
8. 中国的企业和企业家力量，无疑是________中国国力崛起、代表中国未来希望的“中国力量”。
9. 航空公司将推出最低折扣票价，________提高航班上座率。
10. 很多时候，艰难困苦还不足以将我们击倒，可是我们自己却首先________不住了。

五、简答题：

1. 为什么母亲会旧病复发？
   答：____。
2. 姚美丽是一个什么样的人？
   答：____。
3. 萧鹤的生活原则是什么？
   答：____。

六、回答问题：

1. 面对着精神失常的母亲，萧鹤是怎么做的？
2. 萧鹤在准备给姚美丽换肾的时候发现了什么问题？
3. 你觉得事情的真相可能是什么？

三、《影响中国的100次事件》序

本书是《中国100系列丛书》的一种。它的内容已由书的题目表达得很清楚，那就是介绍中国历史上最有影响的一百件大事。

历史的发展过程是由大大小小的历史事件组成的。历史事件的发生，有些是偶然的，有些是必然的。一般来说，重大的历史事件都不是偶然发生的，而是社会矛盾不同程度激化的结果。人类社会在其演进过程中，某一方面或全面的矛盾由量变趋于质变，以至于激化，但最终得到各种形式的解决，这一进程都通过英雄人物和人民群众的活动表现出来。历史人物的这种活动，就表现于重大的历史事件，而重大历史事件往往也就成为历史不同发展阶段的重要标志。因此，了解历史上的重大事件，实际上也就认识了某一民族和国家的历史发展的大体进程。

中国历史悠久，王朝不断更迭。历史人物的活动丰富多彩，重大历史事件层出不穷。或建立新朝，统一天下；或推翻旧统治，解放生产力；或反抗民族压迫；或进行政治体制改革，如此等等。有的可歌可泣，令人奋起；有的复杂多变，令人深思。今天的中国是历史中国的发展，从这些重大历史事件中，我们可以有所借鉴，有所启示。

重大的历史事件从来都是历史研究的热点。其中有不少事件在千百年中议论纷纭，莫衷一是。例如秦始皇焚书坑儒、王莽改制、王安石变法，等等。还有许多事件，尽管对于它们在历史上的作用和地位的评价大体一致，但对其中的人物活动、具体经过以及社会影响等，往往亦有异议。这种意见不同的现象是正常的，而且随着研究的不断深入，还会出现新的不同意见。正因为如此，要想对重大历史事件作出恰当的表述，殊非易事。但正因为如此，这些事件也就更容易激起人们的兴趣。

本书的内容，上起夏、商，迄于“五四”，时间长达数千年。编者在选择历史事件时颇见匠心；执笔者在叙述时力求平妥准确，从中可见研究有素，而行文的生动流畅，更便于读者的接受。可以相信，这本篇幅不大的知识性读物，一定会对读者了解中国的历史有所帮助。

（776 字）

（选自《影响中国的 100 次事件》，广西人民出版社，有改动）

练 习

一、根据课文内容，选择下列词语的正确解释：

1. 丛书 （ ）

A. 众多的书　　B. 同一系列的书
C. 历史书籍　　D. 一本接一本的书

2. 激化 （ ）

A. 变得尖锐激烈　　B. 过分激烈
C. 使用激进的方法　　D. 过于激进

3. 演进 （ ）

A. 演变进化　B. 演出进行　C. 进行表演　D. 演练进步

4. 趋于 （ ）

A. 不断发展变化　　B. 开始迅速发展
C. 一步步地追赶　　D. 向某方面发展

5. 更迭 （ ）

A. 更加频繁　B. 变化更替　C. 频繁出现　D. 更加进步

6. 层出不穷 (　　)

A. 一层一层没有尽头　　B. 每个阶段都有

C. 一层一层地出现　　D. 不断地出现

7. 莫衷一是 (　　)

A. 没有一个正确的　　B. 无法得出一致的结论

C. 没有人知道结果　　D. 很难说它们是一样的

8. 殊 (　　)

A. 差异　　B. 特殊　　C. 极其　　D. 稀少

9. 迄于 (　　)

A. 开始　　B. 延续　　C. 到……时候　　D. 就在

10. 匠心 (　　)

A. 巧妙的心思　　B. 认真的心思

C. 工匠的心灵　　D. 成熟的观点

11. 有素 (　　)

A. 有一些素材　　B. 有一定的素养

C. 有一些素质　　D. 有一定的顺序

二、根据课文内容，选择正确答案：

1. 本文介绍的是 (　　)

A. 一篇文章　　B. 一本知识性读物

C. 一本小说　　D. 一段历史

2. 重大历史事件的发生是因为 (　　)

A. 偶然事件的激化　　B. 社会矛盾的激化

C. 人类社会的演进　　D. 历史人物的活动

3. 要了解某一民族或国家历史发展的大体进程可以通过 (　　)

A. 矛盾的各种激化形式　　B. 矛盾由量变到质变的过程

C. 历史上的重大事件　　D. 历史上的一些标志

4. 中国历史上 (　　)

A. 一直都是统一的　　B. 一直在反抗民族压迫

C. 有很多不同的王朝　　D. 一直都是分裂的

5. 学者对重大历史事件的研究 (　　)

A. 很多还没有定论　　B. 都已有确切答案

C. 都还很肤浅　　D. 已形成体系

6. 重大历史事件容易激起人们的兴趣是因为 (　　)

A. 其中有很多英雄故事　　B. 要得出一致的结论并不容易

C. 人们还很不了解　　D. 还没有人来研究

7. 这本书包括了多长时间的历史事件？（　　）

A. 几千年　　B. 数百年　　C. 三个朝代　　D. 一千年

8. 这本书的语言（　　）

A. 是学术化的　　B. 深奥难懂　　C. 浅显有趣　　D. 书面语多

三、根据课文内容，判断正误：

1. 这本书是对中国百年历史的介绍。（　　）
2. 重大的历史事件都是偶然发生的。（　　）
3. 人类社会的演进过程是通过英雄人物的活动来表现的。（　　）
4. 重大历史事件可以成为历史阶段的标志。（　　）
5. 要认识一个国家的发展过程就要了解重大历史事件。（　　）
6. 中国的历史上有很多重大历史事件。（　　）
7. 历史对今天的中国很有影响。（　　）
8. 研究者对王安石变法这个历史事件的看法还不一致。（　　）
9. 对学者来说，恰当地讲述一个历史事件是很容易的事。（　　）
10. 这本书比较适合研究历史的人看。（　　）

四、选词填空：

A. 激化　　B. 趋于　　C. 更迭　　D. 匠心　　E. 层出不穷　　F. 莫衷一是

1. 在历史的长河中，王朝的一次次________是无情的。
2. 短短的19场比赛也已经证明，姚明和火箭在小有起伏的状态中已________稳定。
3. 当矛盾越来越尖锐的时候，我们应该想办法解决而不是________它。
4. 韩先生是一位真正的艺术家，他独具________的设计使他制作的玉器卖到了市场上的最高价。
5. 卫生部发言人指出，要使医疗服务价格体系________合理，以期降低社会总的医疗费用。
6. 关于传媒批评，我印象中这一两年学界有所关注、有所讨论，但讨论的状况似乎是各说各的，________，这也正常。
7. 现如今各种各样的选秀活动________，全民选秀热情极其高涨。
8. 如果两国的矛盾进一步________，很有可能会爆发军事冲突。
9. 近来政府官员的________让人们猜测纷纷。
10. 在当今激烈的市场竞争中，各类赚钱的新行当、新招数可谓________。
11. 随着众基金纷纷公布第二季度报告，基金经理们对后市的预期________，那些专做基金文章的老记老编们也是雾里看花。

五、简答题：

1. 这本书的内容是什么？

答：________________________________。

2. 历史研究的热点是什么？

答：________________________________。

3. 本书有什么特点？

答：________________________________。

六、回答问题：

1. 历史是怎样发展的？

2. 中国历史有什么特点？

3. 这篇文章主要告诉我们什么？

四、因为我们是水做的

这是许久以来，我读过的最具震撼力的一本好书。

水与生活息息相关，它每天都出现在我们的饮食起居之中，没有它，人类难以为继。水与我们还有一个常识性的关联：人处在受精卵状态时，其99％是水；出生时，水占人体的90％；长到成人时，这一比例缩减到70％；到临死之前大约会降到50％。因此，从物质的角度来看，人就是“水”，我们都是水做的。

日本医学博士江本胜先生在多年实验与研究之后，通过《水知道答案》这本书告诉我们，如同大家的形体（包括表情）无时无刻不在波动一样，水也在以一种常态下肉眼难以直观的方式波动。水通过互相波动的方式，能够感受不同的音乐、语言甚至文字，它以不同的结晶（或根本就不能形成结晶）来表现对这些迥异波动的强烈反应。江本胜博士的研究成果表明：水能读，水能听，水知道生命的答案！

如同地球表面下了几百万年的雪一样，水的结晶也没有任何两片（次）是完全相同的。当“听”到或“看”到“爱”与“感谢”的声音或文字时，水会呈现出接近完美的结晶；而当“听”到或“看”到诸如“浑蛋”、“宰了你”等声音或字眼时，水竟然呈现出一副孩子受欺负时的结晶样子，甚至根本就无法形成结晶。

《水知道答案》不仅仅是一本通俗易懂的科普读物，全书用词准确，表述得当，无论是从文学的流畅与厚重，还是从哲学的深邃与发省，都堪称一部经典之作。作者从科学的视角阐述问题，在将他的研究成果“抛”完之前，又循循善诱，以水看到“爱”与“感谢”后结晶会呈现完整美丽的六角形，引出全人类都应该多一些“爱”与“感谢”的言表与氛围，从而互相波动影响，让世界充满和平、健康与关爱。

这本书精辟的文字与其珍贵而又令人激情澎湃的122张水结晶照片，能告诉读者关于生活、人生和生命的所有答案。我们最大的企盼和最应该持之以恒不懈努力的，就是让美丽的水结晶形成在世界的每一个角落。

江本胜博士在全书的结尾部分有这么一句话，也作为我们的结束语：

我们总有一天会结束在地球上的短暂生命，飞向浩瀚的宇宙……到那时，我们就不再拥有现在的肉体，而是以水的姿态，化作水做的一抹晚霞。

（834字）

（选自《华商报》，作者：周清，有改动）

练 习

一、根据课文内容，选择下列词语的正确解释：

1. 震撼力 （ ）
   A. 地震的力量 B. 让人震惊的知识
   C. 知识的力量 D. 震动人心的力量
2. 息息相关 （ ）
   A. 关系密切 B. 呼吸一致 C. 发生关联 D. 关于呼吸
3. 难以为继 （ ）
   A. 困难太大了 B. 没有人可以继承
   C. 无法继续生存 D. 发现困难已经晚了
4. 形体 （ ）
   A. 形状 B. 身体 C. 行动 D. 行为
5. 迥异 （ ）
   A. 完全不同的 B. 特殊的 C. 非常奇怪的 D. 异常的
6. 得当 （ ）
   A. 恰当 B. 详细 C. 当然 D. 正当
7. 堪称 （ ）
   A. 认真地说 B. 名字怪异 C. 很难称为 D. 可以说是
8. 循循善诱 （ ）
   A. 一遍又一遍地 B. 一步步地引导
   C. 善于进行诱惑 D. 按顺序讲述
9. 氛围 （ ）
   A. 周围 B. 形状 C. 气氛 D. 环境

10. 不懈 （　　）

A. 不放松　B. 不理解　C. 不放弃　D. 不断加强

11. 浩瀚 （　　）

A. 水波荡漾的　B. 遥远的　C. 广阔无边的　D. 神秘的

二、根据课文内容，选择正确答案：

1. 人体还没有成形时水占的比重是 （　　）

A. 99%　B. 90%　C. 70%　D. 50%

2.《水知道答案》这本书是 （　　）

A. 很多人共同编写的　B. 一本让人吃惊的书

C. 关于水的学术论文　D. 多年实验和研究的结果

3. 水的波动 （　　）

A. 和我们的表情一样　B. 可以告诉我们生命的答案

C. 我们的眼睛无法直接看到　D. 能表现不同的音乐、语言和文字

4. 水对外界的反应是通过什么来表现的？ （　　）

A. 以直观的方式　B. 通过互相波动

C. 用不同的结晶　D. 通过听和读

5.“水能听”的意思是 （　　）

A. 水能听懂人的语言　B. 水对声音有反应

C. 我们能听见水　D. 水靠声音传送波动

6. 如果接触到骂人的话，水的结晶 （　　）

A. 可能不会形成　B. 肯定不能形成

C. 呈现出六边形　D. 状态不够稳定

7. 第五段“文学的流畅与厚重”中，“厚重”的意思是 （　　）

A. 又厚又重　B. 非常重要　C. 意义深远　D. 艰涩难懂

8. 作者最终要让读者知道的是 （　　）

A. 水的结晶是怎样形成的　B. 世界需要充满和平、健康和关爱

C. 水在人体中的作用很大　D. 我们总有一天会结束生命

9. 下面哪一项不是本书的特点？ （　　）

A. 通俗易懂　B. 学术性强　C. 图文并茂　D. 用词准确

10. 这篇文章应该是　篇 （　　）

A. 小说　B. 散文　C. 书评　D. 论文

三、根据课文内容，判断正误：

1. 作者没有读过比这本书更具震撼力的书。 （　　）

2. 随着年龄的增长，水在人体中所占的比例会减少。 （　　）

3.《水知道答案》是江本胜博士的医学报告。 ( )

4. 人的身体随时都处于波动状态。 ( )

5. 水通过波动最终一定会形成结晶。 ( )

6. 对于感受到的不同的内容，水的结晶有不同的表现方式。 ( )

7. 地球上下了几百万年的雪都是一样的。 ( )

8. 即使不是学医学的人也可以读懂这本书。 ( )

9. 这本书是一本文学和哲学书。 ( )

10. 这本书里有很多精美的图片。 ( )

四、选词填空：

A. 得当　B. 堪称　C. 难以为继　D. 息息相关　E. 持之以恒

1. 由于大雪阻断交通，我们储存的食物已经快消耗完了，再不想办法的话，我们的生活将________。
2. 这部电影的内涵远远超越了国家的界线，________人类文化史上的一座丰碑。
3. 晚宴上，她谈吐优雅，举止________，表现非常迷人。
4. 锻炼贵在________，否则很难达到预期的效果。
5. 这些和老百姓生活________的行业绝不能随便涨价。
6. 李薇很有艺术天才，各项体育运动也很出色，________是学校的全能冠军。
7. 只要方法________，没有教不会的孩子。
8. 他坚持洗冷水浴，无论寒暑，无论雨雪，一天也没有中断过，这种________的精神终于感动了上苍，他的病奇迹般地好了。

五、简答题：

1. 在人一生中不同的阶段，水所占的比重分别是多少？
   答：________________________________。
2. 江本胜博士的研究成果表明了什么？
   答：________________________________。
3. 这本书能告诉我们什么？
   答：________________________________。

六、回答问题：

1. 水的结晶和水感受到的词语的感情色彩有什么关系？
2.《水知道答案》是一本什么样的书？
3. 江本胜博士最后那句话是什么意思？

第四单元

一、换个灯泡需要几个人

要是由电工换一个烧坏的灯泡，需要几个人？

答：只需一个人。可是当你找他的时候，却总是找不到。

要是由评论家更换呢？

答：需要两个人。一个换灯泡，另一个则在旁边指手画脚地批评他。

要是由一个父亲来更换呢？

答：需要三个人。他会命令妻子扶凳子，儿子打手电筒。

要是由诗人更换呢？

答：需要四个人。一个咒骂黑暗；一个点亮蜡烛；一个在缅怀光明；一个换灯泡（不一定能完成）。

要是由警察更换呢？

答：需要五个人。一个负责封锁、保护现场，并拉响警报；一个登记备案；至少两个追查灯泡坏的原因并设置警卫；剩下的一个更换灯泡。

要是由官僚来更换呢？

答：需要……我也不知道会需要多少个人。他们会让父亲带着妻子、儿子到管理部门陈述灯泡毁坏的经过，并笔录备案，签字画押。然后他们会命令警察调查取证，核实灯泡毁坏缘由，对该事故作出分析鉴定。电工须提供灯泡可能自然烧毁的理论材料，及自己当初安装该灯泡时的布线图和详细操作过程，以证明自己操作正确规范，并就擅离职守写出书面检讨。

最后，官僚们还要召开“领导碰头会”、“部门负责人分析讨论会”及“基层扩大会议”等三次会议来研究解决更换灯泡的问题，并将更换灯泡的具体安排以文件形式下达，层层落实：A负责将废灯泡回收；B负责写关于购买新灯泡的申请；C、D、E……等若干人去各个部门办理申请手续；P负责签字；Q最后盖章；R负责填写采购单；S将采购单交给采购部门；T负责下达分派购买任务；U负责具体购买；V验收灯泡；W报销发票；X检查督导……

评论家也不会闲着，他们会就该事件发生的各个阶段作出评论、分析、预测。诗人也会很忙碌，他们会围绕着该事件，从各个不同的角度撰写诗歌，或诅咒黑暗，或怒斥腐败，或赞美光明，或颂扬廉洁……总之，诗人们会将该事件推广普及到社会生活的各个方面、各个领域。

那么，有没有人可以很痛快很敏捷很干净利落地一个人独立将烧坏的灯泡在最短时间里轻松地换掉呢？

答：有——准女婿在未来丈母娘家的时候！

（799 字）

（选自《中国青年报》，作者：叶风，有改动）

练习

一、根据课文内容，选择下列词语的正确解释：

1. 指手画脚　（　　）
   A. 通过各种动作来表达　B. 给予具体指导和帮助
   C. 随意指责或发号施令　D. 形容手忙脚乱的样子
2. 咒骂　（　　）
   A. 诅咒谩骂　B. 责备埋怨　C. 吵嘴打架　D. 小声地骂
3. 缅怀　（　　）
   A. 思考　B. 幻想　C. 怀念　D. 描绘
4. 备案　（　　）
   A. 准备解决问题的方案　B. 向管理部门报告并登记
   C. 详细地记录整个案件　D. 准备记录下来以便破案
5. 取证　（　　）
   A. 选取有用的证明　B. 选取并查询
   C. 寻找并取得证据　D. 取得证明材料
6. 核实　（　　）
   A. 审核下发　B. 审核查实　C. 认真调查　D. 发现事实
7. 擅离职守　（　　）
   A. 不经许可私自离开工作岗位　B. 主动申请离开工作岗位
   C. 被开除后被迫离开工作岗位　D. 领导命令离开工作岗位
8. 下达　（　　）
   A. 投递书信　B. 向下传达　C. 向下达到　D. 下面到达
9. 落实　（　　）
   A. 逐渐下降　B. 逐渐实行　C. 得到实现　D. 发布命令
10. 廉洁　（　　）
    A. 非常干净　B. 非常廉价　C. 不贪污　D. 很正直

11. 干净利落 （　　）

A. 很干脆不拖拉　B. 迅速完成　C. 又干净又细致　D. 思路清楚

二、根据课文内容，选择正确答案：

1. 评论家的特点是 （　　）

A. 很难找到他　B. 换灯泡速度很慢

C. 喜欢批评别人　D. 总是需要人帮助

2. 如果由警察来换灯泡，他们 （　　）

A. 会非常认真负责　B. 会把它当作一个案件

C. 会追查弄坏灯泡的人　D. 都不会换灯泡

3. 如果由官僚来换灯泡，他们 （　　）

A. 不知道这件事需要多少人　B. 会仔细研究换灯泡的方案

C. 会把简单的问题复杂化　D. 会把复杂的问题简单化

4. 官僚们换灯泡时，评论家们会 （　　）

A. 闲待着看事情的发展　B. 评点换灯泡的全过程

C. 帮着扩大事件的影响　D. 和官僚协商换灯泡事宜

5. 官僚们换灯泡时，诗人们会 （　　）

A. 评价发生的事件　B. 隐瞒发生的事件

C. 传播发生的事件　D. 颠倒事件的黑白

6. 在未来丈母娘家，准女婿能最快地换好灯泡是因为 （　　）

A. 他技术最好　B. 这是准女婿最好的表现机会

C. 他本身是电工　D. 丈母娘家的灯泡其实很好换

7. 作者对官僚的态度是 （　　）

A. 赞扬他们工作的认真　B. 批评他们的官僚习气

C. 推广他们的工作方式　D. 肯定他们的工作效率

8. 这篇文章是在 （　　）

A. 研究如何较快地换灯泡　B. 批评一些社会现象

C. 介绍换灯泡的方法　D. 给那些未来的女婿提一些建议

三、根据课文内容，判断正误：

1. 找电工换灯泡不太容易。 （　　）

2. 只需要四个诗人就能完成更换灯泡的任务。 （　　）

3. 警察换灯泡时，一般人无法接近。 （　　）

4. 官僚来更换灯泡的话，所有人都不能闲着。 （　　）

5. 官僚换灯泡的过程非常烦琐。 （　　）

6. 官僚们常常用开会发文件的方式处理问题。 （　　）

7. 诗人们忙着创作歌颂官僚的作品。 (　　)

8. 同一件事，不同身份、职业的人会有不同的处理方式。 (　　)

9. 准女婿不要任何帮助就能很快把未来丈母娘家的灯泡换好。 (　　)

四、选词填空：

A. 指手画脚　　B. 缅怀　　C. 核实　　D. 落实　　E. 干净利落　　F. 咒骂

1. 他这人很怪，不管自己懂不懂，什么事情都要________。

2. 要了解海外大学信息，除了听取合法中介公司的介绍外，还要到各国大使馆官方网站上________海外院校的招生资质，以避免信息的虚假性。

3. 在快速现代化的进程中，北京日坛公园成为了人们________过去的一处港湾。

4. 这件事最终________了吗？到底由谁来负责？

5. 我不由得________那该死的命运，它不该如此捉弄我这个世间凡人。

6. 我们要全面________科学发展观，加快建设环境友好型社会。

7. 乡政府对上报的13名符合政策要求的扶助对象进行了一一________，并与每一名扶助对象见面了解详细情况。

8. 街道办事处的领导说："以前街道闲人多，做事的少；________的多，埋头苦干的少。"

9. 德国队________地战胜了厄瓜多尔队，以三战全胜的战绩挺进十六强。

五、简答题：

1. 父亲是怎样更换灯泡的？

答：______________________________。

2. 为什么诗人更换灯泡时需要四个人？

答：______________________________。

3. 官僚们更换灯泡时要开一些什么会？

答：______________________________。

六、回答问题：

1. 说一说官僚们更换灯泡的程序。

2. 官僚们为什么要这么做？

3. 这篇文章对你有什么启发？

二、秘书综合征

我老婆说，已有种种迹象表明，我患了秘书综合征，而且病情正在日益加重。以下就是她所观察、分析出的症状。

我十分关心国家大事，每天晚上 19：00 雷打不动打开电视看新闻联播，每天早上再把党报——从中央的到地方的全部看上一遍。平时与同事、邻居闲聊，不管说的是什么话题，总要与大好形势、光明前景、WTO 之类结合起来，并能从现象到本质分析总结个一二三四、首先其次再次总之来。结果现在再也没有人敢和我“聊”天儿了。

我变得非常有礼貌，无论在何时何地，总是面带微笑，以至于到了晚上脸颊酸痛，要用手揉搓半天。坐车时，总是抢先一步替别人拉开车门，并用手背护在车门框上。家里的电话响了，我等铃声响过两次后，拿起话筒，用标准的普通话说“您好”，然后不假思索地报上单位的名称。

我现在过于细心，以至有点儿固执、啰唆和吹毛求疵。不论在何时何地，我总要随身带着钢笔、笔记本和电话号码簿，口袋里再揣上手机，以至于再好的西装穿在身上也没形没款。读书看报时，我总是不自觉地寻找错字和病句，并用标准的校对符号改正。别人说知道我的电话号码了，我还是要坚持再重复一遍。

上星期我老爸说想修一下卫生间，结果我用了四天时间到市场上搞调查研究，又用两天时间写了份可行性报告。不料，还没等我把报告交到老爸手上，以便召开家庭会议讨论通过，老爸竟然已经把卫生间改造结束了！

总之，我是越来越不可理喻。上次我应老婆多次申请，给她写了一封情书，里面到处都是统计数字和形势一片大好的描写，而结尾署的却是我们领导的名字！——天哪，我真是习惯做无名英雄了！

跟老婆上街时，尽管她伸出手来想挽着我的胳膊，我仍然谦恭地走在其右侧偏后约一步的位置，并主动给她拿着手袋。我对人的常用称呼是“领导”，对 3 岁小女也不例外。

以上几条，是我媳妇帮我总结出来的。她一边说，我一边埋头在笔记本上速记。等她说完了，我抬起头来一脸诚恳地说：“您说得太正确了，真是高屋建瓴，说理清晰，分析透彻。对我今后的学习和工作、生活很有指导意义。——请问领导，您还有什么指示？”言毕，我们惊慌对视，半晌无语。

（833 字）

（选自《2002 中国年度最佳小小说》，作者：礼平，有改动）

练习

一、根据课文内容，选择下列词语的正确解释：

1. 雷打不动 （ ）
   A. 十分坚定，毫不动摇　B. 形容像打雷一样猛烈
   C. 威力巨大，不可阻挡　D. 形容非常准时
2. 以至于 （ ）
   A. 如果　B. 因为　C. 结果　D. 然后
3. 不假思索 （ ）
   A. 非常真实地　B. 不用思考，迅速反应
   C. 不需要作假　D. 经过思考，得出结论
4. 固执 （ ）
   A. 坚决不动摇　B. 顽固保守　C. 古板执著　D. 喜欢争执
5. 啰唆 （ ）
   A. 说话不断重复　B. 说话声音很大
   C. 说话不断停顿　D. 说话很认真
6. 吹毛求疵 （ ）
   A. 说出的很多话都有问题　B. 已经很好了，还要更完美
   C. 故意挑别人的毛病和差错　D. 过分夸赞自己批评别人
7. 不可理喻 （ ）
   A. 不通情理　B. 缺少想象力
   C. 难以用语言表达　D. 不讲道理
8. 高屋建瓴 （ ）
   A. 形容居高临下的气势　B. 形容建在高处的房屋
   C. 指漫无边际地发议论　D. 形容建造精美的房屋
9. 透彻 （ ）
   A. 非常完整　B. 透明而清澈　C. 非常仔细　D. 详尽而深入

二、根据课文内容，选择正确答案：

1. “我”关心国家大事是因为 （ ）
   A. “我”每天在家里很无聊　B. 要寻找聊天儿的话题
   C. 这和“我”的工作关系密切　D. 没人愿意和“我”聊天儿
2. “我”上班的时候总是 （ ）
   A. 面带微笑　B. 脸颊酸痛　C. 面无表情　D. 用手揉脸
3. 作为秘书，“我”应该给领导 （ ）
   A. 开车门　B. 开车　C. 占座位　D. 打电话

4. 西装穿在“我”身上没形没款，是因为 （　　）

A. 质量不好　　B. 口袋里装的东西太多

C. 不太合身　　D. 工作太忙没时间整理

5. 在修卫生间这件事上，“我”写的可行性报告 （　　）

A. 被家人讨论通过　　B. 没有通过老爸的审查

C. 没有派上用场　　D. 很不科学

6.“我”给老婆写的情书 （　　）

A. 非常浪漫　　B. 情真意切　　C. 非常可笑　　D. 文笔很好

7.“我”习惯做无名英雄是因为 （　　）

A. “我”经常给领导写稿子　　B. “我”不想出名

C. “我”做了好事从不留名　　D. “我”写的稿子质量不高

8.“我”和老婆上街时 （　　）

A. 总是挽着她的胳膊　　B. 还像和领导出门一样

C. 总是称她为“领导”　　D. 两手都拿着袋子

9.“我”和老婆惊慌对视是因为 （　　）

A. “我”的病好了　　B. “我”伤了老婆的心

C. “我”还是老样子　　D. “我”明白了“我”的问题

三、根据课文内容，判断正误：

1. “我”的秘书综合征越来越重。 （　　）
2. 因为“我”是秘书，所以没有人敢和“我”聊天儿。 （　　）
3. “我”在单位接电话，首先要报单位的名字。 （　　）
4. “我”有时在家里工作。 （　　）
5. “我”读书看报时，常常无意识地去找错字和病句。 （　　）
6. “我”总是担心别人没有记住电话号码。 （　　）
7. “我”用了四天时间改造了家里的卫生间。 （　　）
8. 老婆很希望“我”给她写封情书。 （　　）
9. 上街的时候，“我”习惯跟在老婆的后面。 （　　）
10. 在家里，小女儿就是“我”的领导。 （　　）

四、选词填空：

A. 过于　B. 雷打不动　C. 吹毛求疵　D. 高屋建瓴　E. 不可理喻　F. 以至于

1. 在大学四年里，我从不和哪个男生单独散步或看电影，一到周末就________地回家。
2. 丈夫见妻子________，便不再和她争论，索性开门出去了。

3. 父母的过度照顾容易使孩子形成依赖心理，________长大成人后很难独自面对社会。

4. 我已经很努力地达到目标了，为什么主管老是________？是我们对标准的理解不同吗？

5. 本书既能________，构建出大框架，不为纷繁琐碎之细节而迷乱，又能具体而微，体现细致之处的精妙缜密，不因宏大体系而失之粗略，真是一本难得的好书！

6. 接待他们的经理拒绝了他们的请求，说他们的计划________草率。

7. 大学校长必须是________的哲学家，他在专业研究方面也许没有太多成就，但对各门学科都要有涉猎，而且具有宏观把握能力。

8. ________，是指在与人交往中过分注重一些毫无价值的小事。心理学研究表明，这种人常常是眼光狭窄，爱挑剔。

9. 感情的事情常常是________的，一旦陷进去就很难接受别人理智的劝告了。

10. 每天，郑阿姨四点半就起床清扫马路，风雨无阻，________。

11. 我发现自己是如此的激动，________不能静静地坐下来思考。

五、简答题：

1. “我”和别人聊天儿常常会说到什么？

答：________________________________。

2. “我”过于细心的表现有哪些？

答：________________________________。

3. “我”给老婆的情书都写了些什么？

答：________________________________。

六、回答问题：

1. 秘书综合征的具体表现是什么？

2. 当老婆给“我”指出问题时，“我”是怎么做的？

三、名正言顺

我叫王洋，挺俗一名儿。小名王大洋、臭妞，更不雅，交情不深的人直呼我小名，我还不爱理他，嫌他没大没小的。还有一个英文名，印在名片后面，被特洋气的人字正腔圆地叫一声，我也不理他——我就没觉得那是叫我呢！常常是写了糊弄差事的稿子才想起英文名来，把它署上去，也不觉得对不住它。最珍惜的仍然是本名，虽然平庸，就像它的主人我，但我凭它取汇款、买手机、办贵宾卡，生老病死，婚丧嫁娶，生命中的每一个郑重难忘的坐标，除了我就是它。

北京人的名字也不是多独特，但真的很少有叫“阿豪”、“阿容”的，这样的称呼让人想到南方沿海的咸腥味道。以男性为例，对关系不错的，我们喜欢在他名字后边加个“子”字（变成轻音 ZA）再叫，比如“亮子”、“祥子”；如果他已不年轻，又不太老，姓刘，我们叫他大刘，一副脸膛红红、手上有茧子的质朴模样就跃然眼前；如果他家人叫他，那他的排行很可能就是他的名了，比如“三儿”。

有人忍不住了，制止我道：“哎，什么年代了，说些市井草民的习气？”

我也急了：“怎么了？告诉你，烦你们金领白领粉领叫英文名不是一天两天了！”

真是那绿玻璃写字楼、高档饭店商厦里的中高层职员也就罢了。显示自己的镀金资历，显示就职公司的外资背景，走在时代前沿，与国际接轨。

有些虾兵蟹将就奇怪了。某青春服装品牌的导购员概为高中学历，英文知道多少暂先不论，互相叫英文名就别提多亲了。时逢打折，人头攒动，乱作一团，小男导购弯腰收拾货品，被鲁莽的顾客挤得踉跄，远处小女导购也招架不住，唤男同事过去帮忙。“MIKE，MIKE”叫了几声。MIKE 脸憋得通红，根本听不见，小女导购急了，一嗓子“王大鹏”，王大鹏直起腰来说：“叫我干吗？”

还有一次坐地铁，听邻座的小伙儿跟同伴说：今天 ALICE 把床做了，JENNY 把马桶刷了，MARY 没穿工服，被 MADAME 说了一顿。听不明白的真崇拜啊！敢情小伙儿雇了三个外国人当保姆使唤，自己的媳妇儿还批评了人家！

事实很可能是：每到下班时分，那些 MIKE 们就涌入人海车流，吹着北京的大西北风，而不是什么欧陆风，站在路边吃一块烤白薯，而不是布丁。进了家门，老妈像以往一样迎候：“大鹏子，锅里的白菜汤还热热不？”大鹏子痛快地答应：“热热！”

（875 字）

（选自《南方周末》，作者：王洋，有改动）

练习

一、根据课文内容，选择下列词语的正确解释：

1. 名正言顺 （　　）

A. 好名字会到处传播　　B. 名字非常顺口

C. 名义正当，理由充分　　D. 名字和实际相称

2. 没大没小 （　　）

A. 不知道尺寸　　B. 没有礼貌　　C. 不了解年龄　　D. 没有叫对

3. 字正腔圆　（　）

A. 发音准确声调好听　B. 一字一句慢慢地说

C. 字字正确但很奇怪　D. 模仿得惟妙惟肖

4. 糊弄　（　）

A. 欺骗　B. 含糊　C. 玩弄　D. 应付

5. 署　（　）

A. 打印　B. 签名　C. 布置　D. 画上

6. 平庸　（　）

A. 平凡　B. 简单　C. 中庸　D. 难听

7. 跃然　（　）

A. 迅速不断地出现的样子　B. 形象而生动地出现的样子

C. 快乐地跳跃着的样子　D. 急切地出现在眼前的样子

8. 习气　（　）

A. 习惯的风气　B. 传统习惯　C. 习惯和传统　D. 不良习惯

9. 攒动　（　）

A. 聚集在一起　B. 拥挤着移动　C. 互相碰撞　D. 动来动去

10. 鲁莽　（　）

A. 粗心　B. 勇敢　C. 粗鲁　D. 疯狂

11. 踉跄　（　）

A. 摔倒了　B. 跑来跑去　C. 站不稳　D. 走不过来

12. 招架　（　）

A. 打架　B. 应付　C. 招呼　D. 吸引

13. 使唤　（　）

A. 对待　B. 训练　C. 呼唤　D. 支使

二、根据课文内容，选择正确答案：

1. 对于自己的英文名，“我”　（　）

A. 觉得特洋气　B. 不太熟悉

C. 觉得不好听　D. 很不在乎

2.“我”最珍惜自己的本名是因为　（　）

A. 它很好听　B. 重要的事都和它有关

C. 它有美好的意义　D. 用它可以办很多事情

3. 南方人名字的特点是　（　）

A. 前边加一个“阿”字　B. 又咸又腥

C. 后边加一个“子”字　D. 非常形象

4. 北京人称呼关系不错的朋友时喜欢 (　　)

A. 在名字前边加个“阿”　　B. 在名字前边加个“大”

C. 在名字后边加个“子”　　D. 叫他在家里的排行

5. 高级写字楼、饭店、商厦里的中高层职员称呼英文名是 (　　)

A. 因为他们的工作必须使用英文

B. 想展示自己有留学经历或工作于外企

C. 因为他们是最时髦的人

D. 因为他们总是在国际上来来往往

6. 第六段中的“虾兵蟹将”是指 (　　)

A. 地位和文化程度并不高的一些人　　B. 从来没有学习过英语的一些人

C. 在服装店工作的一些人　　D. 出身于南方沿海地区的一些人

7. 某青春服装品牌店里的例子是要说明 (　　)

A. 虾兵蟹将们有多么奇怪　　B. 英文名字并不实用

C. 导购员们的关系别提多亲了　　D. 这家店的生意有多么好

8. “我”在地铁里听到的话说明 (　　)

A. 保姆都开始用英文名字　　B. 有一些外国人在中国做保姆

C. 现在的年轻媳妇很厉害　　D. 在年轻人中英文名字很流行

9. 关于那些 MIKE 们，下面哪一项正确？ (　　)

A. 他们大多是些导购员　　B. 他们自己开车上下班

C. 他们曾经在欧美生活过　　D. 他们的生活水平并不高

10. 下面哪一项符合本文的主题？ (　　)

A. 介绍自己如何使用名字　　B. 介绍现在年轻人流行的称呼方式

C. 介绍北京人互相称呼的方式　　D. 表达作者对中国人叫英文名的不满

三、根据课文内容，判断正误：

1. “我”觉得自己的名字很俗气。 (　　)
2. “我”不喜欢关系一般的人叫“我”的小名。 (　　)
3. 北京人的名字比南方人的要特别一些。 (　　)
4. “大刘”这样的称呼能给人一种很质朴的感觉。 (　　)
5. 北京人有根据排行称呼家人的习惯。 (　　)
6. “我”不喜欢别人互相称呼英文名。 (　　)
7. 王大鹏不喜欢别人叫他的中文名字。 (　　)
8. 那个小伙子请了三个外国保姆。 (　　)
9. 那些 MIKE 们大多就职于外资公司。 (　　)
10. 那些 MIKE 们其实过着普通中国人的生活。 (　　)

四、选词填空：

A. 糊弄　　B. 招架　　C. 使唤　　D. 攒动　　E. 平庸

1. 鼠标用久了，手指常常会很僵硬，不听________。
2. 我允许你们________我，但是，你们的假话要能自圆其说，别让我发现漏洞，我可是学法律专业的，钻空子找漏洞是我的专长。
3. 价格持续走低逼得医药生产企业和经营企业步步退让，难以________。
4. 该地区商业、餐饮、娱乐场所密集，每到节假日总是人头________，车流拥挤，交通管理一直以来都是一大难点。
5. 这场比赛是他在本赛季最好的表现了，因为在此之前他一直表现________。
6. “反正你以后不准再________我了！听明白没有？我不是你的佣人！”我半带威胁地说。
7. 如果广告只是玩弄辞藻，哗众取宠，________大众，就会最终失去大众信任。
8. 新上市的凯越车，外观中庸但不________，迎合了那些成熟稳健的消费者的心理。
9. 在这个竞争激烈的化妆品市场，来自境外的“狼”实在是太凶猛了，我们仅能勉强________，几乎没有任何还手之力。

五、简答题：

1. “我”都有哪些名字？
答：________________________________。
2. “我”为什么最珍惜自己的本名？
答：________________________________。
3. 人们彼此叫英文名是为了什么？
答：________________________________。

六、回答问题：

1. “我”为什么不喜欢别人叫“我”的小名和英文名？
2. 北京人的名字有什么特点？
3. 文中最后一段的“MIKE 们”是指哪类人？

四、讲个笑话给你听

最近啊，我的运气好得不得了！我要去找老郑分享我满肚子的幸福。

老郑在家里看电视，见我来了，起身关掉电视机，笑问：“有什么好事？”老郑真神啊！

他居然已经看出来了。我问："你怎么知道?"他答："瞧你那兴冲冲、美滋滋的劲头，傻子都看得出来!"这样也好，我立马一五一十地讲述了我的幸福：第一，我的高级职称已经批下来了；第二，新居的钥匙已经到手，只等装修完毕后搬家了；第三，我将以访问学者的身份到美国工作一年；第四……我眉飞色舞志得意满滔滔不绝。我每说出一个幸福，老郑就漫不经心地"嗯"上一声，点点头，用他那双灯泡似的大眼上下"照"我一遍，脸上的表情似笑非笑。我有点儿发毛："怎么了老郑?没听明白?""明白了，明白了。"老郑继续点头，说，"我给你讲个笑话你听不听?""啊?行啊，讲吧讲吧。"我挺扫兴。

老郑的笑话大致如下：他学开车时，有位李师哥。这李师哥文化浅，脑子慢，年龄偏大，胆子偏小，因此，学什么都比别人差半步。好不容易熬到了钻杆考试，别人都是一次过关，唯独李师哥，两次都没过去。按规定，两次不过就刷下来了，要是不甘心的话，还得再交一份儿钱，接着从头学。李师哥从车上下来，小脸儿煞白，一言不发，像个受气包似的呆立一旁。大伙都很同情他，围住考官求情。考官终于点了点头，允许李师哥再来一次。这绝处逢生的机会把李师哥激动得手脚都不听使唤了，大伙忙给他加油打气。也是苍天有眼，这一次居然过了。车停住，按规定学员应当跑步到考官面前，大声报告自己的姓名等。只见他跳下车来，一溜小跑来到考官面前，立定，鞠躬，大声道："报告考官，学员李……"下边没词儿了。这李师哥平时说话有点儿结巴，所以大伙没在意，以为他不过是结巴了一下而已。没想到他站在那儿"李"了一回又"李"一回，连说了好几个"李"，最后一跺脚，"啪"，抬手抽了自己一个大嘴巴子，"我，我叫李什么来着?"只此一句，在场的人全都笑出了眼泪。

老郑讲笑话，自己不笑，由着我笑倒在沙发上。直到我笑够了，他才绽开笑脸："人，一高兴，往往把好多不该忘的事也给忘了。比如李师哥，居然忘了自己姓甚名谁了!"

这一回轮到我用一张肃然的脸直对着老郑的如花笑脸了。

(881 字)

(选自《北京晚报》，作者：吴金良，有改动)

练习

一、根据课文内容，选择下列词语的正确解释：

1. 分享 (　　)

A. 和他人共同享受　　B. 和别人分别享受

C. 和他人分开享受　　D. 和别人平分享受

2. 立马 (　　)

A. 刹那　　B. 片刻　　C. 马上　　D. 瞬间

3. 一五一十 （ ）

A. 不停地数数　　B. 从头到尾细细地叙说

C. 简略地叙说　　D. 速度非常快地叙说

4. 眉飞色舞 （ ）

A. 手舞足蹈地比画着　　B. 形容非常得意的样子

C. 边说边作出各种表情　　D. 形容精神饱满的样子

5. 志得意满 （ ）

A. 想法实现，心愿满足　　B. 表达自己满心的志向

C. 得到同意，感觉满意　　D. 得到允许后很满意

6. 滔滔不绝 （ ）

A. 说话的速度像流水一样快　　B. 说话的神态像波涛奔流一样

C. 说话像流水一样连续不断　　D. 说话的声音像波涛奔流一样

7. 漫不经心 （ ）

A. 随随便便，全不在意　　B. 很不高兴的样子

C. 在心里思考，反应很慢　　D. 认真听的样子

8. 扫兴 （ ）

A. 遇到不愉快的事情而感到沮丧　　B. 不能继续高兴下去了

C. 遇到愉快的事情而感到兴奋　　D. 正高兴时遇到不愉快的事情

9. 唯独 （ ）

A. 独自　　B. 只有　　C. 可怜　　D. 恰恰

10. 绝处逢生 （ ）

A. 极不容易得到　　B. 没希望时忽然有了出路

C. 绝对能通过　　D. 绝对会找到生活的希望

11. 打气 （ ）

A. 给人鼓劲　　B. 给人当助手　　C. 给人鼓掌　　D. 给人帮助

12. 结巴 （ ）

A. 说话速度很慢　　B. 说话时吐字不清楚

C. 说话时不由自主地重复、停顿　　D. 一边说话一边思考

13. 肃然 （ ）

A. 得意的样子　　B. 失望的样子　　C. 恭敬的样子　　D. 害怕的样子

二、根据课文内容，选择正确答案：

1. “我”去找老郑是为了 （ ）

A. 和他聊天儿　　B. 与他分享“我”的幸福

C. 听他讲笑话　　D. 和他一起看电视

2. 老郑知道“我”有好事，是因为 （　）

A. 我们在同一个单位　　B. 老郑是“我”的领导

C. “我”脸上高兴的表情　　D. 有人提前告诉了老郑

3. “我”在讲述幸福时老郑 （　）

A. 不断地点头肯定　　B. 一直盯着“我”看

C. 觉得“我”似乎很可笑　　D. 一直微笑着听“我”讲

4. 关于李师哥这个人，下面哪一项不正确？ （　）

A. 非常热心　　B. 比较胆小

C. 文化程度不高　　D. 说话结巴

5. 李师哥从车上下来为什么脸色苍白？ （　）

A. 他连考了两次累坏了　　B. 他吓得什么都说不出来了

C. 他很有可能得再交钱重新开始学　　D. 考官狠狠地批评了他

6. 李师哥考试通过以后 （　）

A. 高兴得说话都开始结巴　　B. 高兴得忘了自己的名字

C. 高兴得在自己的脸上打了一下　　D. 大家都为他高兴得笑出了眼泪

7. “我”用一张肃然的脸直对着老郑的如花笑脸，是因为 （　）

A. “我”觉得他的笑话不好笑　　B. “我”生气了，因为老郑嘲笑“我”

C. “我”意识到自己有些得意忘形　　D. “我”是个不随便开玩笑的人

8. 这篇文章要告诉我们的是 （　）

A. 幸福一定要与大家分享　　B. 人不能一下子得到太多的幸福

C. 不能忘记自己的名字　　D. 人不要因为一时高兴而忘乎所以

三、根据课文内容，判断正误：

1. “我”要和老郑共同分享“我”的幸福。 （　）
2. “我”得到了一套新房子。 （　）
3. “我”刚说到第四件事，老郑就不让“我”说了。 （　）
4. 看着老郑的表情，“我”心里有些慌乱。 （　）
5. 老郑一说要给“我”讲笑话，“我”很高兴。 （　）
6. 李师哥学什么都比别人慢一些。 （　）
7. 按规定，钻杆考试只能考两次。 （　）
8. 李师哥三次钻杆考试都没有通过。 （　）
9. 在大家的帮助下，李师哥又获得了一次考试的机会。 （　）
10. 李师哥以前说话从不结巴。 （　）
11. 李师哥高兴得忘记了自己的名字。 （　）
12. 听了老郑的笑话，“我”笑了很长时间。 （　）

四、选词填空：

A. 分享　B. 立马　C. 扫兴　D. 打气　E. 唯独

1. 赛前，教练不断给自己的弟子们________，他认为体能不会成为影响参赛队成绩的主要因素。
2. 那天，刚好新买的咖啡色小摩托车送到，他________发动新摩托，然后笑嘻嘻地一溜烟走了。
3. 除了按比例________利润以外，万达公司还将向合作公司收取3.8%的管理费。
4. 我________转身走出了展厅，留下导购小姐一脸惊愕地僵在那里。
5. 可以想象车主们兴致盎然地奔驰在风景秀丽的道路上时，突然空调出了毛病，车越开越热是多么________。
6. 下课铃一响，孩子们全都跑出去玩儿了，________小强还在座位上发呆。
7. 大家都在兴致勃勃地谈论那个地方的风景和典故，他却说：听说那里常常会摔死人。真是让人________。
8. 下一个就该我了，我心里紧张得要命，昨天准备好的那些话都不知道哪儿去了。哥哥不断地给我________：别怕，你比所有的人都强！

五、简答题：

1. “我”的好运气都有哪些？
   答：________________________________。
2. 对于“我”的幸福，老郑的态度是什么？
   答：________________________________。
3. 李师哥通过考试后的表现是什么？
   答：________________________________。

六、回答问题：

1. 老郑为什么要讲这个笑话？
2. 听了笑话之后，“我”有什么改变？
3. 这篇文章对你有什么启发？

第五单元

一、小院之恋

我常常想起童年时住过的那个小院，它是普通常见的那种四合院，共住着八户人家。什么东西都既是某一家的，又是全院的：手推车、打气筒、小人书、洋娃娃……东屋的亲戚来了，全院就都吃到了山东大枣；西屋的人从老家回来，各家都飘出烤红薯的香味；南屋大哥的女友来了，全院人都去招呼；上房黄阿姨在部队服役的丈夫回来了，各家便都吃了饺子；要是我家舅舅来了，我便要挨门挨户地送杏儿、梨儿、瓜儿——我最爱干这个差事，因为这时全院的人都要当着我的面夸我送的西瓜甜、杏儿大、梨儿脆。不过，我倒是觉得他们哪一家的东西都比我们家的好吃，最好吃的当然要数黄阿姨做的菜。

黄阿姨平时只有一个人，做了好吃的，常常端了碗来叫我，我答应一声，顾不得咽下嘴里嚼着的饭便蹿了出来。黄阿姨夹起一块肉，伸到我嘴边，我正要咬时，她又把筷子举到比我嘴高的地方，我踮起脚时，她的手又高了，我急了，便扯着她的袖子去够，她只是咯咯地笑，浑身抖得连筷子也抓不牢。她喂我吃菠菜时，总是把筷子插进菜梗里，我往往连筷子一起咬住，她又是一气笑。

夏天的傍晚是很惬意的，夕阳给天空涂上最美丽的图画时，大人们便披着满身霞光回来了，小院里立时回荡起愉快的交谈声：

“大哥，什么喜事？瞧您嘴都合不上了。”

“嘿嘿，不瞒您说，我们小组又得第一了。”

“娟儿她妈，我这儿有刚买的葱，抓几根去！”

“这是刚摘的黄瓜，水灵着呢，尝尝鲜。”

亲切的问候、交谈声中，各家都飘出炒菜的香味。

小院并不总是风平浪静的，有时也有雷声闪电。刚成家的王二哥和二嫂发生了激烈的“内战”，全院自动成立的“联合户安理会”出动了。男人拉二哥去打扑克，女人们齐去劝二嫂。不一会儿，王二哥输了，被画上了两个大黑眼圈，看上去像个大熊猫，女人们指给二嫂看，二嫂把头扭到一边偏不看，偶一回头看见了，憋不住，扑哧一下笑了。

于是，雨过天晴，云消雾散。

成家以后，我离开了小院搬到了楼房新居。这里每家独霸一方，虽然鸡犬之声相闻，但老死不相往来，不知隔壁是谁家。我常常思念儿时的小院，什么时候能再找到那小院的感觉？

（832 字）

（选自《新民晚报》，作者：韩府，有改动）

练习

一、根据课文内容，选择下列词语的正确解释：

1. 挨门挨户 （　　）

A. 每家的门紧挨着　　B. 一家接一家

C. 敲邻居的门　　D. 打开所有的门

2. 差事 （　　）

A. 很不好的事　　B. 被派去做的事

C. 不得不做的事　　D. 不如别人做得好

3. 脆 （　　）

A. 好看　　B. 酸甜　　C. 爽口　　D. 很大

4. 踮 （　　）

A. 用脚尖站着　　B. 高高地跳起来

C. 使劲儿跺脚　　D. 抬脚要走

5. 一气 （　　）

A. 一口气　　B. 一生气　　C. 一阵儿　　D. 一吹气

6. 惬意 （　　）

A. 得意　　B. 美丽　　C. 快乐　　D. 舒服

7. 水灵 （　　）

A. 放在水里　　B. 灵巧　　C. 还流着水　　D. 新鲜

8. 成家 （　　）

A. 结婚　　B. 盖房子　　C. 回家　　D. 买房子

9. 出动 （　　）

A. 出现活动　　B. 出去运动　　C. 行动起来　　D. 召开会议

10. 独霸一方 （　　）

A. 独自待在一个地方　　B. 完全占领一个地方

C. 无法和别人共处　　D. 单独形成一个范围

二、根据课文内容，选择正确答案：

1. “我”童年时住过的那个小院 （　　）

A. 一共有四间房子　　B. 八家人好得像四家人一样

C. 很多东西大家都可以互相用　　D. 院子里某一家有很多东西

2. 上房黄阿姨的丈夫 （　　）

A. 很会包饺子　　B. 是工人

C. 刚从老家回来　　D. 是军人

3.“我”舅舅来“我”家时 （ ）

A. 常常会带很多水果 B.“我”要去做很多事情

C. 全院的人都在“我”面前夸“我” D. 全院的人都做了好吃的东西送来

4.“最好吃的当然要数黄阿姨做的菜”中“要数”的意思是 （ ）

A. 要算是 B. 要数数 C. 要计算 D. 好几种

5. 文章第二段主要表现黄阿姨 （ ）

A. 做的菜很好吃 B. 对“我”的喜爱

C. 给“我”吃些什么 D. 是个很爱笑的人

6. 第三段中“披着满身霞光”的意思是 （ ）

A. 披着红色的衣服 B. 感觉非常疲倦

C. 落日的红光照在身上 D. 带着很多东西

7.“不瞒您说”的意思是 （ ）

A. 告诉你吧 B. 不能告诉你

C. 告诉你一部分 D. 不和你聊天儿

8. 小院中的“雷声闪电”指的是 （ ）

A. 小院的天气情况 B. 小院里的矛盾冲突

C. 打雷和闪电 D. 各种嘈杂的声音

9. 男人们拉王二哥去打牌是因为 （ ）

A. 女人们要去劝王二嫂 B. 王二哥非常喜欢打牌

C.“联合户安理会”决定晚上一起打牌 D. 想缓解他和妻子的矛盾

10.“雨过天晴，云消雾散”在这里的意思是 （ ）

A. 王二哥夫妻俩和好了

B. 很快雨就停了

C. 第二天天气非常好

D. 天气变好了王二哥家的矛盾也就解决了

11. 最后一段中“虽然鸡犬之声相闻，但老死不相往来”的意思是 （ ）

A. 邻居之间没有任何来往 B.“我”对邻居养鸡养狗很不满意

C. 每家都在养鸡养狗 D. 养鸡的和养狗的人家互相都不来往

12. 这篇文章表达了“我” （ ）

A. 成家以后孤独寂寞的感觉 B. 对少年时代的思念

C. 对和谐的邻里关系的怀念 D. 不喜欢楼房的感觉

三、根据课文内容，判断正误：

1. 在这个四合院东屋住的是山东人。 （ ）

2. 南屋大哥的女友一来就和全院的人打招呼。 （ ）

3. 西屋的人从老家带回来了很多红薯。 （ ）

4. “我”舅舅来了各家便都吃饺子。 (　　)

5. “我”喜欢送水果是因为别人家的东西都比“我”家的好吃。 (　　)

6. 黄阿姨很喜欢看“我”着急想吃的样子。 (　　)

7. 大人们下班回来后小院就变得很热闹。 (　　)

8. 有一次王二哥和妻子争吵很激烈。 (　　)

9. 王二哥被女人们画上了两个大黑眼圈。 (　　)

10. “我”很怀念四合院里的生活。 (　　)

四、选词填空：

A. 差事　　B. 一气　　C. 水灵　　D. 惬意　　E. 出动

1. 目前的国家队似乎并没有反击的办法，简单的长传冲吊与其说是反击，还不如说是应付________。
2. 也不知是谁在他面前乱说________，惹得他如此伤心。
3. 更令人惊恐的是，有时哥伦比亚政府军会________飞机对武装分子进行围剿。
4. 翻译不是轻松的________，尤其是翻译《奥林匹克宣言》这样伟大的作品。
5. 我刚上场时脑子有点儿不够清醒，像无头苍蝇似的乱跑________，在主教练提醒之后，我才放松了很多。
6. 皑皑白雪虽然给出行的人们带来了一些不便，但美丽的银色世界带给人们更多的是欢乐和________。
7. 车站管理处________了四十多名工作人员，分四个小组在火车站周围打击车辆非法营运的行为。
8. 好友聚会，围坐在一起吃火锅，这是多么________的事情。
9. “这姑娘长得真________。”老奶奶看着眼前亭亭玉立的女孩儿说。

五、简答题：

1. 为什么“我”喜欢挨门挨户送水果？

   答：________________________________。

2. 为什么说夏天的傍晚很惬意？

   答：________________________________。

3. 王二哥打牌输了后大家怎样罚他？

   答：________________________________。

六、回答问题：

1. 在“我”童年时生活的四合院，邻居们是怎样相处的？
2. 黄阿姨经常怎样逗“我”玩儿？
3. 成家后“我”和邻居们相处得怎么样？

二、搞定家事

照通常标准，我这个人是没出息的，因为事业无成，既不是“腕儿”，也不是“款儿”，只是小民一个。但还有更深刻的原因，那就是我看重家事，也就是家务，这就被一些男人所不屑。这些人即使在外和我一样是个小百姓，回到家也要当个大老爷。哪怕实际做不到，主观上也要这样幻想。等那些人喝醉酒后，你能发现这个秘密。

我一贯认为家事也是大事。家庭是社会的细胞，家事搞不定，细胞不健康，社会这个肌体还能强壮吗？局部和整体的关系就这样明摆着。前人好像也有这种可贵的领悟。他们把这意思写成了一副对联：风声、雨声、读书声，声声入耳；国事、家事、天下事，事事关心。这副对联把家事和国事、天下事并列在一起，其重要性还值得怀疑吗？老祖宗的另一句话也叫我兴奋：“一屋不扫，何以扫天下？”意思是连家也治理不好，还怎么能治理天下？

但是，屋我是决不会扫的。这倒不是由于有了吸尘器，而是因为我家的家事有明确的分工。我和妻子有个约法三章：我负责家门外的事，妻子负责家门内的事。小到一根葱，大到一袋米，都要我拎进家门，自然，垃圾也归我倒。至于家里的烧烧扫扫，洗洗涮涮，我是全不管的。当然有时也能洗几个碗，这要由我的情绪而定。比如，这篇文章发表后，我也许有兴趣洗一洗。总之，分工明确后，有责任推不掉，有功劳抢不得，果然人人负责，天下太平。

说来有趣，我这么重视家事，虽然让一些“大老爷”们看不起，却常常被女士们赞赏。我住的是单位家属院，大家关系很熟，常见我为家事操劳，容易感动的女士们就夸我为“模范丈夫”、“标兵男人”。有的甚至当着自家丈夫的面热情表扬我，这就有些“隔山打牛”的意思，因此只听得那些丈夫们低头缩脑，满脸愧色。

不用说，此时此刻，我心里好痛快！不过也有些惭愧。我毕竟只做了门外的事，这些事透明度高，大家看得到，舆论对我有利。她们怎么知道我一进家门就变成了甩手掌柜呢？更让我暗暗好笑的是，这些挨批的丈夫说不定在家比谁都勤快呢！为此，妻子常说我是“驴粪蛋——外面光”。

(802字)

(选自《新民晚报》，作者：季振邦，有改动)

练习

一、根据课文内容，选择下列词语的正确解释：

1. 搞定 ( )

A. 肯定　　B. 搞清楚　　C. 确定　　D. 做好

2. 腕儿　　（　　）

A. 名人　　B. 手腕　　C. 名誉　　D. 小人

3. 款儿　　（　　）

A. 款待　　B. 有样子　　C. 付款　　D. 有钱人

4. 小民　　（　　）

A. 小孩子　　B. 小人　　C. 老百姓　　D. 穷人

5. 明摆着　　（　　）

A. 应该就是这样的　　B. 明显地放在眼前

C. 很明显地摆设　　D. 明明就在眼前

6. 领悟　　（　　）

A. 领袖　　B. 领导　　C. 理解　　D. 觉悟

7. 约法三章　　（　　）

A. 简单的约定　　B. 定了三条法律

C. 签三份合同　　D. 有三份法律文书

8. 拎　　（　　）

A. 带　　B. 提　　C. 买　　D. 送

9. 标兵　　（　　）

A. 标准的士兵　　B. 可做榜样的人

C. 军人的一种　　D. 很有功劳的人

10. 愧色　　（　　）

A. 很红的颜色　　B. 不好意思的表情

C. 流着眼泪　　D. 又气又恨的样子

11. 舆论　　（　　）

A. 很好的评价　　B. 大家的表扬　　C. 出现的言论　　D. 大家的议论

二、根据课文内容，选择正确答案：

1. “我”这个人“没出息”最根本的原因是　　（　　）

A. 看重家事　　B. 事业不成功　　C. 不是腕儿　　D. 不是款儿

2. 对“我”不屑的那些男人　　（　　）

A. 都是成功人士　　B. 未必都是成功人士

C. 都是“我”家邻居　　D. 不是腕儿就是款儿

3. “我”坚持认为家事也是大事是因为　　（　　）

A. 前人这样告诉“我”　　B. 家庭搞不好身体就不健康

C. 社会还有很多不完善的地方　　D. 家事搞好了社会才能搞好

4. 第二段的对联说明 （ ）

A. 一个人需要关心很多事　B. 风的声音和雨的声音是一样的

C. 家事和国家的事一样重要　D. 读书和国家的事一样重要

5. “我”不打扫屋子是因为 （ ）

A. 我们家有吸尘器　B. “我”和妻子对家务活儿有明确分工

C. “我”认为男人不能打扫屋子　D. “我”还有很多重要的事要考虑

6. 家务活儿分工明确有什么好处？ （ ）

A. “我”不用洗碗　B. 每个人的责任一样重

C. 每个人都有功劳　D. 各负其责，没有争吵

7. 下面哪种家务活儿“我”可以不做？ （ ）

A. 洗衣服　B. 倒垃圾　C. 买米　D. 买菜

8. 家属院的女士们认为“我” （ ）

A. 很没出息　B. 非常爱妻子

C. 是丈夫们的榜样　D. 做家务做得太辛苦

9. 第四段“隔山打牛”的意思是 （ ）

A. 跑得太远了　B. 表扬“我”是为了批评自己的丈夫

C. 表现得过分热情了　D. 过分夸大了“我”的作用

10. “我”也有些惭愧是因为 （ ）

A. “我”做得还不够好　B. 别人的丈夫挨批了

C. “我”是甩手掌柜　D. “我”做的事情都是表面的

三、根据课文内容，判断正误：

1. “我”觉得自己是没出息的。 （ ）
2. “我”是一个非常普通的老百姓。 （ ）
3. 嘲笑“我”的男人回到家也并不一定是大老爷。 （ ）
4. 家庭和社会就是局部与整体的关系。 （ ）
5. 古代中国人就看到了家事的重要性。 （ ）
6. “我”不扫地是因为有了吸尘器。 （ ）
7. 在“我”家里，做饭、打扫、洗衣都是妻子的事。 （ ）
8. 这篇文章发表后“我”就要开始洗碗了。 （ ）
9. 我们院子里的人大多在同一个单位工作。 （ ）
10. 那些挨批的丈夫都是不做家务的。 （ ）

四、选词填空：

A. 搞定　B. 出息　C. 领悟　D. 明摆着

1. 只要把这件事情________了，剩下的问题都好解决。

2. 这样的男人最没________了，爱就爱，不爱拉倒，还藕断丝连的干什么。

3. 后来我打开几节电池一试，用了不到10分钟也都没电了，________就是假电池。

4. 你的心灵能够对作品有所体味、有所发现、有所丰富，就说明你有一定的________能力和创造性。

5. 队员们表示跟拜仁的比赛不会有任何心理压力，对手________比自己强，只要能踢出自己的特点就行了。

6. 他们认为，青梅是村里发展得最好的女孩儿，我是村里最有________的男孩儿，我们简直就是天生一对。

7. 张新民很快就把合同________了，经理对他非常赞赏，许诺给他加薪。

8. 作为一名优秀军事指挥官，不仅要对战争理论有最深刻的________，还要能灵活运用，要能够对敌我态势及其发展作出最清晰的判断。

五、简答题：

1.“一屋不扫，何以扫天下”是什么意思？

答：________________________________。

2.“我”和妻子的分工是什么？

答：________________________________。

3. 家属院里的女士们怎么评价“我”？

答：________________________________。

六、回答问题：

1. 按照通常的标准，一个人怎样才算是有出息？

2. 为什么“我”认为家事也是大事？

3.“驴粪蛋——外面光”是什么意思？

三、爱在饭桌

有人曾说，恋爱中的男女同桌吃饭，是生米对熟饭的憧憬，是未来共同生活的一次安全的彩排。这话说得很对，我很欣赏。两人要相爱，饭桌是个大舞台。

恋爱是什么？我不好界定，但我知道那绝对是一件忙事，如果你没有多少闲工夫，还是不要涉足，除非你有时间收发短信收寄情书、陪着心爱的人儿逛街逛公园看电影郊游，气定神闲地坐在一起吃饭……

恋爱的节目很多，但是最重要的恐怕还是吃饭；约会的地点也很多，但是最终落到实处的还是饭桌。收发短信收寄情书更多的是对对方此时在干什么的想象；逛街逛公园看电影郊游更多的时候只是牵着手并肩向前走；吃饭就不一样了，那可是大境界大考验。

不同的恋爱阶段，饭桌上的表现不一样。一开始，大多是呼朋唤友一大群人，吃喝玩闹间，借点儿酒意，说些疯话，你的心儿只有自己懂，在座者皆无关人等，除了意中人。慢慢地，吃着吃着，话越吃越多，人越吃越少。忽一日，前来赴宴的只剩下你我二人，饭局已成一场爱情考验。你坐姿是否优雅，是否主动为你的心上人儿倒茶，点菜时是否让你的心上人儿先点，你点的东西是否是你的心上人儿喜欢吃的，你拿筷子或者刀叉的姿势是否让心上人儿感觉舒服，你喝汤时是否寂静无声，你吃东西是否细嚼慢咽，吃完以后是否递上一张餐巾纸然后准备一杯水，微微一笑，露出的牙齿是否洁白，伸出手时指甲里面是否有污物，交谈间你们是否彼此心旷神怡，付钱时是否干脆主动……如果你们定下了终身，去见对方家人，那恐怕又是一场考验。

曾经在时尚杂志上看到一位男士回忆初吻时的冲动："她吃饭时津津有味的样子简直让我着了迷。她轻轻蠕动的双唇是那样可爱，使我恨不能变成她盘中的美味。"

我们都是俗人、凡人。弗洛伊德曾经说，要相爱就离不开这个世界。的确，如果把爱微缩成男欢女爱，把世界具体到屋檐之下，那么要恋爱，饭桌是个大舞台。正如我的朋友所言："这个世界没有庸俗的饮食，只有庸俗的饮食者；有卑微的男女，而没有卑微的恋爱。"

（785 字）

（选自 http://ibask.blogdriver.com/ibask/995562.html，有改动）

练习

一、根据课文内容，选择下列词语的正确解释：

1. 憧憬 （　　）

A. 喜爱　　B. 感动　　C. 向往　　D. 幻想

2. 彩排 （　　）

A. 丰富多彩的演习　　B. 正式演出前的化装排练

C. 排除虚幻的色彩　　D. 正式结婚前重要的节目

3. 界定 （　　）

A. 区别　　B. 确定　　C. 分开　　D. 肯定

4. 涉足 （　　）

A. 打听　　B. 经过　　C. 恋爱　　D. 进入

5. 气定神闲 （　　）

A. 有勇气和精神　　B. 自然放松的样子

C. 不生气不着急　　D. 无事可做的样子

6. 境界 （ ）

A. 新环境中的世界 B. 前所未有的分界

C. 事物达到的程度 D. 面临的严重问题

7. 心旷神怡 （ ）

A. 心情舒畅，精神愉快 B. 心中产生了爱慕

C. 心领神会，互相理解 D. 交流内心的感觉

8. 庸俗 （ ）

A. 昏庸俗气 B. 长久流行 C. 平庸粗俗 D. 不受欢迎

9. 卑微 （ ）

A. 卑鄙 B. 地位低下 C. 丑恶 D. 胆小害怕

二、根据课文内容，选择正确答案：

1. “生米对熟饭的憧憬”的意思是 （ ）

A. 希望尽快吃到饭 B. 恋人对婚姻的向往

C. 看着米饭慢慢变熟 D. 从陌生变为熟悉

2. 为什么作者说恋人一起吃饭“是未来共同生活的一次安全的彩排”？ （ ）

A. 对恋人来说一起吃饭是最安全的相处方式

B. 恋人可以通过这种方式找到结婚的感觉

C. 婚后重要的生活内容之一就是一起吃饭

D. 只有这样才能了解共同生活是什么样子

3. 作者觉得如果要恋爱的话，一定要 （ ）

A. 有空闲时间 B. 常常写短信或情书

C. 陪恋人出去逛 D. 经常坐在一起吃饭

4. 作者认为谈恋爱时最重要的事情是 （ ）

A. 确定约会地点 B. 一起吃饭

C. 想象对方在干什么 D. 手拉手一起走

5. 为什么说饭局是一场爱情考验？ （ ）

A. 因为有很多朋友看着 B. 饭桌上只有两个人了

C. 它决定着能否定下终身 D. 恋人们很注意对方的细节表现

6. 第四段主要告诉我们 （ ）

A. 两个人一起吃饭时他们就成了恋人 B. 饭局其实就是一场爱情考验

C. 和恋人一起吃饭时应该怎样表现 D. 恋爱各阶段饭桌上的表现

7. 时尚杂志那位男士的例子是要说明 （ ）

A. 初吻多么让人激动 B. 吃饭的细节会多么让人心动

C. 好吃的饭菜多么让人心动 D. 男人对女人的爱有多么深

8. 作者引用朋友的话是要说明 （ ）

A. 吃饭和恋爱都是正常而高尚的事

B. 把恋爱和饮食联系在一起是庸俗的

C. 庸俗的饮食者的恋爱必定也是卑微的

D. 在这个世界没有庸俗和卑微的事情

三、根据课文内容，判断正误：

1. 这篇文章是写给恋爱中的男女同学的。 （ ）
2. 作者很欣赏“饭桌是个大舞台”这句话。 （ ）
3. 作者认为如果你很忙，那就不要谈恋爱。 （ ）
4. 恋人们收发短信大多是想知道对方正在干什么。 （ ）
5. 两个人没有确定恋爱关系以前常常是跟很多人一起吃饭。 （ ）
6. 大家一起吃饭时，你可以在酒后说些只有意中人能听懂的话。 （ ）
7. 大家一起吃饭时，往往是吃到最后大家都走了，只剩下你和意中人。 （ ）
8. 恋人们一起吃饭时很注意对方吃饭的样子。 （ ）
9. 时尚杂志上的那位男士看着恋人吃饭，产生了亲吻她的冲动。 （ ）
10. 弗洛伊德曾经说，我们都是俗人、凡人。 （ ）

四、选词填空：

A. 憧憬　B. 涉足　C. 气定神闲　D. 心旷神怡　E. 庸俗　F. 卑微

1. 就在比赛前，他还________着第五次闯入决赛，并在这个他最热爱的比赛中卫冕成功。
2. 他极端复杂的内心体验和多重性格，来自他________的社会身份和敏感的自我意识之间的深刻矛盾。
3. 她本人表示，这是她________影视剧表演以来最满意的一个角色。
4. 她表情是说不出的宁静，是对未来的________，还是不想面对未来的迷茫？
5. 她没有成功女性通常都有的那种霸气和傲气，在她身上，更多的是一种________的优雅。
6. 这首如梦似幻的小提琴独奏，令他________。
7. “乡土文化”也要与时俱进，不断充实内涵，对那些落后、________的内容也要坚决摒弃。
8. 大学时期是一个人心理从幼稚走向成熟的重要阶段，因此在________性爱问题时一定要冷静。
9. 竞争对手们手忙脚乱，而他却若无其事，和几个好友在茶室里________地喝茶。
10. 刚见面时，秦英很是惊讶，因为李俊浩并不是她想象中那么高贵，而是一个非常________的人。

11. 每到七八月份，这里漫山遍野都是花，微风吹过，花香扑面而来，令人________。

五、简答题：

1. 作者很欣赏什么话？

答：________________________________。

2. 文中提到的恋爱的节目有哪些？

答：________________________________。

3. 恋人们定下了终身后要做什么？

答：________________________________。

六、回答问题：

1. 恋人一起吃饭时很注意哪些方面？

2. 为什么说“要相爱，饭桌是个大舞台”？

3. 你如何理解弗洛伊德的那句话？

四、饭　桌

在我的记忆中，儿时，家里的饭桌是一张枣红色的小方桌，五十公分高，六十公分见方，那是父亲年轻时做的。六口之家围着小方桌吃饭，一用就是二十年。那时的饭菜很简单，常常是一大盘菜放在桌中央，顶多再有两小碟自制的腌菜。遇到可口的饭菜，不懂事的小弟就头也不抬地抢着吃。为了让劳累一天的父母多吃一点儿，我和姐姐总是制止他，而母亲总会袒护着说：“吃吧吃吧，我吃多了胃不舒服。”

其貌不扬的小饭桌也有光彩诱人的时候，那便是过年的日子。从腊月二十七八起，母亲和姐姐就扎上围裙忙活起来。于是，饭桌上便魔术般地冒出了各式各样的好东西，我和弟弟由着性儿想吃什么就抓什么。等该吃饺子时，已没胃口了。为了哄着我们多吃，母亲总要在饺子里包一些事先洗得干干净净的硬币。谁吃着硬币就归谁，吃着的钱数越多来年的福分就越大。这招儿很灵，我们常常放开肚子使劲儿吃，各人吃出的硬币就放在靠近自己的桌角上。父母吃到的硬币自然无一例外地都码到小弟的桌角上，所以弟弟的桌角上硬币常常是最多的。看着弟弟妹妹撑得直嚷肚子胀，一家人总是乐得前仰后合。

不知不觉中，小饭桌已围不下一家六口人了。我那时已工作了。有一次，我花了几天工夫为家里做了一张长宽高均八十公分的折叠式方桌。因为我在外地工作，个把月才回家一趟，妹妹远在杭州上大学，更是难得团聚。所以除了逢年过节，平常吃饭就显得桌大人稀了。难怪换了饭桌后母亲常说高桌子吃饭不得劲。其实老人家想念的是一家人围坐一起的那股子热乎劲儿。

现在用的饭桌是父亲前几年买的，这是一张方圆两用桌。平常是边长九十公分的方形，一边总靠墙放着，应付老两口平日的简单用餐显然有点儿大材小用了。只有吃团圆饭时，才将它摆到客厅中央，把四边折叠部分翻起撑开就变成一张直径一米多的大圆桌了。即便如此，一家老小十几口子围坐在一起也显不出宽余来。桌面上也显拥挤：高高低低瓶瓶罐罐的佳酿饮料，大大小小盘盘碟碟的美味佳肴总把饭桌摆得满满的。其实，上了年纪的父母是吃不了几口的，饭桌上的话题，老人有许多也听不大明白，只有聊起我们小时候的事，父母的话才多一些。老人们喜欢的就是这种热热闹闹的气氛。

（870 字）

（选自《陕西广播电视报》，作者：权健，有改动）

练习

一、根据课文内容，选择下列词语的正确解释：

1. 袒护　（　　）

A. 尽全力地保护　　B. 小心地守护

C. 不分对错地保护　　D. 急急忙忙地保护

2. 其貌不扬　（　　）

A. 长相普通　　B. 长得难看　　C. 不能表扬　　D. 相貌不张扬

3. 围裙　（　　）

A. 漂亮的大裙子　　B. 过节时穿的特别的裙子

C. 围着裙子　　D. 围在身前保护衣服的东西

4. 福分　（　　）

A. 分数　　B. 福气　　C. 享福　　D. 前途

5. 码　（　　）

A. 摆开　　B. 堆放　　C. 数清　　D. 属于

6. 前仰后合　（　　）

A. 笑个不停　　B. 坐不稳而摔倒　　C. 跑前跑后　　D. 身体前后晃动

7. 不得劲　（　　）

A. 原因不明的不舒服　　B. 没有力气

C. 使不上力气　　D. 没有吃饱

8. 热乎劲儿　（　　）

A. 浑身充满力量　　B. 热乎乎的样子

C. 亲切热闹的样子　　D. 很舒服的样子

9. 宽余 （ ）

A. 宽阔舒畅　B. 多余　C. 长和宽　D. 富裕

10. 佳酿 （ ）

A. 酸奶　B. 可乐　C. 果汁　D. 好酒

二、根据课文内容，选择正确答案：

1. 家里的第一张饭桌是 （ ）

A. 父亲从市场上买的　B. 父亲和姐姐一起做的

C. 50 公分×60 公分的小桌子　D. 60 公分×60 公分的方桌

2. 儿时家里吃饭 （ ）

A. 总是很简单　B. 只能吃一个菜

C. 一定要有两个小菜　D. 我们都吃不饱

3. 遇到可口的饭菜 （ ）

A. 劳累一天的父母就可以多吃点儿　B. 弟弟总是跟“我”和姐姐抢着吃

C. 母亲总是借口胃不好让弟弟多吃　D. 母亲总是胃不好无法多吃

4. 第二段中“光彩诱人”的意思是小饭桌 （ ）

A. 重新上了漆变光亮了　B. 铺上了崭新的桌布

C. 上面摆着很多好吃的　D. 擦得一尘不染

5. 关于过年，下面哪种说法不正确？ （ ）

A. 母亲和姐姐非常忙　B. 饭桌上出现了许多好吃的东西

C. 小饭桌开始变魔术　D. 孩子们可以想吃什么就吃什么

6. 母亲在饺子里包一些硬币是为了 （ ）

A. 让我们挣很多钱　B. 吸引我们多吃饺子

C. 多给小弟一些钱　D. 让全家人开心大笑

7. 弟弟桌角上的硬币最多是因为 （ ）

A. 他吃的饺子最多　B. 我们都把自己的给他了

C. 父母把自己的都放在弟弟那儿了　D. 他把别人的都抢走了

8. 用“我”做的饭桌吃饭母亲觉得不得劲是因为 （ ）

A. 这是一张折叠式的方桌　B. 家里吃饭的人少了

C. 母亲不喜欢高桌子　D. 家人的关系不如以前了

9. 现在用的饭桌 （ ）

A. 无法应付老两口平时吃饭　B. 既是方桌又是圆桌

C. 桌面上总是摆满了各种食物　D. 总是摆在客厅中央

10. 本文想要说明 （ ）

A. 用大桌吃饭不如小桌舒服　B. 什么样的桌子最适合家庭使用

C. 我们的生活水平在提高　D. 家庭成员之间的关系在变化

三、根据课文内容，判断正误：

1. 儿时的饭桌是父亲自己做的。（ ）
2. 用的时间最长的是那张小方桌。（ ）
3. 小时候吃饭常常只有一盘菜。（ ）
4. 过年时“我”和弟弟比赛着吃东西。（ ）
5. 吃到的硬币越多第二年就越有福气。（ ）
6. 为了多吃到些硬币，弟弟妹妹都吃得太多了。（ ）
7. 长大后我在外地工作，半个月才回一次家。（ ）
8. 孩子们长大后全家人一起吃饭的机会很少了。（ ）
9. 现在的桌子父母平时吃饭用显得太大了。（ ）
10. 父母已经老了，吃不了多少了。（ ）
11. 只有聊起小时候的事才有热热闹闹的气氛。（ ）

四、选词填空：

A. 袒护　B. 不得劲　C. 其貌不扬　D. 大材小用　E. 前仰后合

1. 有些家长则认为，博士后教初、高中生“太夸张”，是________，可能不会产生好的教学效果。
2. 明丽最近心里很慌，总觉得________，却又不知道为什么。
3. 哪怕儿子做错了她也总是极力地________，难道这真的是爱吗？
4. 别看他________，他可是中国著名的青年作家。
5. 李阳就是喜欢打乒乓球，一天不打就觉得________。
6. 老张的玩笑把我们逗得________，而他自己却一脸严肃。
7. 孩子犯了错误，父母绝不能________，要及时给他们讲道理，给他们纠正错误。
8. 让你这堂堂的名校毕业的博士去做图书管理员是不是________了？
9. 他虽然长得________，本事可大得很呢，厂子里这些机器没有他不会修的。
10. 李老师拿着筷子装作要夹舌头的样子，讲台下的学生们乐得________。

五、简答题：

1. 儿时的饭桌是什么样的？

答：____。

2. 为什么“我”做的新饭桌平常吃饭时显得桌大人稀？

答：____。

3. 现在吃饭的时候父母和我们聊什么？

答：____。

六、回答问题：

1. “我”对枣红色的小方桌的感情是怎样的？

2. 请描述一下那张方圆两用桌及其使用方式。

3. 请描述一下现在“我”家过年的情景。

第六单元

一、日本“爱妻日”丈夫早回家

1月31日，一些已婚日本男子一下班就早早赶回家里。进屋后，他们来到妻子面前，看着妻子的眼睛说：“谢谢你！”这些好男人不是突发奇想，而是在过节。

素有“大男人主义”传统的日本男人，近来展开了史无前例的爱妻运动。一个名为“日本爱妻家协会”的民间组织把每年一月的最后一天定为“爱妻日”，呼吁日本全国的丈夫在这一天突出表达对妻子的爱慕与感激之情。该协会由一群中年男子创办，推行“爱妻”文化，向所有丈夫发出呼吁，即使工作再忙，也不要忽略对妻子的关心与爱护。目前，在其网站登记的会员人数已将近一万人。

“日本爱妻家协会”总部设于日本群马县吾妻郡嬬恋村。村名和郡名连起来就是“我爱我的妻子”。支部遍布日本各大城市。

很多日本男人无法做到将自己对妻子的谢意用言语表达出来。对于他们来说，工作永远是摆在第一位的事情，这种态度正在逐步使日本人的婚姻处于重重压力之下。日本政府统计数字显示，1985年至2005年期间，日本离婚率增长了逾60%，特别是那些婚龄在20年以上的夫妇，离婚率几乎翻了一番，其中女方首先提出离婚的情况更多。

为使现状欠佳的婚姻关系得以改善，该协会特意向日本男人推荐了五条“黄金法则”，其中包括早一点儿回家，在称呼自己的妻子时直接使用她们的名字以及在与妻子交谈时凝视对方的双眼等。很多日本丈夫通常以“你”来称呼自己的妻子而不是说出对方的名字，有时甚至只是以一声简单的咕哝来表示自己想和妻子谈话。

协会除了提议男人早回家，也鼓励他们不时要想办法讨好妻子，如学习陪妻子去购物，协助妻子做家务，给妻子放洗澡水，与妻子手牵手运动，等等。

54岁的加藤是爱妻协会的一名会员，在爱妻日那天他响应“早回家运动”，6点下班后准时回家。他说：“日本社会以事业为重，不仅是上司不喜欢下属早下班，许多上班男人还怕太早回家会被邻居笑话是‘交际应酬不够广’。我参加了协会，开始学会有勇气向上司说要提早下班，回家陪妻子。渐渐地，我们夫妇都认为培养感情很重要，只有这样才能够白头偕老。”

（804字）

（根据网站消息综合改写）

练习

一、根据课文内容，选择下列词语的正确解释：

1. 突发奇想 （　）
   A. 突然产生奇怪的想法　B. 猛然爆发的想法
   C. 突然发生奇怪的事情　D. 突然发现很惊奇
2. 素有 （　）
   A. 向来就有　B. 一般来说　C. 平常就有　D. 总的来说
3. 史无前例 （　）
   A. 没有文字记载的　B. 以前从未有过的
   C. 以前有过这样的例子　D. 无法载入历史的
4. 呼吁 （　）
   A. 倡议　B. 呼喊　C. 要求　D. 提出
5. 遍布 （　）
   A. 普遍流行于　B. 普遍分布在　C. 分布到各处　D. 布置了一遍
6. 逾 （　）
   A. 超过　B. 大约　C. 接近　D. 总体
7. 咕哝 （　）
   A. 自言自语　B. 含混不清地说话
   C. 小声地问候　D. 发出细微的声音
8. 不时 （　）
   A. 随时　B. 偶尔　C. 时刻　D. 经常
9. 讨好 （　）
   A. 不费力气而得到好处　B. 送好的礼物
   C. 迎合别人以求得好感　D. 说好听的话
10. 上司 （　）
    A. 上面公司　B. 上级领导　C. 公司领导　D. 公司职员
11. 下属 （　）
    A. 属于下面　B. 普通百姓　C. 下级人员　D. 高级职员
12. 应酬 （　）
    A. 应该喝酒　B. 应该付酬　C. 完成的任务　D. 人际交往

二、根据课文内容，选择正确答案：

1. 1月31日这天，一些已婚日本男人们会 （　）
   A. 突发奇想　B. 重新认识妻子　C. 陪妻子逛街　D. 一下班就回家过节

2. 下面哪一项是日本素有的传统？ （ ）

A. 爱妻文化　B. 大男人主义

C. 丈夫下班后对妻子说谢谢　D. 丈夫下班后准时回家

3. 爱妻运动的发起者是 （ ）

A. 日本政府　B. 一个民间组织

C. 一个网站　D. 日本群马县吾妻郡嬬恋村

4. 日本近年来离婚率增长的原因之一是 （ ）

A. 婚姻压力太大　B. 丈夫不会对妻子表示感谢

C. 妻子不爱丈夫了　D. 丈夫工作至上的态度

5. 五条"黄金法则"的目的是 （ ）

A. 改善婚姻关系　B. 让男人们更好地和妻子交谈

C. 让男人们早早回家　D. 让男人们学会讨好妻子

6. 很多日本丈夫称呼自己妻子的方式通常是 （ ）

A. 直接称呼她们的名字　B. 看着妻子的眼睛

C. 用"你"来称呼妻子　D. 一声简单的咕哝

7. 传统日本社会 （ ）

A. 男人下班后准时回家　B. 男人以事业为重

C. 男人经常想办法讨好妻子　D. 非常看重夫妻感情

8. 根据文章推测，以前加藤可能常常 （ ）

A. 提早回家　B. 需要加班　C. 陪伴妻子　D. 晚回家

三、根据课文内容，判断正误：

1. "爱妻日"是日本的一个传统节日。 （ ）
2. "爱妻日"在每月的最后一天。 （ ）
3. "日本爱妻家协会"的创办者是一些中年男人。 （ ）
4. 传统的日本男人很少向妻子表达爱慕与感激。 （ ）
5. 日本各大城市都有"爱妻家协会"。 （ ）
6. 传统的日本男人总是把家庭放在首位。 （ ）
7. 近20年来，日本离婚率增长最快的是中年群体。 （ ）
8. 协会建议男人们不仅要陪妻子逛街，还要帮妻子做家务。 （ ）
9. 日本社会不喜欢早早下班回家的男人。 （ ）
10. 越来越多的日本男人开始改变对妻子的态度。 （ ）

四、选词填空：

A. 讨好　B. 不时　C. 呼吁　D. 遍布　E. 素有

1. 专家________，应从小培养孩子良好的学习习惯。

2. 这家公司在机床行业已有三十多年的历史，分支机构________世界各地。

3. 这种整天要看别人脸色、________上司的工作我实在不想做了。

4. 青藏高原________“世界屋脊”之称。

5. 他________看看手上的表，嘴里咕哝着：“这么晚了怎么还不让下班？”

6. 张康没想到这样做却是好心办了坏事，吃力不________。

7. 质检员在车间里来回巡视，________提醒大家注意质量。

8. 旅居海外的华人________世界各地。

9. 这次会议上，王教授________一定要重视对大学生进行人文教育。

五、简答题：

1. “爱妻日”在哪一天？

答：____。

2. “日本爱妻家协会”总部为什么设在群马县吾妻郡嬬恋村？

答：____。

3. 为什么日本的上班男人不愿早回家？

答：____。

六、回答问题：

1. 请介绍一下“日本爱妻家协会”。

2. 请介绍一下爱妻家协会推荐的五条“黄金法则”。

3. 夫妻应该怎么做才有助于婚姻？

二、悉尼歌剧院的诞生

在澳大利亚港湾，有一座构思独特、设计超群的建筑物。从远处望去，它宛如从蔚蓝海面上缓缓飘来的一簇白帆；而在近处看，它又像被海浪涌上岸的一只只贝壳，斜竖在海边。它就是世界著名的悉尼歌剧院，被公认为是20世纪最美丽的建筑物之一，是当代建筑史上的一件“稀世之作”。悉尼歌剧院每年都吸引着来自世界各地的旅游者前来观光游览。

悉尼歌剧院建成于1973年10月20日。虽然它的历史不长，但它的知名度却远在许多著名的欧洲歌剧院之上。然而，很少有人知道，它的诞生，却是一波三折，充满坎坷。

这个梦幻般的建筑物的设计蓝图最初很早就遭到了淘汰。1957年，由四人组成的专家评审团讨论审议歌剧院的各种设计方案时，其中一位名叫伊尔罗·萨里南的评委提出要看所有的方案，它才从废纸堆中被重新翻出。这位老资格的建筑师独具慧眼，发现丹麦设计师耶尔恩·乌特松的构思别具一格，富有诗意，颇具吸引力。萨里南终于说服了另外三位评委，使他们改变了主意，最后乌特松设计的方案击败了其他231个竞争对手而被选中。

1959年，歌剧院正式破土动工。然而它的独特设计，对传统的建筑施工提出了挑战。工程陷入了一系列的技术及经费大超预算的难题之中。工程技术人员光计算如何支撑其不规则的屋顶，以确保其不会崩塌就用了整整5年时间。工期的耽误和成本的高昂，使悉尼歌剧院的建造成为朝野两党政治权力斗争的焦点和砝码，建设工程几度停止，最终导致了支持歌剧院工程的工党政府在大选中失利下台。新上台的自由党政府拒绝为工程追加新的预算，并终止了与乌特松的合同，乌特松愤然辞职回国。当时，歌剧院工程连1/4都没有完成。

直到1973年，经过十几年的艰难曲折，悉尼歌剧院终于在几度搁浅后，草草建成竣工。工程总花费超过10亿澳元，是设计预算的十五倍。

意想不到的是，掀起盖头来的悉尼歌剧院立即引来世人的好评，成为世界各地旅游者和艺术家们向往的地方。每年都有数百万人出席在这里举行的各种活动，参观者更是络绎不绝。它已经成了悉尼的骄傲、澳大利亚的象征。

（810字）

练习

一、根据课文内容，选择下列词语的正确解释：

1. 超群 （ ）
   A. 超越　B. 大众化　C. 赶得上　D. 超过一般
2. 一波三折 （ ）
   A. 波折很多　B. 弯弯曲曲　C. 三四个困难　D. 有很多问题
3. 淘汰 （ ）
   A. 被扔到了水里　B. 各方面的批评
   C. 因为差而被去掉　D. 很多人一起反对
4. 独具慧眼 （ ）
   A. 眼睛里充满了智慧　B. 有敏锐而非凡的眼光
   C. 借助独有的敏锐眼光　D. 具有奇特而智慧的眼睛
5. 别具一格 （ ）
   A. 另有一种独特的风格　B. 运用了一种特别的格式
   C. 没有限定在一个格子里　D. 不需要具有任何一种风格
6. 搁浅 （ ）
   A. 受阻　B. 修改　C. 初步完成　D. 被放在岸边
7. 草草 （ ）
   A. 刚刚　B. 匆忙　C. 马上　D. 开创

8．络绎不绝（ ）

A．拥挤不堪　　B．流连忘返　　C．接连不断　　D．赞不绝口

二、根据课文内容，选择正确答案：

1．关于悉尼歌剧院，下面哪种说法不正确？（ ）

A．它在世界上非常有名

B．它是一只斜竖在海岸边的贝壳

C．它是 20 世纪最美丽的建筑物之一

D．当代建筑史上这样的建筑很少见

2．下面哪个词语最能反映悉尼歌剧院诞生的过程？（ ）

A．草草建成　　B．很有诗意　　C．颇具吸引力　　D．波折而坎坷

3．下列哪一项不是乌特松设计方案的特点？（ ）

A．独具慧眼　　B．别具一格　　C．富有诗意　　D．很有吸引力

4．乌特松的设计能够获胜，最主要的原因是（ ）

A．它是一个梦幻般的建筑设计

B．专家评审团的评委都改变了主意

C．评审团的一位老资格专家非常欣赏这个设计

D．乌特松设计的建筑方案击败了其他的竞争对手

5．作者认为专家评审团中的伊尔罗·萨里南（ ）

A．是一位富有经验的性格独特的人

B．是一个非常富有诗意和吸引力的人

C．非常善于说服别人，使别人改变主意

D．眼光非常敏锐，能发现别人看不到的东西

6．悉尼歌剧院是哪一年开始建造的？（ ）

A．1959 年　　B．1957 年　　C．1964 年　　D．1973 年

7．第四段中，“建设工程几度停止”的意思是（ ）

A．建设工程几乎停止了

B．建设工程迅速停止了

C．建设工程好几次停了下来

D．气温只有几度时建设工程就停止了

8．乌特松离开悉尼是因为（ ）

A．新政府停止了歌剧院的工程

B．歌剧院的工程已经完成了 1/4

C．新上台的政府终止了和他的合同

D．支持歌剧院工程的工党政府在大选中失利下台

9．从本文中，我们可以知道（ ）

A．悉尼歌剧院完工后周围都种上了草

B. 悉尼歌剧院工程的总预算是10亿澳元

C. 悉尼人很骄傲他们拥有澳大利亚的象征

D. 悉尼歌剧院一竣工就受到了全世界的好评

三、根据课文内容，判断正误：

1. 悉尼歌剧院现在也是一个著名的旅游景点。 (　　)
2. 悉尼歌剧院比许多著名的欧洲歌剧院还要有名。 (　　)
3. 悉尼歌剧院在建造中遇到过三次很大的困难。 (　　)
4. 一开始大家都认为乌特松的设计方案不行。 (　　)
5. 悉尼歌剧院建造在一片破烂不堪的土地上。 (　　)
6. 悉尼歌剧院的屋顶建造难度非常大。 (　　)
7. 工党和自由党在建造悉尼歌剧院的问题上态度不同。 (　　)
8. 建造悉尼歌剧院前后用了十几年时间。 (　　)

四、选词填空

A. 淘汰　B. 搁浅　C. 草草　D. 一波三折　E. 独具慧眼　F. 别具一格　G. 络绎不绝

1. 茶博会上，来自全国各地的茶商、茶友和爱茶的市民________，茶友们以茶为媒，以茶会友。
2. 大家________吃了几口饭，便再次出发寻找老人。
3. 音乐会上，中央交响乐团以精湛的演奏技巧先后奏响了《茉莉花》《瑶族舞曲》，为现场观众们带来了一场________的视听盛宴。
4. 通用汽车曾开发出一款纯电动车，但没有几年这辆汽车就被________了，原因是它的造价太高，而且电池的性能也不能满足电动汽车的要求。
5. 总经理________最终从数十名基层工作人员中选中了他来执行这个项目。
6. 冰岛队连进两球，以2：1的比分令人吃惊地________了英格兰队。
7. 虽然比赛________，但凭借埃及头号球星萨拉赫的出色表现，埃及队最终如愿全取三分。
8. 勤劳能干的哈斯把“牧家乐”经营得风生水起，每天就餐的客人________。
9. 今天的这篇文章，就带大家回顾一下手机发展历史上那些新奇惊艳而________的手机产品。
10. 今日这一战，可以说是________，每当他们濒临绝望的时候，却总能峰回路转。
11. 发行商华纳兄弟对电影的表现很不满意，续集计划也因此________。
12. 我倒是觉得他________，这么多藏品中偏偏就看中了毫不起眼儿的“九元通关”图解。
13. 声明的最后以“文中的一系列描述都与实际情况不符”________收尾，显得有些站不住脚。

五、简答题：

1. 悉尼歌剧院是什么样子的？

答：________________________。

2. 悉尼歌剧院工程在技术上有什么样的难题？

答：________________________。

3. 工党和自由党在争夺权力时，斗争的重点是什么？

答：________________________。

六、回答问题

1. 请介绍一下乌特松的设计方案被选用的过程。
2. 悉尼歌剧院在建造过程中遇到过哪些问题？
3. 请介绍一下悉尼歌剧院现在的影响力。

三、乌鸦狂轰克里姆林宫

众所周知，俄罗斯克里姆林宫素来以其洋葱头般的贴金圆顶著称于世。然而最近，成群的乌鸦纷纷飞到金顶上采摘金铂叶子，闹得这座宏伟建筑片刻不得安宁。莫斯科当局在无奈之下，只得请来乌鸦的天敌猎鹰，充当克里姆林宫的“守护神”。

克里姆林宫是俄罗斯历代沙皇的皇宫，位于莫斯科市中心，占地28公顷，至少800年的历史，现为普京的总统官邸。然而长期以来，克里姆林宫却饱受乌鸦之苦。这些讨厌的鸟儿整天呱呱鸣叫，让人心烦。更令人厌恶的是，当郁金香等奇花异草一出嫩芽时，那些乌鸦便会一哄而上，像割草机一样将其咬断。前苏联时期，一场驱鸦运动便轰轰烈烈地开始了。起初，人们的驱鸦办法倒还“人道”，只是让乌鸦吃安眠药，但根本无效。

后来，人们又改用鸟枪射击，但是由于克宫地处莫斯科闹市中心，每每枪声大作，必然引发鸡飞狗跳。有一次，一名政治局委员到克里姆林宫上班来得早了点儿，目睹枪打乌鸦的“血腥场面”吓得差点昏厥过去。为了对付乌鸦，前苏联的一批专家还曾特意前往西欧引进了一种专门捕捉乌鸦的铁笼子。开始时，的确曾有一些笨乌鸦进入笼内就擒，可是后来乌鸦就渐渐变聪明了。屡战屡败的莫斯科人又想出一个办法：在金顶上放置一只猎鹰标本，旁边再安放一部录音机，不停地播放猎鹰尖叫声的磁带。可是，狡猾的乌鸦不久便识破了这套“鬼把戏”。

在这场长达数十年的“人鸦大战”中，乌鸦显然一度占了上风。最近以来，成群结队的乌鸦不仅大摇大摆地入侵克里姆林宫内偷食那些名贵树种的叶子，甚至还将金顶上一片片贵重的金铂叶子叼走。眼瞅着这座古老的建筑行将毁于一旦，痛心疾首的克宫管理人员终于搬来“救兵”——五只来自西伯利亚训练有素的猎鹰，指望它们能将那些“流氓乌鸦”吓跑。

对此，俄政府首席鸟类学家维比斯基坦言：“单凭五只猎鹰显然不足以杀死所有乌鸦。不过，有了这些天敌，乌鸦肯定再也不敢像以前那样胡作非为。”这位鸟类学家同时表示，由于克里姆林宫只会在每天清晨尚未开放时把猎鹰放出来捕杀一番，所以绝对不会惊扰游人。

（813字）

（选自《华商报》，作者：袁海，有改动）

练习

一、根据课文内容，选择下列词语的正确解释：

1. 众所周知　（　　）
   A. 从周围的人那里知道　B. 通知所有人
   C. 所以经常听说　D. 人人都知道
2. 片刻　（　　）
   A. 一会儿　B. 立刻　C. 各处　D. 部分
3. 当局　（　　）
   A. 警察局　B. 政府　C. 现任局长　D. 当时
4. 历代　（　　）
   A. 经历的年代　B. 历史朝代　C. 不同的时期　D. 以往各代
5. 饱受　（　　）
   A. 长期经受　B. 充分享受　C. 充分品尝　D. 满足于
6. 一哄而上　（　　）
   A. 大叫大嚷着冲上来　B. 乱哄哄一下子冲上来
   C. 一声令下全部冲上来　D. 鼓足干劲一次做完
7. 闹市　（　　）
   A. 繁华的街区　B. 城市　C. 吵闹的街市　D. 首都
8. 目睹　（　　）
   A. 用眼睛看　B. 捂住眼睛　C. 亲眼看见　D. 亲自发现
9. 识破　（　　）
   A. 认识　B. 破坏　C. 看穿　D. 突破
10. 占上风　（　　）
   A. 成为流行风尚　B. 处于有利地位　C. 占据了制高点　D. 取得最后胜利

11. 毁于一旦（　　）

A. 一旦遭到毁灭　　B. 在某一个早上毁掉

C. 一下子全部毁灭　　D. 如果被毁坏

12. 痛心疾首（　　）

A. 心中痛苦万分　　B. 痛恨到极点

C. 心疼得直拍脑袋　　D. 痛恨之下想到了主意

13. 胡作非为（　　）

A. 任意胡闹　　B. 故意破坏　　C. 非常严重　　D. 干尽坏事

二、根据课文内容，选择正确答案：

1. 俄罗斯克里姆林宫著称于世是因为（　　）

A. 悠久的历史　　B. 贴金圆顶　　C. 灿烂的文化　　D. 成群的乌鸦

2. 现在的克里姆林宫是（　　）

A. 沙皇的皇宫　　B. 总统的住所　　C. 美丽的花园　　D. 莫斯科的警察局

3. 驱赶乌鸦的运动（　　）

A. 最近刚开始　　B. 至少有 800 年历史了

C. 已经有几十年的历史了　　D. 已经取得了最终胜利

4. 莫斯科当局一定要驱赶乌鸦的重要原因是乌鸦（　　）

A. 整天呱呱鸣叫，让人心烦　　B. 把奇花异草都吃完了

C. 偷食名贵树种的叶子　　D. 叼走克宫金顶上的金铂叶子

5. 文中提到了几种驱鸦办法？（　　）

A. 2 种　　B. 3 种　　C. 4 种　　D. 5 种

6. 为什么用鸟枪射杀乌鸦的方式不行？（　　）

A. 每天打枪太麻烦　　B. 会吓着鸡和狗

C. 严重惊扰人们的正常生活　　D. 有位政治局委员被吓昏了

7. 文中第四段的“行将”意思是（　　）

A. 即将　　B. 将来　　C. 可能　　D. 未来

8. 关于那五只猎鹰，下面哪种说法不正确？（　　）

A. 它们是克宫管理人员的救兵　　B. 它们来自西伯利亚

C. 它们接受过良好的训练　　D. 它们杀死了所有的乌鸦

三、根据课文内容，判断正误：

1. 俄罗斯克里姆林宫里的洋葱头都贴着金铂叶子。（　　）

2. 克里姆林宫遭到乌鸦的侵害已经很久了。（　　）

3. 乌鸦最怕的动物是猎鹰。（　　）

4. 克里姆林宫的历史很悠久。（　　）

5. 刚开始人们驱赶乌鸦的办法很温和。 （ ）
6. 用鸟枪对付乌鸦声音太大，所以不能采用。 （ ）
7. 莫斯科人曾经用一只假猎鹰来吓唬乌鸦。 （ ）
8. 在“人鸦大战”中人总是失败。 （ ）
9. 五只猎鹰的到来会有效抑制乌鸦对克里姆林宫的破坏。 （ ）
10. 每天克里姆林宫开放时就把猎鹰放出来捕杀一番。 （ ）

四、选词填空：

A. 著称　B. 饱受　C. 目睹　D. 识破　E. 上风

1. 诗人离去了，结束了他那传奇而又________争议的一生。
2. 这些仿造的名画几乎能够以假乱真，业外人士很难________。
3. 位于加勒比海北部的牙买加，向来以山、水和阳光________，文化中融合了非洲和西班牙色彩。
4. 整场比赛，米兰冷静有余而激情不足，曼联无论在士气还是心态上都占据了________，米兰输球在情理之中。
5. ________膝伤困扰的拜伦·戴维斯在整场比赛中只出场了25分钟。
6. 我是这一情景的旁观者，在导播间和现场________了整个事件发生的过程。
7. 泰国以“微笑王国”________，女性见到长者，总会两手合拢，放于额前，点头致敬，同时报以微笑。
8. 不少市民更是在盛会到来的前夜涌向街头，争先________小城美丽醉人的滨海夜色。
9. 在与歹徒的搏斗中，周师傅身强力壮，很快就占了________。
10. 想当年，诸葛亮________孟获诈降之计，轻而易举地再一次将其擒住。

五、简答题：

1. 最近克里姆林宫遇到了什么麻烦？

答：____。

2. 起初人们用什么办法驱赶乌鸦？

答：____。

3. 克宫的管理人员为什么痛心疾首？

答：____。

六、回答问题：

1. 请根据本文介绍一下克里姆林宫。
2. 人们采取了哪些驱赶乌鸦的措施？
3. 为什么称乌鸦为“流氓乌鸦”？

四、爱尔兰和诺贝尔奖特有缘

按平均人口算，爱尔兰这个小国算是盛产诺贝尔文学奖获奖者的一个国家，似乎是得奖专业户一般。因此，当你听到某个年轻的爱尔兰作家表示对诺贝尔文学奖志在必得时，你大可不必感到惊讶。人家如此自信地将诺贝尔文学奖挂在嘴边，实在是有道理，叶芝、萧伯纳、贝克特、希尼……当然还有文学大师乔伊斯和王尔德等，所以讲起话来也有如此底气。

对这个问题终于有了感性认识，是在一次法兰克福书展上结识了爱尔兰作家并见识了爱尔兰人推广本国文学的热情之后。

那天，我的德国出版商安排我与爱尔兰作家弗兰克见面。见面伊始，他那口纯正的英文几乎让我以为他是英国人。得知他不懂德语，我遗憾地说："尽管咱们的书都出了德文版，可却不能相互赠书，因为赠也白赠。"他却说："但我可以送给你我的书，是英文的。"我问他："你自己译的还是别人译的?"他说："我用英文写的。几乎没有作家用爱尔兰文写作了，我们早就写英文了。"这位1963年出生的青年作家用英语创作的小说已有好几个欧洲语种的译本了，人也早离开了爱尔兰，长期住在伦敦，靠英国和其他欧洲国家的版税为生，但"出售"的却是爱尔兰故事！

那天晚上弗兰克约我们去法兰克福一家老字号文学书店参加一场爱尔兰作家的作品朗诵会。到了书店，里面早已挤得水泄不通。人们呷着香槟议论着哪个爱尔兰作家或诗人会成为近期蹿红的作家。德国的文学代理人们似乎准备在这里发现几个未来的诺贝尔文学奖人选。随后是两个爱尔兰作家轮流朗诵自己小说的精彩片段，是纯正的英国口音，且是那种戏剧化的腔调，惟妙惟肖地表演着自己小说中的各色人等。

书展期间还活跃着一个半官方的"爱尔兰文学交流协会"，其口号是"将爱尔兰译到全世界去"。据介绍，从1994年成立以来，这个协会已成功地代理了80部爱尔兰作品的外文版版权，译成了13种外文，多数是译自英文。他们的宣传材料首页上赫然印着由该协会资助、中国工人出版社出版的中文本《叶芝抒情诗全集》的封面。这个协会的主要任务就是筹集资金，为国外翻译爱尔兰文学提供资助，资助最高额可达到译者稿酬的100%。

(831字)

(选自《环球时报》，作者：黑马，有改动)

练 习

一、根据课文内容，选择下列词语的正确解释：

1. 一般 (　　)

A. 一样　　B. 通常　　C. 普通　　D. 大概

2. 底气 （ ）

A. 希望 B. 生气 C. 想法 D. 信心

3. 结识 （ ）

A. 结束时认识了 B. 认识并来往 C. 结果互相认识 D. 终于认识了

4. 见识 （ ）

A. 当面相见 B. 看到和听到 C. 最终明白 D. 看到并了解

5. 伊始 （ ）

A. 之后 B. 开始 C. 之前 D. 结束

6. 纯正 （ ）

A. 纯洁 B. 好听 C. 真正 D. 地道

7. 老字号 （ ）

A. 名字叫“老” B. 历史很长的商店

C. 古老的名字和称号 D. 地位很高的商店

8. 水泄不通 （ ）

A. 形容人多拥挤的样子 B. 水流不出来了

C. 形容气氛热闹的样子 D. 因为人多而没有水喝

9. 呷 （ ）

A. 小口地喝 B. 大口地喝 C. 很快地喝 D. 小声地喝

10. 蹿红 （ ）

A. 非常活跃 B. 突然变得流行 C. 交流广泛 D. 飞速取得进步

11. 赫然 （ ）

A. 醒目而令人惊讶的样子 B. 同时出现的样子

C. 字体大而鲜艳的样子 D. 清清楚楚的样子

二、根据课文内容，选择正确答案：

1. 关于爱尔兰，下面哪种说法正确？ （ ）

A. 是诺贝尔文学奖获奖者最多的国家

B. 按平均人口算是最小的国家

C. 是人均诺贝尔文学奖获奖者最多的国家

D. 是得奖专业户最多的国家

2. 年轻的爱尔兰作家 （ ）

A. 表示对诺贝尔文学奖非常了解 B. 往往对获得诺贝尔文学奖很有信心

C. 常常讲获得诺贝尔文学奖的道理 D. 讲起话来声音都很大

3. 下面哪一项不是作者参加法兰克福书展的收获？ （ ）

A. 了解了爱尔兰作家获诺贝尔文学奖的情况

B. 看到了爱尔兰人推广本国文学的热情

C. 结识了爱尔兰作家

D. 对爱尔兰作家对获得诺贝尔文学奖的信心有了切身感受

4. 大部分爱尔兰作家 ( )

A. 用爱尔兰语写作 B. 用德语写作 C. 用英语写作 D. 用法语写作

5. 关于弗兰克，下面哪种说法正确？ ( )

A. 是英国人 B. 用英语等好几个欧洲语种写作

C. 他的小说讲的都是爱尔兰的故事 D. 在英国和其他欧洲国家做生意

6. 那天晚上，法兰克福的一家老字号书店中 ( )

A. 举行了弗兰克作品朗诵会 B. 挤满了买书的人

C. 发现了未来的诺贝尔文学奖得主 D. 有两个爱尔兰作家朗诵自己的作品

7. “爱尔兰文学交流协会”的宗旨是 ( )

A. 培养诺贝尔文学奖人选 B. 代理爱尔兰作品的外文版版权

C. 将爱尔兰文学推向世界 D. 为国外翻译爱尔兰文学提供资助

三、根据课文内容，判断正误：

1. 爱尔兰历史上有过多位诺贝尔文学奖获得者。 ( )
2. 爱尔兰作家经常自信地谈论诺贝尔文学奖。 ( )
3. 作者想和弗兰克用德语交谈，他听不懂，作者很遗憾。 ( )
4. 作者和弗兰克不能互相赠书，因为没有书可赠。 ( )
5. 大部分的爱尔兰作家都用爱尔兰文写作，然后自己再翻译成英文。 ( )
6. 弗兰克的小说有不同语言的译本。 ( )
7. 弗兰克的收入来源主要是英国和其他欧洲国家的版税。 ( )
8. 在那次作品朗诵会上，各种各样的人都在惟妙惟肖地表演着自己的小说。 ( )
9. 这次书展是由“爱尔兰文学交流协会”举办的。 ( )
10. 中文本《叶芝抒情诗全集》是由“爱尔兰文学交流协会”资助出版的。 ( )

四、选词填空：

A. 赫然 B. 见识 C. 伊始 D. 结识 E. 底气

1. 新年________，一汽大众和上海大众先后调价，捷达和桑塔纳两款车型均作出了较大幅度的价格调整。
2. 在参加 MBA 课程的学习中我________了不少企业家。
3. 他们通过技能培训、外出务工，学到了技术，增长了________，积累了资金，熟悉了市场。
4. 郑先生最近遇到一桩烦心事，新买的公寓房天花板上________有两个大洞。
5. 因为心虚和缺乏________，对别人的指责也就非常在乎。

6. 涨幅列前五名的行业板块除了去年以来持续强势的食品、有色和金融之外，贸易、传媒两个新生力量________在列。

7. 自从那场大病以后，她唱歌时缺少________，唱出来像是读歌词一样，而且还觉得喉咙很累。

8. 他________的网友、记者甚至艺术家越来越多，人们对这个残疾小伙子的交友能力充满了好奇。

9. 他上任________，就把以前从未公开过的财务账目进行了公开，一笔一笔账目来龙去脉都明明白白。

五、简答题：

1. 爱尔兰这个国家有什么特别之处？

答：____。

2. 爱尔兰历史上的诺贝尔文学奖获得者都有哪些？

答：____。

3. 德国的文学代理人为什么来参加爱尔兰作家作品朗诵会？

答：____。

六、回答问题：

1. 在法兰克福书展上，作者对什么问题有了深刻的认识？

2. 请介绍一下爱尔兰作家弗兰克。

3. “爱尔兰文学交流协会”的主要工作是什么？

第七单元

一、那达慕——欢乐的草原

到草原旅游的人们，如果有幸遇上蒙古族的那达慕大会，的确是不虚此行。“那达慕”蒙古语意为“娱乐”或“游戏”，是蒙古族一个盛大的传统节日，其历史源远流长。几千年前，蒙古人的祖先就在广阔的蒙古草原上活动。额尔古纳河，是蒙古族的摇篮。据记载，那达慕起源于蒙古汗国建立初期，蒙古族的首领们举行大会时，除了制定法规、任免官员、分封奖惩外，还要举行规模盛大的那达慕活动。摔跤、射箭、赛马是三项主要的活动内容。公元 1206 年，成吉思汗统一了蒙古各部落。他为检阅自己的部队，维护和分配草场，每年都要将各个部落的首领召集在一起，举行较大规模的那达慕活动，表示团结友谊和祈庆丰收。在元朝时，那达慕已经在蒙古草原地区广泛开展起来。到了清代，那达慕逐步变成了由官方定期召集的有组织、有目的的游艺活动。此俗沿袭至今，每年蒙古族人民都举行那达慕活动。

刚开始时，那达慕以单纯的歌舞娱乐形式为主，不久便增添了以摔跤、射箭、赛马为基本内容的竞技项目，而且竞技占有较大的比重。重视竞技比赛，和蒙古族悠久的历史传统有着深刻的关系。在长期的征战生活和狩猎游牧生活中，蒙古族形成了尚武、崇敬英雄的风俗习惯。元朝统治者规定，蒙古族男子必须具备摔跤、骑马、射箭这三项基本技能。如今，竞技已几乎贯穿到蒙古族生活方式的方方面面中去了。如祭敖包仪式中，婚礼进行途中，都会展开规模不等、趣味迥异的各种竞技比赛。

那达慕大会，一般选择草原黄金季节七月、八月。那时，牧草丰盛，牛羊肥壮，整个草原浸泡在鲜花绿草之中。成千上万的蒙古族牧民，穿着节日盛装，不顾旅途遥远，或骑马，或乘车，或赶着辘辘车，从四面八方云集到绿草如茵的草原上。平日宁静的草原，彩旗飘扬，人流纵横，牛羊欢叫，牧马嘶鸣，呈现出一派繁荣的景象。假如有机会参加这一盛大的节日活动，亲身感受那节日的气氛，该是何等有意思的一件事。

（759 字）

练习

一、根据课文内容，选择下列词语的正确解释：

1. 不虚此行 （　　）

A. 每天都很充实　　B. 没有白来一趟

C. 不是空虚的旅行　　D. 值得骄傲的旅行

2. 源远流长 （　　）

A. 非常悠久　　B. 像河流一样

C. 持续时间很长　　D. 像草原深处的河流

3. 祈庆 （　　）

A. 庆祝　　B. 祈盼平安

C. 祈望团圆　　D. 祈求、庆祝

4. 沿袭至今 （　　）

A. 从古到今

B. 沿着这条路一直走到现在

C. 照着老样子一直延续到今天

D. 到今天还时常会发生这样的事情

5. 迥异 （　　）

A. 有些区别　　B. 完全相同

C. 完全不同　　D. 令人惊奇的不同

6. 人流纵横 （　　）

A. 人们交叉行走

B. 横竖交叉的小路

C. 人们整整齐齐地排队

D. 很多人来来往往，十分热闹

7. 何等 （　　）

A. 多么　　B. 什么　　C. 怎么　　D. 为什么

二、根据课文内容，选择正确答案：

1. “那达慕”的意思是 （　　）

A. “娱乐”或“竞技”　　B. “盛大”或“悠久”

C. “娱乐”或“游戏”　　D. “欢乐”或“繁荣”

2. 蒙古族的摇篮是 （　　）

A. 蒙古汗国　　B. 额尔古纳河

C. 广阔的蒙古草原　　D. 一个盛大的传统节日

3. 那达慕活动起源于 (　　)

A. 几千年前　　B. 额尔古纳河

C. 蒙古汗国建立初期　　D. 蒙古族的首领大会

4. 在那达慕活动中，最主要的三项活动是 (　　)

A. 摔跤、套马、赛马　　B. 摔跤、射箭、赛马

C. 射箭、套马、赛骆驼　　D. 马术、蒙古象棋、赛骆驼

5. 那达慕活动在蒙古草原地区广泛开展起来是在 (　　)

A. 元朝　　B. 清朝

C. 1206 年以后　　D. 蒙古汗国建立初期

6. 蒙古族重视竞技比赛是因为 (　　)

A. 蒙古族崇尚武力，崇拜英雄

B. 竞技比赛可以增进部落之间的感情

C. 蒙古族生活的各方面都需要竞技比赛

D. 蒙古族男子都有摔跤、骑马、射箭的基本技能

三、根据课文内容，判断正误：

1. 去草原旅游的人一定要去参加那达慕大会。 (　　)
2. 那达慕活动的历史比较久远。 (　　)
3. 那达慕起源于蒙古人活动的额尔古纳河。 (　　)
4. 最初，蒙古族的首领举行盛大的那达慕活动是为了制定法规、任免官员、分封奖惩。 (　　)
5. 成吉思汗举行那达慕活动是为了统一蒙古各部落。 (　　)
6. 元朝时，那达慕成为由官方定期召集的有组织的活动。 (　　)
7. 蒙古族人民每年都会举行那达慕活动。 (　　)
8. 那达慕活动最初以竞技项目为主，后来以歌舞娱乐为主。 (　　)
9. 在元朝，蒙古族男子必须会摔跤、骑马、射箭这三项技能。 (　　)
10. 蒙古族在祭敖包仪式中，婚礼进行途中，都会举行那达慕活动。 (　　)
11. 七月、八月蒙古草原上到处是黄金。 (　　)
12. 草原上举行那达慕大会时，成千上万的游客都会穿着节日盛装赶过来参加。 (　　)

四、选词填空

A. 迥异　　B. 何等　　C. 不虚此行　　D. 源远流长

1. 大家都想不明白，这两个性情________的人是怎么成为无话不谈的好朋友的。
2. 我国的传统工艺________，有着极为丰富的科技和人文内涵。

3. 史密斯说：“假如有机会去中国旅游，亲身感受那里的风土人情，该是________有意思的一件事啊！”

4. 在中国留学期间，杰克吃遍了风格________的各式餐厅，品尝了各色佳肴。

5. 参加本次活动，我开阔了视野，增长了见识，确实________。

6. 在大自然面前，人类是________渺小啊！

五、简答题：

1. 那达慕是什么？

   答：____。

2. 成吉思汗举行那达慕活动的目的是什么？

   答：____。

3. 为什么选择在七月、八月举行那达慕大会？

   答：____。

六、回答问题：

1. 请介绍一下那达慕活动的历史。
2. 请描述一下那达慕大会举行时草原的盛况。
3. 你们那儿有像那达慕这样的盛会吗？给大家介绍一下。

二、假如中国没有春节

只要说“过年”，中国人谁都知道，那不是指的过元旦。元旦是个很普通的节日，跟个周末没多大区别，可春节那是中国人最盛大、最隆重、最喜庆的日子啊。

中国人一说到欢喜得登峰造极，欢喜得无可比拟，便说“跟过年似的”。那日子过得好的，天天“跟过年似的”。真不知道假如中国没有春节，这话又该怎么说。

才刚过了国庆，中央电视台便先忙起来了，开始筹办全国十四亿人的年夜饭——春节联欢晚会。那可是全中国顶级的文化盛事哟。至此，年味儿便已经悄悄地袭来了。

才刚到了阳历的十二月，离春节还有两个多月，中国人便喜滋滋地为春节忙碌起来了。一个春节能让中国忙碌整整仨月，一年的四分之一就忙它了。您说，这没它成吗？

先是国家忙，才刚到了阳历的十二月，便开始忙着筹划节前节后历时四十天的春运，安排火车汽车飞机轮船的运输能力。2007 年的春运，全国的春运出行总人数创下了 21. 7 亿人次的新纪录。全世界有第二个这么大规模的、又如此集中的短期客运吗？就这么个春运，给中国的火车汽车飞机轮船下了一场历时四十天的、挡都挡不住的黄金雨，一年的丰收，全靠它了。您说，假如中国没有春节，中国的交通运输业（如今又增加了酒店餐饮业）愿意吗？

说到过年，农村人与城里人的感觉差别明显。农村人一年似乎就过这么一个节，一过便是两三个月。一到冬天，天寒地冻，庄稼都盖着白雪皑皑的棉被睡了。于是，田里没了活儿。那是老天爷在给乡下人放假呢。辛苦了一年，农民们该休整休整了。中国土生土长的文化，中国原生态的文化，能称之为民族文化的文化，几乎都是在这腊月正月里诞生的，社火、秧歌、泥塑、锣鼓、灯笼、鞭炮焰火、舞龙舞狮、窗花剪纸、面人糖人……哪一样不是打着深深的春节烙印？这几个月，别人都闲下来了，可艺人们忙开了。

春节，那是全球华人共享的狂欢节哪。无论华人走到哪里，这个节日让我们记住：我们都是中国人，我们都是黑头发黑眼睛黄皮肤的中国人，我们都是龙的传人。春节在这个时候，就像地球上的磁场，表现出的是强大无比的凝聚力。

中国人不能没有春节，就像我们吃饭不能没有盐，盐不仅关系到饭菜的美味，还关系到我们的健康。这是老祖宗给我们留下的好东西，是中国人该好好儿地继承的。

（883 字）

（选自《华商报》，作者：王锋，有改动）

练 习

一、根据课文内容，选择下列词语的正确解释：

1. 登峰造极（ ）

A. 创造奇观　B. 达到最高点　C. 登上山峰　D. 上山去欢呼

2. 无可比拟（ ）

A. 无法进行比较　B. 没有可以相比的

C. 不能比较模拟　D. 没有可以比喻的

3. 筹办（ ）

A. 制作　B. 发愁　C. 准备办理　D. 开始办理

4. 盛事（ ）

A. 丰盛的事　B. 大事　C. 成功的事　D. 奇事

5. 袭（ ）

A. 飘来飘去　B. 迅速到来　C. 布满各处　D. 偷偷进攻

6. 喜滋滋（ ）

A. 形容非常高兴的样子　B. 形容非常舒服的样子

C. 形容忙碌紧张的样子　D. 越来越高兴

7. 筹划　　　　　　　　　　　　　　　　　　　　　　　　　　（　　）

A. 准备一些方法　B. 运用各种方法　C. 找到一些方法　D. 想办法订计划

8. 历时　　　　　　　　　　　　　　　　　　　　　　　　　　（　　）

A. 不是同一个时期的　　　　　　　B. 经过一定的时间

C. 经历过很长时间　　　　　　　　D. 以往的许多朝代

9. 休整　　　　　　　　　　　　　　　　　　　　　　　　　　（　　）

A. 停下来整理　B. 休息整顿　C. 全部休息　D. 整体休息

10. 原生态　　　　　　　　　　　　　　　　　　　　　　　　（　　）

A. 原来的生态　　　　　　　　　　B. 原来的生活态度

C. 原来的习惯　　　　　　　　　　D. 保持古老的原貌

二、根据课文内容，选择正确答案：

1. 元旦　　　　　　　　　　　　　　　　　　　　　　　　　　（　　）

A. 就是中国的春节　　　　　　　　B. 是阳历的新年

C. 是一个普通的星期天　　　　　　D. 在中国不是一个节日

2. 中国人常常用“跟过年似的”来表达　　　　　　　　　　　（　　）

A. 非常好　B. 非常重要　C. 希望过年　D. 春节的重要性

3. 过了国庆节，中央电视台就要　　　　　　　　　　　　　　（　　）

A. 第一个开始过年了　　　　　　　B. 开始为全国人民做年夜饭

C. 开始准备春节联欢晚会　　　　　D. 捕捉悄悄到来的年味儿

4. 中国人要用多长时间为春节忙碌？　　　　　　　　　　　　（　　）

A. 两个月　B. 四十天　C. 一个季度　D. 一年的三分之一

5. 春运是指什么？　　　　　　　　　　　　　　　　　　　　（　　）

A. 春节期间的运气　　　　　　　　B. 从阳历十二月开始的交通运输

C. 春天的交通运输　　　　　　　　D. 春节前后共四十天的交通运输

6. 春运的特点是什么？　　　　　　　　　　　　　　　　　　（　　）

A. 从十二月就要开始运输　　　　　B. 火车汽车飞机轮船一起投入运输

C. 有 21.7 亿人出行　　　　　　　D. 出行人数多，时间集中

7. 春运带来的好处是什么？　　　　　　　　　　　　　　　　（　　）

A. 让世界看到中国有多少人　　　　B. 增加了人口的流动性

C. 人们可以出门去旅游　　　　　　D. 让运输行业赚了一大笔钱

8. 春节对于农村人来说　　　　　　　　　　　　　　　　　　（　　）

A. 不像城里人感觉那么明显　　　　B. 是一年中最看重的节日

C. 是老天爷给他们放的假　　　　　D. 是一个需要休整的节日

9. 在农村，春节　　　　　　　　　　　　　　　　　　　　　（　　）

A. 要过整个一个冬天　　　　　　　B. 农民们都在休整

C. 有丰富的民间文化活动　　　　　D. 每个人都非常忙

10. 春节对中国人来说最重要的在于它 （　　）

A. 是全球华人共享的一个狂欢节　B. 代表着一种无比强大的凝聚力

C. 关系着饭菜的美味和我们的健康　D. 是老祖宗给我们留下的好东西

三、根据课文内容，判断正误：

1. 在中国“过年”是指过春节。 （　　）
2. 中国人在特别高兴的时候就想要过年。 （　　）
3. “过年”在汉语中已经有了特定的含意。 （　　）
4. 春节联欢晚会在中国是级别最高的一个文化活动。 （　　）
5. 春运是全世界第二个大规模的集中短期客运。 （　　）
6. 春运期间常常连续下四十天的大雨。 （　　）
7. 中国的交通运输业和酒店餐饮业非常喜欢过春节。 （　　）
8. 冬天庄稼都被雪盖住了，于是活不了了。 （　　）
9. 中国的民族文化几乎都产生于春节期间。 （　　）
10. 春节期间最繁忙的是民间艺人们。 （　　）
11. 只有在中国人们才过春节。 （　　）
12. 春节是祖先留给中国人的珍贵遗产。 （　　）

四、选词填空：

A. 登峰造极　B. 无可比拟　C. 筹办　D. 筹划　E. 喜滋滋　F. 休整

1. 在中国，儒家占有其他诸子各家________的天然优势。
2. 很多大牌高级时装都喜欢以一袭婚纱作为秀场的压轴好戏，________的华丽杰作能将秀场推向璀璨高潮。
3. 按理说，这个时间本应是各队的________时期，要为即将开始的季后赛作好冲刺准备，怎么还能组织这种娱乐活动呢？
4. 当他听说无锡正在________“生态文明论坛”时，他答应一定亲自参加，并将作主题报告。
5. 如此高级的卫生设备，在当时称得上________了。
6. 至于结婚仪式，他已经________了很长时间了。他说到时候要给大家一个惊喜。
7. 在北京________一夜后，国足今天上午将从北京赶赴广州。
8. 他东拼西凑了一些钱，终于把老房子扒掉，在原址上盖起了两层小楼，一家人________地搬进了宽敞明亮的新房。
9. 他们这几天开了好几次会，听说是________学生会换届选举的事。
10. 她那________的美一下子勾走了我的灵魂。从那一刻，我知道这一生都将在她的束缚之下，她就是上天给我的恩赐。
11. 草原村2组的瑶族姑娘正在自家地里________地采摘萝卜。

五、简答题：

1. 冬天的农村是什么景象？

答：____。

2. 春节期间的民族文化活动有哪些？

答：____。

3. 为什么说中国人不能没有春节？

答：____。

六、回答问题：

1. 为什么春节是中国最盛大的节日？

2. 为什么说春运是一场挡都挡不住的黄金雨？

3. 本文从哪些方面谈了春节对中国人的重要性？

三、三代人眼中的中秋变迁

随着中秋节的临近，代表团圆的月饼纷纷摆上了各大超市的货架。现在不论是年轻人还是上了年纪的人，在当今社会的快节奏中，过节已成为一种“习惯”。那么，在过去的日子里，中秋节是怎么过的？日前，记者采访了不同年龄段的市民。

30 岁人记忆中的中秋

“我小时候，一到中秋节大操场上就放电影，可都是些老掉牙的电影，于是就叫着小伙伴爬到高处去看月亮，手里拿着硬邦邦、不太好吃的月饼，不过吃得津津有味。”杨鹏对记者说出了他记忆中的中秋节。杨鹏说，在他上大学的时候，每到中秋节，大家都会用自己不多的生活费在食堂聚餐一次，虽然不能与现在相比，不过大家要的是那饭后聚集在一起赏月的情调。

如今，杨鹏已是为人父了，今年的中秋节又是国庆之时，他说平时工作忙，没有时间和亲朋好友相聚，这次他准备和同学朋友聚会一下，然后带着父母、妻儿一起去南方度假，体验一下南方过中秋节的不同风俗。

50 岁人记忆中的中秋

“以前过节家里孩子多，连饭都吃不饱，好不容易有几块月饼，也是老大咬一口，老二再咬，那时候吃块月饼像是吃了人间美味。”现年 56 岁的王女士说。王女士家里兄弟姐妹六人。她说，童年时月饼还是个稀罕物，父母舍不得吃，只买几个给孩子们过节时解解馋。

据王女士讲，那时月饼的种类不是很多，好像就只有五仁的，而且是纸包装的，做工也比较粗糙，吃起来也没有现在的好吃。现在社会发展了，各种馅料的月饼都有，吃起来也挺香，可每逢过中秋节还是忍不住想起小时候分吃月饼的情景，也许那种酸酸的温情是她内心中最难忘的。

当问到今年中秋节有什么打算时，王女士说，唯一的女儿出嫁了，今年女儿的公公婆婆会来请他们到家里一起吃月饼赏月，女儿还打算让四位老人一起去旅游。

70 岁人记忆中的中秋

73 岁的周老太和老伴住在大儿子家，祖孙三代生活在一个庭院里，互相照应着。问到中秋节，周奶奶说，她有五个孩子，每到过中秋节时，儿女和孙子孙女们都来看她，加起来近二十口人。

谈起小时候过节，周奶奶说只是买点儿月饼，包点儿包子，一家人聚在一起吃顿团圆饭，就这么简单。但那时就是盼着过节，数着手指头盼，盼着过节可以大吃一顿好的。现在老了，更是盼着过节了，因为只有过节，儿女和孙子孙女们才可以聚在一起。

问到今年中秋节她的安排，周奶奶说，现在月饼已经不是什么重要的东西了，儿女们的工作都很忙，她已经决定在国庆期间作个“家庭游”，就是到每个儿女家看看，找个合适的城市聚聚。

（973 字）

（选自《泰山晨刊》，作者：吴宝莲，有改动）

练习

一、根据课文内容，选择下列词语的正确解释：

1. 老掉牙 （　　）

A. 陈旧过时　B. 关于牙齿保护　C. 经常掉牙　D. 总是出问题

2. 聚餐 （　　）

A. 在餐厅里集合　B. 把食物集中起来

C. 把钱集中起来　D. 大家聚在一起吃饭

3. 情调 （　　）

A. 事情　B. 美好的感觉　C. 情景　D. 感情的交流

4. 稀罕物 （　　）

A. 很少有的东西　B. 很好吃的东西　C. 很奇怪的东西　D. 很昂贵的东西

5. 解馋 （　　）

A. 解决食物的问题　B. 解决饥饿的问题

C. 满足对食物的欲望　D. 得到很大的满足

6. 粗糙 （ ）

A. 不精致　　B. 很简单　　C. 不漂亮　　D. 不好吃

7. 馅料 （ ）

A. 制作出的不同原料　　B. 原材料

C. 包在食物内部的东西　　D. 制作方法

8. 出嫁 （ ）

A. 在外地成家　　B. 离家出走　　C. 离开了家　　D. 女子结婚

9. 照应 （ ）

A. 照看　　B. 应该　　C. 照顾　　D. 帮助

二、根据课文内容，选择正确答案：

1. 在当今社会中，关于“过节”，下面哪种说法正确？ （ ）

A. 大家一定要团圆　　B. 超市里摆满月饼

C. 已经变得很平常　　D. 节日越过越快

2. 在杨鹏的印象中，过去中秋节最有意思的是 （ ）

A. 可以在大操场上看电影　　B. 可以吃到月饼

C. 同学们会在食堂聚餐　　D. 同学们聚在一起赏月

3. 今年中秋节杨鹏的计划是 （ ）

A. 成为一个父亲　　B. 去看望同学和朋友

C. 带家人去南方　　D. 研究不同的中秋风俗

4. 在王女士的中秋记忆中 （ ）

A. 月饼非常好吃　　B. 月饼吃起来有酸酸的感觉

C. 兄弟姐妹们总是抢月饼吃　　D. 父母舍不得给他们买月饼

5. 现在过中秋时，王女士总是想念 （ ）

A. 小时候吃过的月饼　　B. 那种纸包装的五仁月饼

C. 兄弟姐妹分吃月饼的情景　　D. 小时候吃月饼那种酸酸的味道

6. 今年中秋王女士打算怎么过？ （ ）

A. 为女儿举办婚礼　　B. 请女儿的公公婆婆来家里吃月饼赏月

C. 带着女儿去旅游　　D. 去女儿的公公婆婆家吃月饼赏月

7. 在周老太的记忆中，小时候过中秋节 （ ）

A. 家里会有近二十口人　　B. 一家人才能团聚在一起

C. 孩子们都会来看她　　D. 可以吃到很多好吃的

8. 现在周老太为什么盼望过节？ （ ）

A. 可以大吃一顿好的　　B. 一家人可以团聚在一起

C. 她已经老了　　D. 可以到每个儿女家看看

三、根据课文内容，判断正误：

1. 快到中秋节时，超市就开始卖月饼了。（　　）
2. 杨鹏小时候吃的月饼非常硬。（　　）
3. 杨鹏已经有孩子了。（　　）
4. 杨鹏的家乡在南方。（　　）
5. 王女士有六个孩子。（　　）
6. 王女士小时候月饼种类很少，只有五种。（　　）
7. 现在月饼的种类非常多。（　　）
8. 周老太和她的老伴、大儿子三个人住在一起。（　　）
9. 周老太决定今年国庆带着全家出去旅游。（　　）

四、选词填空：

A. 老掉牙　　B. 情调　　C. 稀罕物　　D. 粗糙　　E. 照应

1. 现在人们去饭店吃饭已经不仅仅是注重美味，对就餐环境的要求也越来越高，在满足口腹之欲的同时还追求一种________。
2. 父亲用他那________的大手不停地抚摩着我的学位证，喃喃地说："没想到咱们家还能出个博士！"
3. 都什么时候了，我们还在用着这种________的教材。
4. 杂货铺的老板去进货了，隔壁小二临时帮她________一下生意。
5. 其实他并不喜欢喝咖啡，去咖啡馆只是因为喜欢那种西洋________。
6. 电视机刚出现时，那可是个________，一到晚上，有电视机的人家总是高朋满座，挤满了来看电视的左邻右舍。
7. 他这个人毛手毛脚的，做事太________，我真不放心。
8. 这是一首________的歌，我们那个年代的人没有不会唱的。
9. 太好了，你们俩一起去，路上也好有个________。
10. 我还以为是什么________呢，不就是块破石头么！

五、简答题：

1. 月饼的象征意义是什么？

答：________________________________。

2. 现在的月饼怎么样？

答：________________________________。

3. 周老太小时候怎么过中秋节？

答：________________________________。

六、回答问题：

1. 杨鹏上大学时怎么过中秋节？

2. 为什么王女士说“那时候吃块月饼像是吃了人间美味”？

3. 今年中秋节，周老太的安排是什么？

四、为何吃饺子

饺子是一种历史悠久的民间吃食，深受老百姓的欢迎。民间有“好吃不过饺子”的俗语。每逢新春佳节，饺子更成为一种不可缺少的食物。

三国时期已有形如月牙称为“馄饨”的食品，和现在的饺子形状基本类似。到南北朝时，这种馄饨已是天下通食。据推测，那时的饺子煮熟以后，不是捞出来单独吃，而是和汤一起盛在碗里混着吃，所以当时的人们把饺子叫“馄饨”。这种吃法目前在一些地区仍然流行，如河南、陕西等地的人吃饺子，要在汤里放些香菜、葱花、虾皮、韭菜等小料。

大约到了唐代，饺子已经变得和现在的饺子一模一样，而且是捞出来放在盘子里单独吃。

宋代称饺子为“角儿”，它是后世“饺子”一词的词源。这种写法，在其后的元、明、清朝及民国间仍可见到。

元朝称饺子为“扁食”，可能出自蒙古语。

清朝时，出现了诸如“饺儿”、“水点心”、“煮饽饽”等有关饺子的新的称谓。饺子名称的增多，说明其流传的地域在不断扩大。

民间春节吃饺子的习俗在明清时已相当盛行。饺子一般要在年三十晚上十二点以前包好，待到半夜子时吃，这时正是农历正月初一的伊始，吃饺子取“更岁交子”之意，“子”为“子时”，“交”与“饺”谐音，有“喜庆团圆”和“吉祥如意”的意思。

饺子成为春节不可缺少的应时食品，究其原因：一是饺子形如元宝，人们在春节吃饺子取“招财进宝”之意；二是饺子有馅，便于人们把各种吉祥的东西包到馅里，以寄托人们对新的一年的祈望。

在包饺子时，人们常常将金如意、糖、花生、枣和栗子等包进馅里。吃到如意、吃到糖的人，来年的日子更甜美，吃到花生的人将健康长寿，吃到枣和栗子的人将早生贵子。

有些地区的人家在吃饺子的同时，还要配些副食以示吉利。如吃豆腐，象征全家幸福；吃柿饼，象征事事如意；吃三鲜菜，象征三阳开泰。台湾人吃鱼团、肉团和发菜，象征团圆发财。

饺子因所包的馅和制作方法不同而种类繁多。即使同是一种水饺，亦有不同的吃法：内蒙古和黑龙江的达斡尔人要把饺子放在粉丝肉汤中煮，然后连汤带饺子一起吃；河南的一些地区将饺子和面条放在一起煮，名曰“金线穿元宝”。

饺子这一节日佳肴在给人们带来年节欢乐的同时，已成为中国饮食文化的一个重要组成部分。

（874字）

（据网络资料综合改写）

练习

一、根据课文内容，选择下列词语的正确解释：

1. 月牙 （　）
   A. 月亮的牙　B. 又圆又大的月亮
   C. 像牙一样的月亮　D. 又弯又细的月亮
2. 推测 （　）
   A. 一步又一步地测算　B. 根据已知的事情想象未知的情况
   C. 经过很多猜想　D. 不断深入地测量和研究
3. 一模一样 （　）
   A. 完全一样　B. 每个样子都很像　C. 完全不同　D. 每个程序都相同
4. 称谓 （　）
   A. 说话　B. 姓名　C. 称呼　D. 敬语
5. 谐音 （　）
   A. 意义相近或相同　B. 声音和谐好听
   C. 字音相近或相同　D. 声音完全相同
6. 应时 （　）
   A. 适合时令的　B. 应该当时吃　C. 应该按时的　D. 应该流行的
7. 寄托 （　）
   A. 把希望、情感传达给某人或某事　B. 托人寄去
   C. 把希望、情感等放在某人或事上　D. 托人传递
8. 吉利 （　）
   A. 好的运气　B. 很快胜利　C. 吉祥顺利　D. 幸福快乐

二、根据课文内容，选择正确答案：

1. “好吃不过饺子”这句俗语表明饺子 （　）
   A. 是一种历史悠久的食物　B. 深受老百姓的喜欢
   C. 是一种不可缺少的食物　D. 没什么好吃的

2. 三国时期饺子叫作 (　　)

A. 馄饨　　B. 饺子　　C. 月牙　　D. 小料

3. 南北朝时， (　　)

A. 馄饨已经是一种很普遍的食物　　B. 已经出现了"饺子"这个名字

C. 人们把饺子煮熟以后才捞出来吃　　D. 吃馄饨要在汤里放些小料

4. "角儿"是 (　　)

A. 和饺子很像的食品　　B. 饺子最初的写法

C. 宋代的馄饨　　D. 饺子的来源

5. 清朝时出现了饺子的 (　　)

A. 新品种　　B. 新做法　　C. 新吃法　　D. 新称呼

6. 半夜子时是什么时候? (　　)

A. 晚上十点　　B. 夜里两点　　C. 晚上十二点　　D. 夜里四点

7. "更岁交子"的意思是 (　　)

A. 改变旧的时间　　B. 每年都要吃饺子

C. 新年要更好　　D. 旧年过去新年开始

8. 这篇文章最后要告诉我们 (　　)

A. 饺子是一种很好吃的食品　　B. 饺子有不同的馅儿

C. 饺子是中国文化的重要组成部分　　D. 每个地方吃饺子的方法不一样

三、根据课文内容，判断正误：

1. 民间俗语告诉我们饺子是最好吃的。 (　　)
2. 三国时的馄饨形状和现在的饺子差不多。 (　　)
3. 唐代的饺子不和汤一起吃。 (　　)
4. "扁食"是清朝时对饺子的新称谓。 (　　)
5. 饺子名称的增多说明它的形式已经多样化了。 (　　)
6. 饺子必须从半夜子时开始包。 (　　)
7. 人们把吉祥的东西包进饺子里以表示对新年的希望。 (　　)
8. 如果从饺子里吃出花生意味着要生孩子。 (　　)
9. 为了吉利，人们在吃饺子时有时也吃一些其他食物。 (　　)
10. 饺子的做法只有一种，但吃法多种多样。 (　　)

四、词语练习：

1. 请将下列与饺子有关的名称按照年代排序。

A. 角儿　　B. 饺儿　　C. 扁食　　D. 馄饨　　E. 水点心　　F. 煮饽饽

2. 请画线连接有谐音关系的词语。

(1)饺子　(2)豆腐　(3)枣和栗子　(4)花生　(5)柿饼　(6)发菜　(7)鱼团肉团

A. 发财　B. 团圆　C. 交子　D. 健康长寿　E. 多福　F. 早生贵子　G. 事事如意

五、简答题：

1. 南北朝时，人们为什么把饺子叫“馄饨”？

答：____。

2.“小料”是指什么？

答：____。

3. 为什么饺子是春节不可少的应时食品？

答：____。

六、回答问题：

1. 请讲一讲饺子的演变过程。

2. 为什么要在除夕夜吃饺子？

3. 本文提到了多少种饺子的吃法？请选择一种介绍一下。

第八单元

一、乌鸦是人类的朋友

“呱—呱—呱”这是谁的声音？好像青蛙的叫声，但比青蛙的叫声难听多了。这是乌鸦的声音。乌鸦站在落雪前的老树枝上，站在墓地边的土岗上，“呱—呱—呱”的叫声那么凄惨和恐怖！乌鸦还喜欢吃腐烂的动物尸体呢！所以人们说：“乌鸦叫了，准没有什么好事儿！”农民把乌鸦视为“灾星”——一种不吉利的黑鸟。当有的小孩儿在一些喜庆的场合突然说出了不吉利的话来时，妈妈就会说他长了一张“乌鸦嘴”！

乌鸦真的这么叫人讨厌吗？这实在是人类对乌鸦的一种误解。乌鸦虽然叫起来很难听，但却十分懂得情义。有人看到过这样的情景：乌鸦的一个伙伴死了，其他的乌鸦站在它的尸体周围，排成弧形的队伍，呱呱地悲鸣着，表示自己的“哀悼”。一会儿，其中的几只乌鸦合力衔起伙伴的尸体，飞到附近的一个池塘上空，将尸体抛入水中，完成“水葬”，然后又悲鸣着叫上一阵，才盘旋着离去……

在鸟类中，乌鸦是一种比较聪明的鸟儿。有个童话说：乌鸦要喝到一个长颈瓶里的水，但伸不进嘴巴，它便衔来很多小石子儿，丢进瓶里。瓶里的石子儿多了，水就溢到瓶口，乌鸦轻而易举地喝到了长颈瓶里的水。乌鸦是果园里的害虫的天敌，当果园里出现了大量害虫时，乌鸦就会飞来，并且呱呱地叫着，吸引来更多的乌鸦，直到把害虫啄食干净……

泰国有位动物学家名叫纳端，专门研究过乌鸦，写过一本举世无双的书叫《乌鸦会话辞典》。他认为，在鸟类世界里，乌鸦的语言是最丰富的，它们的叫声大约有三百多种。乌鸦有很多属于自己种族的“方言土语”，比如，美国密歇根湖畔的乌鸦和意大利佛罗伦萨郊区的乌鸦之间，就存在着“语言障碍”；生活在城市里的乌鸦和乡下乌鸦之间，也有一些语言隔阂。乌鸦的形象并非人们常说的那样“天下乌鸦一般黑”。在有些地方，还生活着白色、棕色和浅灰色的乌鸦呢。

乌鸦是人类的朋友。我们不应该因为它们的叫声和羽色而讨厌它们，甚至冤枉它们。

（754 字）

（选自《大自然》，作者：徐鲁，有改动）

练 习

一、根据课文内容，选择下列词语的正确解释：

1. 凄惨 （ ）

A. 孤独寂寞 B. 凄凉悲惨 C. 感伤怅惘 D. 凄凉寒冷

2. 腐烂 （ ）

A. 肮脏 B. 破烂 C. 烂掉 D. 腐朽

3. 误解 （ ）

A. 错误的理解 B. 有害的了解 C. 错误的解释 D. 错误的判断

4. 衔 （ ）

A. 用嘴叼 B. 用爪子抓 C. 用嘴啃 D. 用爪子拉

5. 盘旋 （ ）

A. 低低地飞着 B. 飞腾跳跃 C. 绕着圈儿飞 D. 转来转去

6. 溢 （ ）

A. 变得很多 B. 满了以后流出来

C. 应该增加 D. 很快地涨起来

7. 轻而易举 （ ）

A. 轻轻地 B. 轻轻举起 C. 一下子 D. 非常容易

8. 举世无双 （ ）

A. 全世界没有第一个 B. 全世界一个都没有

C. 全世界没有第二个 D. 全世界流行

9. 隔阂 （ ）

A. 不相通 B. 不熟悉 C. 不交往 D. 不知道

10. 冤枉 （ ）

A. 没根据地加上恶名 B. 严厉批评

C. 因为不喜欢而责骂 D. 彻底抛弃

二、根据课文内容，选择正确答案：

1. 为什么人们说“乌鸦叫了，准没有什么好事儿”？ （ ）

A. 因为乌鸦的叫声好像青蛙的叫声

B. 因为乌鸦总是站在老树枝上或墓地边叫

C. 因为乌鸦的叫声凄惨恐怖

D. 因为乌鸦吃了动物的腐烂尸体后就要叫

2. “乌鸦嘴”是什么意思？ （ ）

A. 形容总是叫个不停　　B. 形容叫声凄惨恐怖

C. 形容一种不吉利的黑鸟　　D. 形容在喜庆场合说不吉利的话

3. 为什么说乌鸦十分懂得情义？ （ ）

A. 因为它们能原谅人们对它们的误解　　B. 因为它们会哀悼并埋葬死去的同伴

C. 因为它们会排成队伍呱呱地悲鸣　　D. 因为它们是一种比较聪明的鸟儿

4. 乌鸦的聪明表现在 （ ）

A. 会讲童话　　B. 会喝水

C. 会想办法喝到水　　D. 能轻而易举地喝到瓶子里的水

5. 泰国动物学家纳端认为 （ ）

A. 他的书是举世无双的　　B. 乌鸦的语言是最丰富的

C. 乌鸦有属于自己的种族　　D. 乌鸦之间存在着语言障碍

6. 生活在不同国家和不同地区的乌鸦 （ ）

A. 长得完全不同　　B. 都只会说一种“语言”

C. 生活习性差异很大　　D. 所使用的“语言”存在差异

7. 乌鸦的颜色 （ ）

A. 非常亮丽　　B. 比较多样　　C. 非常单一　　D. 难看极了

8. 本文表达的观点是：人们应该 （ ）

A. 讨厌乌鸦　　B. 敌视乌鸦　　C. 善待乌鸦　　D. 研究乌鸦

三、根据课文内容，判断正误：

1. 乌鸦和青蛙的叫声一样难听。 （ ）
2. 农民们认为乌鸦是一种很不吉利的鸟。 （ ）
3. 乌鸦的嘴会说出很多不吉利的话。 （ ）
4. 人类其实对乌鸦很不了解。 （ ）
5. 乌鸦的嘴巴很长，很容易伸进长颈瓶中喝到水。 （ ）
6. 乌鸦是果园里害虫每天都会遇到的敌人。 （ ）
7. 乌鸦会说各种国家的语言，它们的表达能力非常强。 （ ）
8. 乌鸦也有属于自己的“方言”。 （ ）
9. 不同地区的乌鸦在交流方面会有不小的障碍。 （ ）
10. 人们通常认为乌鸦都是黑色的。 （ ）

四、选词填空：

A. 腐烂　　B. 冤枉　　C. 隔阂　　D. 误解　　E. 轻而易举

1. 那些新新人类，大多以自我为中心，不愿了解父母，与父母之间有着深深的________。

2. 人际交往中，有时遭人________是难免的事。

3. 墓中女尸保存完好，一点儿未________，其面容安详，相貌如生，皮肤白里透红。

4. 我赶紧举起双手，高喊道："我说的都是真的，我是________的！"

5. 中西医之争由来已久，中西文化背景的差异是造成________的主要原因。

6. 就是因为她们有了邻居太太这个共同的责难对象，所以才能消除________，团结对外。

7. 刘伟认为自己无故挨打很________，侯勇应该为此承担法律责任。

8. 在我们的生命中，有很多的事并非________。我们总轻易地低估它的存在，它的完成。

9. 一个________的苹果会污染周遭的空气，一个鲜艳的苹果带来的是快乐心境。

10. 到别人的家里，替他们把房子里的东西摆放整齐也不是一件________的事情。

五、简答题：

1. 乌鸦常常停留在什么地方？

答：____。

2. 乌鸦的叫声有多少种？

答：____。

3. 乌鸦的羽毛都有哪些不同的颜色？

答：____。

六、回答问题：

1. 人们为什么不喜欢乌鸦？

2. 纳端对乌鸦的研究成果是什么？

3. 你知道"天下乌鸦一般黑"这句话的深层含意吗？

二、河马的礼仪

人们往往对河马估计不足。由于它整天泡在水里，很少动弹，于是有人就觉得它有些痴呆。这就错了。

首先，我们应该知道，河马之所以夜晚出来觅食，那是因为夜间气温下降，不像白天那样酷热。河马各有自己的领地，其领地形状似梨，由一个狭窄的出口通向河流，底部渐宽。每个河马雄踞一方，不容许任何一个同类涉足。只有一个例外：当雌河马产崽后，它和幼崽生活在一起，直至它们长大加入同伴的行列。

其次，我们还应该知道，河马张开大嘴并不是烦恼的标志。它之所以张嘴，完全是为了显露它暗黄色的、呈圆柱形的下门齿，是一种威吓对方的姿势。

不过，河马最可爱之处是它们那优雅的礼仪。这种盛行于河马之间的礼仪旨在调节雄雌间的关系。因为，除了河流和各自的领地外，它们在岸边的沙滩上还拥有沙龙和聚会地点。

人们有时发现，几十头河马并排站立在一起。您若再仔细看，便会发现这是一群雌河马。但是，倘若您从排列有序的雌河马里发现一头倒卧在地上的河马的话，切莫以为它是病倒了，那是一头雄河马。

原来雄性无权涉足雌性的圈子，除非它们躺卧在沙滩上。对于一头体重达 4000 公斤的河马来说，这个条件是苛刻的，不过，雄性似乎能强制自己“遵纪守法”，因为它知道，要是它斗胆站立起来，那么，它便会立即遭到驱逐，这就是河马的礼仪。

为什么会有这样的礼仪呢？您只需稍加思索，便会明白个中原委。一头躺在沙地上的雄河马不可能向雌性大献殷勤和无休止地纠缠。假若它站立在那儿，那么什么事都可能会发生。它也许行为不轨，这样，雌性要想摆脱一个重达 4 吨的“鲁莽汉”的无休止的纠缠几乎是不可能的。

那么，那个躺在地上的雄河马有何贵干呢？事情很简单：它在审视“夫人太太”，端详其中中意者，对它暗送秋波。用点头和皱皮肤的方式向它表白“爱情”。这一切不是在暗中进行的吗？请您放心，雌性自会心领神会。接下来的事情留待入夜后，在它们两个之中的领地上完成。如此一来，礼仪得以维护，正如那些享有亡夫遗产的贵妇所说：“这些年轻人倒还可以结识。”

(811 字)

（选自《动物趣闻》，世界知识出版社，作者：[法] 雅克·特雷莫兰，冯志军、佟毓文译，有改动）

练 习

一、根据课文内容，选择下列词语的正确解释：

1. 动弹　（　　）

A. 活动　B. 叫唤　C. 搬迁　D. 洗澡

2. 痴呆　（　　）

A. 呆傻　B. 痴迷　C. 呆子　D. 痴心

3. 雄踞　（　　）

A. 雄壮地屹立　B. 雄伟而奇特　C. 威武地占据　D. 雄性居住在

4. 旨在 （ ）

A. 目的在于 B. 是在 C. 有利于 D. 现在

5. 切莫 （ ）

A. 可能会 B. 一定会 C. 一定不要 D. 不能不

6. 苛刻 （ ）

A. 认真规定 B. 要求过严 C. 时刻要求 D. 清楚明确

7. 斗胆 （ ）

A. 大胆地 B. 胆小地 C. 战斗着 D. 艰难地

8. 驱逐 （ ）

A. 打击 B. 责骂 C. 追赶 D. 赶走

9. 个中原委 （ ）

A. 每一个原因 B. 一个正确的结果

C. 其中的原因 D. 每一个当中的理由

10. 休止 （ ）

A. 暂停 B. 停止 C. 继续 D. 为止

11. 有何贵干 （ ）

A. 有什么重要的事做 B. 有什么价值

C. 询问对方要做什么 D. 询问事情的意义

12. 心领神会 （ ）

A. 心中有了领导 B. 不用说明心里就明白了

C. 精神上互相沟通 D. 心里想象会面时的情景

二、根据课文内容，选择正确答案：

1. 河马夜间出来寻找食物是因为 （ ）

A. 夜间食物更丰富 B. 夜间很冷

C. 它白天要看守自己的领地 D. 白天太热

2. 关于河马的领地，下面哪种说法不正确？ （ ）

A. 每个河马都有自己的领地 B. 领地的形状像一个梨

C. 领地的出口窄窄的，通向河流 D. 雄河马守护着每个领地

3. 河马张开大嘴表明 （ ）

A. 它饿了 B. 它的牙齿很健康

C. 它困了 D. 它在吓唬对方

4. 河马的礼仪主要用于 （ ）

A. 在河流中觅食时 B. 守护自己的领地

C. 在沙滩上聚会时 D. 进入雌河马的领地时

5. 要想进入雌河马的圈子，雄河马必须要 （ ）

A. 优雅可爱 B. 与其他河马并排站立

C. 躺在沙滩上 D. 体重达到4000公斤

6. 如果雄河马站立在雌河马群中，那么 （ ）

A. 所有的雌河马都会喜欢它 B. 雌河马会为它发生争斗

C. 它会对雌河马造成潜在的威胁 D. 所有的雌河马都会保护它

7. 雄河马躺在沙滩上是为了 （ ）

A. 看自己的河马太太在做什么 B. 寻找喜欢的雌河马并向它传达爱意

C. 悄悄地给雌河马送礼物 D. 让所有的雌河马明白它的爱情

8. 雄河马向雌河马表达“爱情”的方式是 （ ）

A. 仔细地看它的“夫人太太” B. 仔细地看谁的心中对它有意思

C. 暗中送些礼物 D. 点头和皱皮肤

三、根据课文内容，判断正误：

1. 河马整天泡在水里，很少动弹，变得有些痴呆了。 （ ）
2. 人们对河马的认识不够正确。 （ ）
3. 雌河马生下小河马后就会和雄河马一起生活。 （ ）
4. 小河马成年以后就离开妈妈有了自己的领地。 （ ）
5. 河马的礼仪有利于调节雌雄之间的关系。 （ ）
6. 雌河马在沙滩上聚会时是按照大小顺序排列的。 （ ）
7. 雄河马只有躺在沙滩上才能被雌河马圈子接受。 （ ）
8. 雌河马聚会时，如果雄河马站立在那儿，也许会做对雌河马不利的事。 （ ）
9. 躺在那里的雄河马会用眼神向喜欢的雌河马传达爱意。 （ ）
10. 入夜以后，相爱的雌雄河马会一起到沙滩上来。 （ ）

四、选词填空：

A. 动弹 B. 旨在 C. 雄踞 D. 苛刻 E. 驱逐

1. 位于安徽马鞍山的采石矶，不仅以山水闻名天下，更以其________长江南北之险，扼守东西咽喉之冲而为历代兵家争夺之地。
2. 立法工作者11日在北京接受采访时说，劳动合同法________构建和谐劳动关系，实施以来总体情况良好。
3. 因为肺部出血，虚弱的王先生几乎________不得。
4. 当英国十多年来又一次作出________外交官的决定时，让人想到的是过去两国间互相________外交官的事件。
5. 我们都觉得她不好相处，不仅要求很多，而且态度还非常粗鲁，即便是对待自己的助理也是非常________。

6. 天才李昌镐以他强大的实力________世界棋坛巅峰十五年。

7. 霍金无法讲话，手脚无法________，只能利用眼部、眉毛、脸颊及嘴部周围的肌肉，作出细微的面部表情。

8. 如果有恒星被从我们的银河系中________出去，那它们也有可能会被其他星系________。

9. 《爱莲说》一文运用借物喻人的写法，________托物言志。

五、简答题：

1. 河马的领地是什么样子的？

答：________________________________。

2. 河马张嘴标志着什么？

答：________________________________。

3. 在雌性河马的圈子里，如果雄河马站起来会怎么样？

答：________________________________。

六、回答问题：

1. 河马之间为什么要有这样的礼仪？

2. 雄性河马如何向雌性河马示爱？

3. 你对全文的最后一句话是如何理解的？

三、会排队的毛毛虫

朋友从南非回来，用幻灯片介绍当地的野生动物。我在银幕上看见一条游走的蛇。待他解释，才知道这条“蛇”原来竟是一长串的毛毛虫。这么听话、有纪律的毛毛虫，我还是第一次见到，真是大开眼界。

当我得知这些排队的毛毛虫是一种蛾的幼虫之后，就着手查考它们的身世。昆虫学家称这些会排队行进的蛾类为行列蛾类。它们的成虫没有特别引人注意的地方，但幼虫不仅会排队，还晓得织帐篷居住。此外，它们身上的毛严重刺激人类和动物的皮肤，难怪人们对这类毛毛虫印象深刻。它们排队到哪里去呢？原来是要集结外出大啖植物的叶子。大批毛毛虫一起用餐，轻而易举地就能将一棵树的叶子啃个精光。欧洲的松树、橡树和柏树等都惨遭它们的侵扰，令当地政府大为头疼，得花大笔经费从事行列毛虫的研究和防治工作。

行列蛾主要分布在地中海和非洲一带。刚孵出来的幼虫就晓得要吐丝织个圆形的个人帐篷。年龄愈大织的帐篷也愈大。等到快过冬时，它们会共同织出一个坚固耐用的大帐篷，一起生活。这些幼虫几乎都是夜猫子，在黄昏或晚间外出觅食。通常是由一只队长带头，其他的毛毛虫就头顶着前一只伙伴的屁股，一只贴着一只排成一列或两列前进，这队伍最高纪录是600只。为预防自己不小心走岔路跟丢了，行列毛虫一面爬一面吐丝。这么一来，即使走丢了都还可以找回原路。在整队“虫”走过的地面，可以很明显地看出它们遗留下的一条“丝路”，阳光下这条“丝路”会闪闪发光。

行列毛虫到达目的地后，立刻自动解散，三三两两地啃食树叶，不多久嫩芽和树叶全被吞噬殆尽。毛毛虫有边吃边拉的恶习，从满布的绿色颗粒可得知它们的造访。当叶子全被吃光后，毛毛虫就会再次排队，跟着队长寻找下一个目标。等大伙儿全吃饱了，才又排好队，循着“丝路”回家去。

法国的昆虫学家法布尔曾经仔细观察松树行列毛虫的行进行为，并以它们为对象做过实验。他先将队长夹走，结果排在它后面的那一只立刻主动补位，成为新的队长，前进的队伍丝毫不受影响。接着他切断它们的“丝路”，观察这会产生什么影响，结果虽被切成两队，但后面那一队的队长就会到处闻、到处找，只要追上前面那队，两队又会合二而为一。

（853字）

（选自《海外星云》，作者：陈景亭，有改动）

练习

一、根据课文内容，选择下列词语的正确解释：

1. 查考 （　）
   A. 调查证明　B. 调查研究　C. 了解寻找　D. 检查考核
2. 身世 （　）
   A. 身体　B. 来历　C. 世界　D. 出生
3. 集结 （　）
   A. 集体　B. 结果　C. 聚集　D. 团结
4. 啖 （　）
   A. 找寻　B. 吃　C. 收集　D. 喝
5. 解散 （　）
   A. 解除　B. 散开　C. 散步　D. 摆开
6. 吞噬 （　）
   A. 吃掉　B. 破坏　C. 咽下　D. 侵占
7. 殆尽 （　）
   A. 还剩下很多　B. 几乎到头了　C. 剩下一点儿　D. 几乎没剩下
8. 恶习 （　）
   A. 严重的做法　B. 坏习惯　C. 恶心的行为　D. 坏脾气

9. 造访 （　）

A. 来访　　B. 后果　　C. 创造　　D. 影响

10. 循着 （　）

A. 踩着　　B. 爬着　　C. 沿着　　D. 跟着

二、根据课文内容，选择正确答案：

1. 排队的毛毛虫 （　）

A. 是一种游走的“蛇”　　B. 是一种蛾的幼虫

C. 没有特别引人注意的地方　　D. 是一种有毒的虫

2. 排队的毛毛虫会 （　）

A. 自己单独外出觅食　　B. 咬动物的皮肤

C. 自己建造“房屋”　　D. 钻进其他动物的体内

3. 毛毛虫排长队是为了 （　）

A. 一起对付敌人　　B. 一起外出觅食

C. 一起用餐　　D. 很容易地破坏一棵树

4. 欧洲的一些政府 （　）

A. 对毛毛虫造成的破坏很头疼　　B. 想花大笔钱去研究毛毛虫

C. 对毛毛虫排队很头疼　　D. 舍不得花大笔钱去消灭毛毛虫

5. 在寒冷的冬天，毛毛虫会 （　）

A. 吐丝织帐篷　　B. 共同生活　　C. 外出觅食　　D. 储存食物

6. 毛毛虫外出觅食的时候会 （　）

A. 像猫一样迅速出动　　B. 先织好一个大帐篷

C. 边爬边做记号　　D. 寻找有阳光的地方爬行

7. 第四段中的“绿色颗粒”是指 （　）

A. 毛毛虫的粪便　　B. 绿色的小石头

C. 毛毛虫吃剩的叶子　　D. 绿色的小昆虫

8. 排队毛毛虫如果失去了队长， （　）

A. 它们会重新推选一个　　B. 排在它后边的那只就主动上来做队长

C. 它们会分成两队继续前行　　D. 就会到处闻，到处找

9. 这篇文章主要告诉我们排队毛毛虫 （　）

A. 对人类的危害　　B. 是怎样度过一个生命周期的

C. 组织非常严密　　D. 是如何找到食物的

三、根据课文内容，判断正误：

1. 朋友从南非给作者带回来一长串毛毛虫。 （　）

2. 这种毛毛虫的学名叫行列蛾类。 （　）

3. 人们对这类毛毛虫印象深刻是因为它们排队去觅食。 （　）

4. 一只毛毛虫轻而易举地就能将一棵树的叶子吃光。 （　）

5. 行列蛾的幼虫通常以松树、橡树、柏树的叶子为食。 （　）

6. 行列蛾主要生活在欧洲。 （　　）
7. 这种毛毛虫通常是在太阳落山后出去寻找食物。 （　　）
8. 出去觅食时，排队毛毛虫一只紧跟着一只排成长列爬行。 （　　）
9. 最多一次是 600 只排队毛毛虫一起出去觅食。 （　　）
10. 一棵树的叶子吃光后，毛毛虫就排好队循着“丝路”回家了。 （　　）
11. 一旦毛毛虫的队伍被切断，毛毛虫就会乱作一团。 （　　）

四、选词填空：

A. 集结　　B. 解散　　C. 吞噬　　D. 恶习　　E. 造访

1. 河这边却是一片骚动和聒噪：鸟啄击橡树干的笃笃声，野兽穿越丛林的沙沙声，动物________食物或咬碎果核的咂咂声。
2. 他在酒吧里彻夜狂饮，抽烟喝酒这些运动员绝对不应该碰的________对他来说是家常便饭。
3. 两名来自反对派的律师表示，他们计划提交议案，要求________议会和提前举行选举。
4. 六千多人在匹兹堡附近的布拉多克________，大家推选布拉德福德为这支临时部队的总指挥。
5. 那些寺庙因为极少有外人前来________，所以也就保持着最为淳朴神秘的本色。
6. 孙金标平时对吃穿很讲究，好穿名牌，出入酒店，而且还染上了赌博的________，每月数千元的工资根本无法维持他的生活。
7. 韩德刚刚飞抵北京，这是他履任卡内基公司 CEO 之后对中国内地的第七次________。
8. 昨天下午，重新________的中国女足在南京市奥林匹克中心进行了本次集训后的第一次训练。
9. 根据这项和平协议，反政府武装将被________，支持政府的民兵亦将被解除武装。
10. 莫克姆湾素有“魔鬼海滩”的可怕称誉，已经________掉数百条英国人的性命。

五、简答题：

1. 行列蛾主要分布在哪里？

答：____。

2. 行列蛾的幼虫有什么特点？

答：____。

3. 行列毛虫为什么一边爬一边吐丝？

答：____。

六、回答问题：

1. 行列毛虫如何外出觅食？

2. 请介绍一下行列蛾的习性。

3. 请介绍一下昆虫学家法布尔的实验。

四、动物“计划生育”觉悟高

看了题目，你有可能不信，不过这是确确实实的。某些种类的动物在漫长的进化过程中，逐渐“懂”得了要想使其种族生存繁衍下去，就必须节制生育

生活在瑞典南部的红狐，一旦发现它们的主要食物来源——野兔的数量明显减少时，它们并不是采取迁徙的办法，离开生活惯了的“家园”，而是采取“积极措施”，实行“计划生育”：与正常年景相比，只有一半数量的红狐交配繁殖，用减少生殖数量的办法来应对饥饿对整个狐群的威胁，从而保障狐群生存繁衍下去，不至于造成种族的灭绝。

在尼罗河两岸的树林里，生活着许多非洲大象。它们为了保障各自象群的生存，也知道根据食物的多寡，来确定繁殖相适应数量的幼象。如果尼罗河一侧的植物很繁茂，食物资源很丰富的话，那么这一侧的母象就会每隔四年生下一胎幼象；而河的另一侧如果由于地理环境和气候等原因，植物稀少，食物资源不充足的话，那么生活在那一侧的有生育能力的母象就会自觉地“节制生育”，要间隔九年才生一胎小象。

狼不仅做到了“计划生育”，而且还做到了“优生优育”。在一个典型的狼群中，总是有一只经过角斗取胜的雄狼为狼王，只有狼王才能和占有优势的雌狼进行交配繁殖，而其他有生育能力的雌狼和雄狼都无权交配。狼采取这种“节制生育”的办法，限制了过多的繁殖，从而保障了有限的食物来源，不至于饿毙或是自相残食，造成种族的灭亡。再者，参加交配的雄狼和雌狼都是“佼佼者”，这就保证了后代的“优选性”，做到了“优生优育”。

雌非洲羚羊“节制生育”的本领实在令人称奇。如果它发现自己怀胎不是时候，感知到分娩时会逢上严冬的恶劣季节，那么雌羚羊就会将胎儿继续留在腹内，让其推迟至春暖时节再出生。非洲羚羊这种“晚生晚育”的本领，在动物世界中大概是独一无二的了。

最“懂”计划生育的，那要数和人类血缘相近的灵长类动物了。动物学家在非洲野外考察时发现，那里的黑猩猩竟然能够吃当地人也吃的堕胎植物来堕胎。在产下小黑猩猩以后，一些黑猩猩居然能够有目的地大量吃富含雌激素而又有避孕作用的一些野生豆子，从而达到避孕的目的。而需要加强生育能力的时候，它们又吃那些有催情作用的其他种类的野豆子。

（869 字）

（选自《生活时报》，有改动）

练习

一、根据课文内容，选择下列词语的正确解释：

1. 繁衍　（　）
   A. 繁华　B. 不断增加延续　C. 养育　D. 变得越来越强
2. 节制　（　）
   A. 限制　B. 节约　C. 制定　D. 规范
3. 年景　（　）
   A. 风景　B. 年份　C. 过年　D. 年代
4. 灭绝　（　）
   A. 彻底丧失　B. 绝对消灭　C. 彻底消灭　D. 彻底扑灭
5. 角斗　（　）
   A. 斗争　B. 搏斗　C. 表演　D. 选择
6. 佼佼者　（　）
   A. 经过多次搏斗的人　B. 具有非凡生育能力的人
   C. 了解优生优育的人　D. 超出一般水平的人
7. 分娩　（　）
   A. 生孩子　B. 分别　C. 怀孩子　D. 出生

二、根据课文内容，选择正确答案：

1. 如果红狐繁殖的数量非常多，说明　（　）
   A. 红狐发现了食物　B. 野兔的数量也非常多
   C. 红狐采取了积极措施　D. 有一半的红狐在交配繁殖
2. 非洲大象九年才生一头小象说明　（　）
   A. 它们的生殖能力大大下降　B. 它们种群的数量在逐渐增多
   C. 生活区域的食物资源不充足　D. 它们学会了节制生育
3. 要想成为“狼王”，必须要　（　）
   A. 学会优生优育　B. 具有很强的生殖能力
   C. 具有强健的体魄　D. 战胜其他的雄狼
4. 如果缺乏足够的食物，那么狼群会　（　）
   A. 停止交配　B. 对后代进行优选
   C. 互相残杀　D. 迁徙到别的地方
5. 雌非洲羚羊最独特的本领是　（　）
   A. 不需与雄羚羊交配就可怀孕　B. 总是在春天分娩
   C. 自由选择分娩的时间　D. 可以自己计算分娩的时间

6. 黑猩猩要想避孕，通常会 （　　）

A. 拒绝交配　　B. 吃具有避孕作用的植物

C. 减少交配的次数　　D. 偷吃当地人的避孕药

三、根据课文内容，判断正误：

1. 人类教会了动物节制生育。 （　　）
2. 野兔的数量如果减少，红狐就会离开生活惯了的地方。 （　　）
3. 非洲大象会根据食物的多少来调节生育的频率。 （　　）
4. 尼罗河两岸的非洲大象生育能力并不相同。 （　　）
5. 在狼群中，除了狼王之外，其他雌雄狼都没有交配能力。 （　　）
6. 狼群通过竞争交配权的办法保证了后代的优选性。 （　　）
7. 雌非洲羚羊不会选择在严冬生小羚羊。 （　　）
8. 在非洲，有些植物具有终止怀孕的作用。 （　　）
9. 黑猩猩会选择一些具有特殊作用的食物来调节自己的生育。 （　　）

四、选词填空：

A. 繁衍　　B. 节制　　C. 角斗　　D. 佼佼者　　E. 灭绝

1. 首先，要________饮食，宜少吃或不吃生冷、酸辣等食物。
2. 高薪人才是职场上令人羡慕的________，但是他们也会遇到危机。事实上，随着职场对高端人才要求的不断提高，一些高薪人才已经面临着潜在的职业发展危机。
3. 两匹悍马犹如即将展开________的战士，各自施展魅力，暗中比拼，气氛显得有些紧张。
4. 采用 1.6L 排量发动机的利亚纳性价比非常高，是同级车中的________，具有很强的竞争力。
5. 一些非洲国家为了保护野生动物，严禁濒临________的野生保护动物的皮毛、标本及象牙等出境。
6. 持卡消费要有________，不要贪图便宜购买暂时不需要的东西，否则不但不能省钱，还很容易陷入商家的陷阱。
7. 这个村子是由一个蒋氏大家族________生息，逐渐发展起来的，所以村中大部分人都姓蒋。
8. 他对人类的未来一直忧心忡忡，认为人类很可能在将来的一次灾难中________。
9. 每年春夏，上百种野生珍禽云集于此，________栖息，嬉戏觅食。

五、简答题：

1. 当野兔的数量急剧减少时，红狐会怎么做？

答：____。

2. 如果植物非常丰富，那么非洲母象多久就会产幼崽？

答：____。

3. 雌非洲羚羊有什么独一无二的本领？

答：____。

六、回答问题：

1. 狼怎样做到“优生优育”？

2. 为什么说黑猩猩最“懂”计划生育？

第九单元

一、潍坊——美丽古老的风筝城

每到春天，美丽古老的潍坊城上空，便有一只只五颜六色、绚丽多姿的风筝，在云端轻轻飘荡，自由飞翔。

潍坊地处山东半岛中部。相传，这里是中国风筝的发祥地。宋朝，风筝已在这里很流行，明朝更加普及，清朝乾隆年间达到鼎盛。

新中国成立以后，潍坊风筝这一古老的民间传统艺术奇葩有了新的发展。特别是改革开放以来，潍坊风筝成了带动经济起飞的助推器和增进同各国人民友谊的信使。1984 年潍坊开始举办国际风筝会，每年 4 月 20 日至 25 日，全国各地的风筝队及世界各地的风筝爱好者齐聚潍坊。1988 年潍坊市被第五届国际风筝会主席团确定为“世界风筝都”。

潍坊风筝在漫长的发展过程中，一直有画家的参与。画家与能工巧匠结合，使潍坊风筝逐步形成了选材讲究、造型精致、色彩鲜艳、品种繁多的特色。潍坊有一大批扎制风筝的老艺人。他们继承祖传的经验，既在扎制中苦心探索，又不断地相互观摩、切磋，形成了一种群众性的集体创作。

潍坊有一个被称为“风筝城里风筝村”的杨家埠。杨家埠的木版年画闻名遐迩，它与天津杨柳青、苏州桃花坞，并称中国三大年画产地。年画和风筝，是一根藤上的两个瓜，贴在墙上是年画，飞在天上是风筝。杨家埠人从明朝到现在，年年冬天印年画，春天扎风筝。家家户户，上至八十老翁，下至七八岁的娃娃，几乎人人会画年画、扎风筝。他们的风筝有串式、板式、筒式、折叠式等一百多个品种，畅销国内外。

外地人来潍坊，不等进城，就会看到公路两侧的风筝摊儿一个连一个。风筝有动有静，缤纷多姿，引得过往车辆不时停车选购。进得城来，大街小巷到处都有风筝店。柜台摆的，窗前挂的，全是形状各异的风筝，让人眼花缭乱。

为了收藏和展览古今中外的风筝，潍坊市建起一座中国独一无二的风筝博物馆。馆内共有大小展厅 12 个，陈列着 2000 多只中外风筝，展现了斑斓多彩的风筝世界。馆内设有影像大厅，可以再现历届潍坊国际风筝会的盛况。这里已成为国际风筝协会、国际风筝联合会组织各国风筝爱好者切磋技艺、交流感情、发展友谊的总部。

（806 字）

（选自《人民日报》海外版，作者：吕熙祥，有改动）

练习

一、根据课文内容，选择下列词语的正确解释：

1. 绚丽多姿 （ ）
   A. 各有各的美丽　B. 姿势很多，让人看不清
   C. 灿烂美丽，姿态多样　D. 光芒耀眼，样子很多
2. 发祥地 （ ）
   A. 发财的地方　B. 起源的地方　C. 吉祥的地方　D. 发展的地方
3. 鼎盛 （ ）
   A. 巨大的容器　B. 最茂盛　C. 技术最高　D. 最兴盛
4. 奇葩 （ ）
   A. 奇异而难得的技术　B. 奇怪的花朵
   C. 奇特而美丽的花朵　D. 难得的花草
5. 能工巧匠 （ ）
   A. 技术高明的人　B. 能干的工人　C. 灵活的工人　D. 能工作的人
6. 观摩 （ ）
   A. 观察学习　B. 观看表演　C. 交流经验　D. 虚心请教
7. 切磋 （ ）
   A. 互相研究学习　B. 研究刀法　C. 使用技巧琢磨　D. 一起制作
8. 闻名遐迩 （ ）
   A. 听到名声　B. 经常联络　C. 遥不可及　D. 非常有名
9. 眼花缭乱 （ ）
   A. 怎么看也看不清楚　B. 看到的太多而感到迷乱
   C. 年纪大了眼睛花　D. 看东西没有顺序

二、根据课文内容，选择正确答案：

1. 中国风筝的发源之处是 （ ）
   A. 山东半岛北部　B. 山东半岛中部　C. 山东半岛南部　D. 山东半岛西部
2. 风筝开始在潍坊流行是在 （ ）
   A. 宋朝　B. 明朝　C. 清朝　D. 新中国成立后
3. 风筝给潍坊带来了 （ ）
   A. 民间传统艺术奇葩　B. 世界风筝之都
   C. 经济效益和文化交往　D. 国际风筝节
4. 每年的风筝节什么时候举行？ （ ）
   A. 4 月上旬　B. 4 月下旬　C. 4 月中旬　D. 4 月 20 号

5. 潍坊风筝特色的形成主要是由于 （ ）

A. 一直由画家制作　　B. 画家和能工巧匠结合

C. 有很多老人制作风筝　　D. 继承了祖传的经验

6. 潍坊风筝是 （ ）

A. 由画家设计制作的　　B. 由老艺人亲手扎制的

C. 集体创作的结果　　D. 老艺人苦心探索的结晶

7. “风筝城里风筝村”的意思是 （ ）

A. 潍坊城里有一个做风筝的村子　　B. 杨家埠村的年画是最有名的

C. 潍坊就像一个专做风筝的村子　　D. 杨家埠村的风筝是最有名的

8. “一根藤上的两个瓜”的意思是 （ ）

A. 一根藤上可以结两个瓜

B. 年画和风筝像两个瓜

C. 年画和风筝源于同一种民间艺术

D. 年画和风筝都是杨家埠人精心培育的艺术

9. 外地人来潍坊印象最深的是 （ ）

A. 不用进城就可以买到风筝　　B. 可以随时停车买风筝

C. 到处都是卖风筝的　　D. 大街小巷的风筝让人眼花缭乱

10. 在潍坊风筝博物馆可以 （ ）

A. 买到古今中外的风筝　　B. 申请加入国际风筝协会

C. 看历届国际风筝会的影像资料　　D. 随时和各国风筝爱好者交流

三、根据课文内容，判断正误：

1. 春天的潍坊，天上到处飞着美丽的风筝。 （ ）
2. 清朝乾隆年间是潍坊风筝发展最好的时候。 （ ）
3. 新中国成立以后，潍坊就开始举办国际风筝会。 （ ）
4. 改革开放后，潍坊风筝往返于各国之间成为了信使。 （ ）
5. 1988 年潍坊已经发展成为世界风筝之都。 （ ）
6. 制作潍坊风筝时，材料的选择非常讲究。 （ ）
7. 老艺人们在制作风筝时常常互相学习讨论。 （ ）
8. 杨家埠是中国排名第三的年画产地。 （ ）
9. 杨家埠村的风筝是用冬天贴在墙上的年画扎制的。 （ ）
10. 潍坊城外的公路两侧有很多风筝摊儿。 （ ）
11. 潍坊风筝博物馆是国际风筝协会的总部。 （ ）

四、选词填空：

A. 观摩　B. 切磋　C. 鼎盛　D. 眼花缭乱　E. 绚丽多姿　F. 闻名遐迩

1. 游戏玩家喜欢组织俱乐部，以便________打游戏的技术。

2. 我们村虽然是个仅有600多人的小村，却是________的“秀才村”，这么多年来每年都有至少一人考上大学。
3. “非常有戏大学堂”将采取讲座、________表演等多种形式，在各大学府普及中国传统戏曲知识，让更多的年轻人了解中国传统艺术的魅力。
4. 很显然只有相互________学习，大家才能共同进步。
5. 青海是多民族、多宗教地区，________的风俗民情和古朴浓郁的宗教活动，形成了青海一大特色人文景观。
6. 打开莎士比亚戏剧集，如同打开百宝箱，处处迸发出智慧的火花，闪现着艺术的光芒，使人________。
7. 瑞安有许多名小吃和糕点，有着百年历史的李家炊糕更是________。
8. 让人________的彩旗、精巧别致的灯笼、悦耳动听的乐曲、摩肩擦踵的人群，到处都洋溢着节日的喜庆气氛。
9. 唐朝是中国封建社会发展的________时期，它创造了无比灿烂的文化，并成为中国文化史上里程碑式的时代文化。

五、简答题：

1. 潍坊风筝有什么特色？
   答：____。
2. 中国三大年画产地是哪里？
   答：____。
3. 风筝博物馆的功能是什么？
   答：____。

六、回答问题：

1. 为什么潍坊风筝能够独树一帜？
2. 请介绍一下风筝村杨家埠。
3. 请根据课文介绍一下潍坊的风筝博物馆。

二、悠悠厦门

到了厦门，最大的体会是悠闲。快节奏的生活一下子放慢了节拍，连呼吸也跟着悄然放缓。如果说广州的生活是激情飞扬的恰恰，那么，厦门一定是那曲最悠扬华美的华尔兹。

朋友大概习惯了广州的快节拍，老是抱怨“司机开车慢，服务员动作慢……”。也许，这才是他们真正的生活。工作不一定要用忙忙碌碌来形容，就像他们，那样一种从容不迫，那样一份悠然自得，一样把工作完成得倍儿棒。像享受生活一样享受工作，想来这也是一种境界了吧。

厦门的悠闲令人难忘。对我而言，印象最深刻的，却是那份无处不在的浪漫。厦门是一个多情的城市，最适合情侣居住。在这里，仿佛空气里也滋生着爱情，你只要闭上眼睛，就会嗅到那空气中飘浮着的爱的味道。

那天赶到厦门已经五点多了，站在轮渡上，看见夕阳的霞光下，远处的海面流光溢彩。鼓浪屿静穆在余晖里，宁静而安然。

选了一个临海的酒店住下，阳台上就可以看见那片蓝色的大海。海风吹来，卷起帘幔的一角，那漏出来的一点儿蔚蓝顿时将心温柔地包容起来，一如这辽阔的大海。

海滩边，有一条铺砌整齐的沿岛路。绿树林荫间，有一张张供人休憩的椅子。显然，这里已成为情侣们的专座。一对对细语呢喃的情侣，在海风中许下相守一生的承诺。让我们将脚步放轻一点儿，再轻一点儿，在这空气里也能嗅出浪漫的地方，你会觉得惊扰了别人的卿卿我我也是一种罪过。

很喜欢海滩上那一排排沙滩椅，夜幕降临的时候，点上一盏油灯，伸伸懒腰，躺在沙滩椅上，晒着月光，听着海浪，品着咖啡的醇香……让时光记住这一刻彼此最深情的凝望，最美的风景与最爱的人分享。或许，这就是幸福的极致了吧。

夜晚的鼓浪屿最适宜漫步，相对于海边的宁静，海岛上可热闹了。广场上有着国家级的儿童汇演，音乐厅里钢琴节又隆重开幕。鼓浪屿人真是令人羡慕，家门口就有好戏连台，也正是这从小就开始的艺术熏陶，才使这座钢琴之岛蜚声海外。漫步在一条条宁静的小巷里，一串串叮咚作响的琴音如天籁般传来，千万别诧异，任何一个花木扶疏的香筑小院里都可能住着一个才华横溢的青年才俊。琴音袅袅中，淡淡花香里，携手漫步其间会不会让你忘了今夕何夕？

(849 字)

(改写自 21cn 旅游，作者：wjt7613)

练 习

一、根据课文内容，选择下列词语的正确解释：

1. 悠闲 (　　)

A. 悠远绵长　　B. 满意休闲　　C. 无事可做　　D. 悠然闲适

2. 从容不迫 (　　)

A. 从不害怕　　B. 从来不忙　　C. 不慌不忙　　D. 容易得到

3. 悠然自得 （　　）

A. 慢慢得到　B. 舒适开心　C. 自寻舒适　D. 自动放松

4. 倍儿棒 （　　）

A. 几倍　B. 非常好　C. 翻倍　D. 倍数多

5. 流光溢彩 （　　）

A. 光芒流动闪烁　B. 在阳光下流动　C. 阳光强烈刺眼　D. 色彩鲜艳夺目

6. 余晖 （　　）

A. 其余的光线　B. 傍晚的阳光　C. 多余的阳光　D. 昏黄的光线

7. 一如 （　　）

A. 如果一次　B. 一向如此　C. 正好像　D. 一般如此

8. 卿卿我我 （　　）

A. 形容情侣间的亲密　B. 两人一起谈话

C. 形容情侣间的谈话　D. 互相讨论问题

9. 蜚声海外 （　　）

A. 美丽的声音一直传到天边　B. 琴声飘扬

C. 隔着大海就能听见琴声　D. 闻名于世

10. 天籁 （　　）

A. 大自然的美妙声音　B. 遥远的天边

C. 每天都充满着变化　D. 曾经非常熟悉

11. 才华横溢 （　　）

A. 中国有名的　B. 充满艺术天才

C. 代表中华的希望　D. 热情洋溢的

二、根据课文内容，选择正确答案：

1. 从第一段中我们知道广州的生活 （　　）

A. 节奏很快　B. 激情飞扬　C. 悠扬华美　D. 方便舒适

2. 厦门人对工作的态度是 （　　）

A. 没必要忙忙碌碌　B. 一定要做得出色

C. 工作没有享受生活重要　D. 像享受生活一样享受工作

3. 作者印象最深的是 （　　）

A. 厦门的悠闲　B. 厦门人的工作态度

C. 厦门的浪漫　D. 厦门美丽的景色

4. 作者觉得厦门最适合什么人居住？ （　　）

A. 恋人　B. 艺术家　C. 孩子　D. 老年人

5. 第一个让作者赞叹的厦门美景是 （　　）

A. 厦门空气中飘浮着的爱的味道

B. 隔海相望的沐浴在晚霞中的鼓浪屿

C. 酒店窗外辽阔蔚蓝的大海

D. 铺砌整齐的沿岛路旁一对对细语呢喃的情侣

6. 在临海的酒店里作者觉得自己 ( )

A. 终于看见了蓝色的大海 B. 最喜欢看海风轻轻吹起窗帘

C. 心中充满大海带来的温柔感觉 D. 成了大海的一部分

7. 关于沿岛路，下面哪种说法不正确？ ( )

A. 这条路沿着海滩 B. 路边有绿树林荫

C. 路边的椅子是专供情侣休息的 D. 许多情侣在路边约会

8. 作者觉得最幸福的是 ( )

A. 夜幕降临时躺在沙滩椅上 B. 晒着月光听海浪

C. 伸伸懒腰喝杯醇香的咖啡 D. 与最爱的人一起享受美景

9. 鼓浪屿是 ( )

A. 一个公园 B. 一个海岛 C. 一个广场 D. 一条小巷

10. 鼓浪屿人令人羡慕是因为 ( )

A. 这里的夜晚最适宜散步 B. 这里热闹非凡

C. 这里既有儿童汇演又有钢琴节 D. 很容易看到许多优秀的演出

11. 作者让我们"千万别诧异"什么？ ( )

A. 这座钢琴之岛如此有名 B. 这里的风景如此优美

C. 散步时就能听到美妙的琴声 D. 小院里住着青年钢琴家

三、根据课文内容，判断正误：

1. 最近厦门把快节奏的生活放慢了节拍。 ( )
2. "恰恰"是一种激情飞扬的舞曲。 ( )
3. "厦门"的意思是华尔兹。 ( )
4. 因为习惯于悠闲的生活，厦门人的工作效率比较低。 ( )
5. 厦门是个适合恋爱的城市，在那里居住的都是情侣。 ( )
6. 作者是在傍晚时分到达厦门的。 ( )
7. 作者觉得情侣也是风景的一部分，所以不要惊扰他们。 ( )
8. 鼓浪屿上的艺术活动非常多。 ( )
9. 鼓浪屿人从小就接受艺术熏陶。 ( )
10. 鼓浪屿的每个小院里都住着一位青年钢琴家。 ( )

四、选词填空：

A. 流光溢彩 B. 才华横溢 C. 从容不迫 D. 悠然自得

1. 每到正月十五元宵节，南京秦淮河上________，一个个精巧的花灯随波逐流。

2. 李老板可是轻松多了，再不用为进货而烦恼，也不用因为天天收现金而忙碌，生活过得________。

3. 他是一位________的中国青年钢琴家，曾在维也纳金色大厅进行过专场演奏。

4. 清澈透明的小河里，水草在流水中来回摆动，鱼儿则在________地游来游去。

5. 下半场比赛开始，中国队明显加强了拼抢，并在韩国半场内展开猛烈进攻，然而韩国队在防守时依然显得那么________。

6. 作为一家跨国企业的老板，他始终像一个稳坐船头轻轻摇橹的领航人，即使山雨欲来，也能________。

7. 圣诞之夜，整个城市到处________，美不胜收。

五、简答题：

1. 作者是怎样比喻广州和厦门的生活的？

   答：____。

2. 作者在轮渡上看到了什么？

   答：____。

3. 为什么说鼓浪屿的晚上很热闹？

   答：____。

六、回答问题：

1. 请根据课文说说厦门与广州有什么不同。
2. 作者为什么说在厦门的空气中飘浮着爱的味道？
3. 请介绍一下鼓浪屿。

三、平民城市天津卫

天津人有深厚的平民意识，从根本上说，天津人一直把自己的城市只看作是一个平民城市。

其实天津也出过不少的名人，可是问起天津人来，他很可能一个也说不出来。因为天津人不把名人看得很重。天津人认为，一个人一出了名，他就不是天津人了。

从历史上考察，天津虽然也有过富人，但是天津的富人一直和平民没有多少往来。天津的商人们，大多住在南开一带，老城里也有些富人，但家家全是深宅大院，和平民社会是极少联系的。再以后，天津有了租界地，新派的人家，大多迁到租界地住去了，和平民百姓就更是老死不相往来了。

在天津，贫富之间，一直是泾渭分明的。天津平民大多住在大杂院里。一个大院里几乎住了几百户人家。走进院来，东转西绕，绕不了多少时间，你就再也休想绕出去了。而且在这个大杂院里，每户人家的门外都有一辆卖货用的车，看得出来，住在这个大杂院里的人家全都是做小生意的，日子虽然也过得去，但是全是底层的城市平民。就整体而言，天津的城市人口中，平民大约占到70%左右。但大多数平民，也就是住房情况不好，而收入却未必就不如其他阶层的人多，生活水平也不比一般人家差，每天也是鱼呀肉呀地吃着，绸呀缎呀地穿着。

所以，天津人走在路上全是贵族。至于回到家之后，谁是贵族，谁不是贵族，那就和任何人没有关系了。天津人不景仰贵族，其原因也就在这里。

天津人不想做贵族，就是身上穿着名牌服装，但在骨子里还是一个平民。在天津，门面装潢得豪华的商店进去的人就少，越是那种小门脸的商店，生意就越好。小商贩们卖东西，也是迎合着天津人的这种心理。好好儿的苹果，摆在货架上，两块五一斤，无人过问；把一筐苹果往地上一堆，大声一吆喝："五块钱两斤啦！"人们立即就围上来抢。

作为一个平民城市，直到现在，大款们也不能在天津飞扬跋扈；至于那许多不可一世的明星，一个个的就更是早领教过天津人的厉害。

天津人不崇拜贵族，不宠明星，不买大款的账。在他们的意识里，根本就没有名人、富人。任何在天津人面前"拿"大的人，都只会受到天津人的戏弄。

天津人认为做老百姓最好，过小日子，是天津人最高的人生理想。可以一点儿也不夸张地说，天津是一个平民城市。

（869字）

（节选自《天津人》，浙江人民出版社，作者：林希，有改动）

练习

一、根据课文内容，选择下列词语的正确解释：

1. 深宅大院（　　）
   A. 房子在地下很深　　B. 有很多房子的大院子
   C. 富丽豪华的房子　　D. 住着许多人的大院子
2. 新派（　　）
   A. 刚刚到来　　B. 正在兴起的势力
   C. 最近派来　　D. 举止、思想时髦
3. 泾渭分明（　　）
   A. 分别住在两条河边　　B. 比喻界限清楚
   C. 像河水一样流动　　D. 比喻爱憎分明

4. 休想　　　　　　　　　　　　　　　　　　　　　　　　　　　　　(　　)

A. 不可能　　B. 休息　　C. 不能想　　D. 想法

5. 骨子里　　　　　　　　　　　　　　　　　　　　　　　　　　　(　　)

A. 骨头里　　B. 大脑里　　C. 内心里　　D. 长相上

6. 装潢　　　　　　　　　　　　　　　　　　　　　　　　　　　　(　　)

A. 假装　　B. 装上了黄色　　C. 装饰　　D. 装满了东西

7. 迎合　　　　　　　　　　　　　　　　　　　　　　　　　　　　(　　)

A. 有意去满足别人的心意　　B. 欢迎并且热情地招待

C. 能够与人愉快地合作　　D. 迎接远方的客人

8. 吆喝　　　　　　　　　　　　　　　　　　　　　　　　　　　　(　　)

A. 粗鲁地说　　B. 热情介绍　　C. 大声喊叫　　D. 轻柔地说

9. 飞扬跋扈　　　　　　　　　　　　　　　　　　　　　　　　　　(　　)

A. 高高在上受到很多人尊敬　　B. 骄傲而自豪

C. 骄横不把别人放在眼里　　D. 对人没有礼貌

10. 不可一世　　　　　　　　　　　　　　　　　　　　　　　　　(　　)

A. 全世界著名　　B. 流行了几代

C. 很难看到一次　　D. 自以为当代没人能比得上

11. 领教　　　　　　　　　　　　　　　　　　　　　　　　　　　(　　)

A. 领会、教导　　B. 感受、认识　　C. 领先、教训　　D. 接受、请教

12. 戏弄　　　　　　　　　　　　　　　　　　　　　　　　　　　(　　)

A. 批评　　B. 欣赏　　C. 捉弄　　D. 帮助

二、根据课文内容，选择正确答案：

1. 天津人有深厚的平民意识是因为　　　　　　　　　　　　　　　　(　　)

A. 他们认为天津是一个平民城市　　B. 天津出的名人太少

C. 他们说不出什么名人来　　D. 天津人一旦出了名就离开了天津

2. 天津人说不出名人是因为　　　　　　　　　　　　　　　　　　(　　)

A. 他们不喜欢名人　　B. 天津没有名人

C. 他们觉得名人没什么了不起　　D. 他们不承认名人

3. 关于天津的富人，下面哪种说法正确？　　　　　　　　　　　　(　　)

A. 都是商人　　B. 都住在老城的深宅大院里

C. 和平民百姓很少联系　　D. 都住在属于外国人的地区

4. 下面哪一项不是大杂院的特点？　　　　　　　　　　　　　　　(　　)

A. 里边的贫富差别非常分明　　B. 一个院子可能住几百户人家

C. 里边东转西绕非常复杂　　D. 住户都是推着小车做生意的

5. 天津的平民生活水平怎么样？　　　　　　　　　　　　　　　　(　　)

A. 并不低　　B. 情况不好　　C. 比较高　　D. 比一般人家差

6. 天津人不景仰贵族是因为 （ ）

A. 路上走的全是贵族　　B. 天津人不知道谁是贵族

C. 他们互相之间没有关系　　D. 平民和富人吃穿差不多

7. 下面哪一项能体现天津人的平民意识？ （ ）

A. 不喜欢穿名牌服装　　B. 装修商店的方式

C. 买节用的方式　　D. 买东西的心理

8. 天津人买东西的心理是 （ ）

A. 专门挑便宜的　　B. 喜欢买小商贩的

C. 专门去大商店　　D. 喜欢抢着买

9. 名人、富人在天津 （ ）

A. 都觉得天津人很厉害　　B. 也得像普通人一样

C. 买不了很贵的东西　　D. 常常受到天津人的戏弄

10. 通过这篇文章我们可以知道 （ ）

A. 天津是一个保守落后的地方　　B. 天津人只会做小生意

C. 天津人不欢迎名人、富人　　D. 天津的文化内涵是平民文化

三、根据课文内容，判断正误：

1. 天津人的平民意识根深蒂固。 （ ）
2. 因为天津人不看重名人所以天津没有名人。 （ ）
3. 在天津，富人和平民很少往来。 （ ）
4. 有了租界地以后，时髦的富人大都搬到那里去住了。 （ ）
5. 住在大杂院里的人生活都很艰难。 （ ）
6. 天津的城市人口中有30％左右属于富人。 （ ）
7. 天津的平民跟富人相比最大的不同就是住房条件不好。 （ ）
8. 天津人从表面上不太容易看出贫富差别。 （ ）
9. 在天津门很小的商店一般生意比较好。 （ ）
10. 天津人对待大明星不太友善。 （ ）
11. 天津人讨厌在他们面前摆架子显示地位的人。 （ ）
12. 过好平平常常的生活是天津人最大的理想。 （ ）

四、选词填空：

A. 迎合　B. 领教　C. 休想　D. 骨子里　E. 不可一世

1. ________的楚霸王，最终自刎于乌江河畔。假如他听从了他人的建议，也许悲剧就不会发生，而历史也将被改写。
2. 各大商业银行都在加强理财产品的研发力量，为的是开发出更多能够________市场需求的新产品。

3. 他的生活方式已经完全西化了，但________却还是一个非常传统的中国人。

4. 麦迪在今天的比赛当中让对手________了他的多样进攻武器：不仅能在外线发炮，还能够突破上篮，甚至近一段时间比较少见的暴扣也在今天的比赛当中上演。

5. 阿美不屑一顾地说："________！我可不是过去刚从农村出来的傻丫头，必须看别人的脸色！我现在有钱了，要过我自己的生活！"

6. 都说山东人说话直，有一说一，从不拐弯，这回记者算是________了。

7. 种种迹象表明，曾经________的、庞大的委内瑞拉石油公司正陷入现金流短缺的困境。

8. 新年伊始，电视台耗资上千万打造的这个大型明星情歌对唱真人秀节目________了大众的口味。

9. 邓某要求阮某在离开前必须给他1000元，并威胁阮某不留下钱________离开。

10. 有的人从________就不是什么好人，不管怎么教育都没用。

五、简答题：

1. 以前天津的商人们住在哪儿？

答：____。

2. 为什么说住在大杂院里的人家都是做小生意的？

答：____。

3. 天津人最高的人生理想是什么？

答：____。

六、回答问题：

1. 为什么说天津有深厚的平民意识？

2. 请介绍一下天津的大杂院。

3. 为什么说"天津人走在路上全是贵族"？

四、有趣的三个"迷魂阵村"

山东省阳谷县城东北6公里有个"迷魂阵村"。

迷魂阵村是由南北两个部分组成的，南面为大迷魂阵，北面为小迷魂阵。令人不可思议的是，所谓大迷魂阵在建筑规模上却比小迷魂阵小，且小迷魂阵更容易使人在村中走却不知向何方。此村何以令人迷魂？分析起来主要是村里的建筑十分奇特。整个村子的布局呈新月形，两条主要街道，走向曲折多变。街道交叉又多为"丁"字形，房子亦循街而建，很容易使人把走向各异的房子认作北屋。此外，村外道路亦是呈磨齿形，相互交错难辨方向。

此村何以这样布局？相传这是战国时期齐魏两国交战，齐国军师孙膑为大败魏将庞涓而设的迷魂阵。然而历史上齐魏之间的两次著名战役——桂陵之战和马陵之战均发生在今河南境内，说孙膑为庞涓而设显然名不副实。但阳谷是孙膑的故里，如此说来，此阵又并非与孙膑没有关系。

另一个“迷魂阵村”叫“斜尖”，位于山东省济宁市境内。这个面积为 1.8 平方公里、人口不足 700 人的小村庄村名为何叫“斜尖”已无从考证，但从外地来的人一进村子便如进“迷宫”，又说明称斜尖事出有因。相传，此地是穆桂英大破洪州（济宁古称洪州）时摆阵的地方，以至如今村民一提起穆桂英仍然津津乐道。至于村中的建筑，乍看与周围一些村庄并没有什么两样，但街道的走向以及房子所朝的方向却是不尽相同的，致使外地人极容易迷失方向。由于斜尖在当地有“迷魂阵”之称，自然引出了不少故事。正因为外地人容易在村中转向，遇有亲朋好友来访，村民送客时总要把其送至村外，而这更为斜尖村增添了神秘色彩。

还有一个“迷魂阵村”，在河南省南阳东南 25 公里处，名叫“王营”。外乡人白天至此，十有八九辨不出东西南北；若晚上进村，就像进了八卦阵一样，因而周围村子的人称“王营”为“八卦村”。要说此村能令人迷魂到什么程度，最有说服力的是嫁到这村的媳妇有的一辈子也没弄清东南西北。而造成这一现象的原因，亦是与村内建筑的布局有关。村中的房子并不都像周围村子的那样多为坐北朝南，而是东南西北都有。且村中街道的走向也不规则，令外乡人走在街上，对方位难免要产生错觉。相传，西汉末年王莽有一次追杀刘秀。刘秀骑一匹快马在太阳快落山时进了王营，结果怎么也出不了村，后经一农夫指点才得以向南阳奔去。

（887 字）

（选自《人民日报》海外版，作者：周宏，有改动）

练习

一、根据课文内容，选择下列词语的正确解释：

1. 何以 （　　）

A. 拿什么　　B. 凭什么　　C. 为什么　　D. 要什么

2. 布局 （　　）

A. 装修风格　　B. 结构安排　　C. 布置局面　　D. 形式特点

3. 走向 （　　）

A. 向前走　　B. 延伸的方向　　C. 朝着走　　D. 行走的方向

4. 交错 （　　）

A. 交叉　　B. 错误　　C. 混乱　　D. 交通

5. 名不副实 （　　）

A. 没有表达出实际　　B. 实际不能叫这个名字

C. 名称和实际不相符　　D. 名称对实际没有帮助

6. 故里 （　　）

A. 生活的地方　　B. 墓地　　C. 成名的地方　　D. 故乡

7. 考证 （　　）

A. 考验证实　　B. 通过考试来证明

C. 调查研究　　D. 根据资料来证实

8. 事出有因 （　　）

A. 出事是有原因的　　B. 事情的发生有它的原因

C. 因此出现了这件事　　D. 事情出现了一些问题

9. 津津乐道 （　　）

A. 开心大笑的样子　　B. 很感兴趣地谈论

C. 口水流出来的样子　　D. 夸奖个不停

10. 乍看 （　　）

A. 猛地一看　　B. 第一次看　　C. 看来看去　　D. 仔细地看

11. 转向 （　　）

A. 转变方向　　B. 走错方向　　C. 找不到方向　　D. 更改方向

12. 得以 （　　）

A. 得到　　B. 向着　　C. 以为　　D. 能够

二、根据课文内容，选择正确答案：

1. 在本文中“迷魂阵”的意思是 （　　）

A. 容易使人迷失方向的地方　　B. 让人非常迷恋的地方

C. 充满古代战争传说的地方　　D. 建筑奇特有趣的地方

2. 山东阳谷县的迷魂阵村中 （　　）

A. 有两个迷魂阵　　B. 大迷魂阵建筑规模很大

C. 小迷魂阵更容易走　　D. 房子都盖得像月牙一样

3. 阳谷县迷魂阵村中的房子都是 （　　）

A. 像新月一样的形状　　B. 像“丁”字形状

C. 沿着街道修建的　　D. 面朝北边的房屋

4. 阳谷迷魂阵村的这种布局 （　　）

A. 是庞涓为打仗修建的　　B. 是孙膑为打败庞涓准备的

C. 可能与孙膑有些关系　　D. 是后来慢慢形成的

5. 济宁市境内的那个迷魂阵村为什么叫“斜尖”？（　　）

A. 因为面积小人口少　　B. 从来无人考证过

C. 因为外地人觉得它是迷宫　　D. 可能与迷宫似的布局有关系

6. 斜尖的村民们喜欢穆桂英是因为她（　　）

A. 是古代著名的女英雄　　B. 曾经打败了洪州城

C. 曾经在这里摆过战场　　D. 带人建造了这个迷魂阵

7. 斜尖让人迷魂的原因是（　　）

A. 这个村子布局比较特殊　　B. 这个村子是穆桂英摆阵的地方

C. 村民送客都要送到村外　　D. 这个村子有一种神秘色彩

8. 王营村之所以让人迷魂是因为（　　）

A. 周围的人都称它为八卦村　　B. 村里建筑的布局与众不同

C. 这村的媳妇都弄不清东南西北　　D. 刘秀跟王莽作战时在这里摆过阵

9. 关于刘秀的传说是要说明（　　）

A. 王营在古代曾是战场　　B. 王营的迷魂程度

C. 王营村的历史悠久　　D. 王营人的乐于助人

三、根据课文内容，判断正误：

1. 迷魂阵村之所以迷魂都是因为村里的布局。（　　）
2. 山东省阳谷县城里有一个迷魂阵村。（　　）
3. 阳谷的迷魂阵村里小迷魂阵比大迷魂阵更迷惑人。（　　）
4. 阳谷迷魂阵村外的道路像磨盘的齿形纹路一样。（　　）
5. 历史上在阳谷的迷魂阵村曾发生过两次著名战役。（　　）
6. 阳谷的迷魂阵村可能从战国时期就存在了。（　　）
7. “斜尖”这个名字的来源是有历史记载的。（　　）
8. 在斜尖，外面来的人很难自己走出去。（　　）
9. 斜尖人非常热情好客，所以送客总要送出村外。（　　）
10. 外乡人在王营村常常会找不到方向。（　　）
11. 在河南大多数村子的布局是坐北朝南的。（　　）
12. 嫁到王营村的媳妇都认为这是一个八卦村。（　　）

四、选词填空：

A. 何以　B. 名不副实　C. 不可思议　D. 布局　E. 事出有因　F. 津津乐道

1. 有人担心：宁夏财力有限，________承受数亿元之多的资金投入？
2. 让人________的是，当亲属沿着铁轨找到婴儿时，她竟然安然无恙。
3. 突然停止供暖必定________，那么究竟原因何在呢？
4. 目前，海尔在全球建立了9个研发设计中心、30个制造中心、22个贸易公司，实现了设计、生产、营销三位一体的________。

5. 据村民们说，林华家在村里算是富裕的了，他们吃穿不愁，竟然还要去偷东西，实在令人________。
6. 几年前，他们就对打井现场的照明灯具进行研制、改造，使其更加安全高效，此事在公司里至今被人________。
7. 不过，古巴队在这次中古女排对抗赛前三战中表现一般，也确实________。其中，最重要的是古巴队的两位主力选手因伤病均未能随队来华，这必然大大影响古巴队的实力。
8. 驯鹿的中文名字有点儿________，因为驯鹿实际上并不是人工驯养出来的。
9. 房地产开发商________能够肆意抬高楼价？这是一个值得注意并且需要解决的社会问题。
10. 出游一定要格外谨慎，要选择质量好、口碑佳的旅行社，防止________的虚假宣传，以保证出游质量。

五、简答题：

1. 山东阳谷迷魂阵村的房子有什么特点？

   答：____。

2. 斜尖村的建筑有什么特点？

   答：____。

3. 王营的另一个名字是什么？

   答：____。

六、回答问题：

1. 阳谷县的迷魂阵村与其他两个不同的地方是什么？
2. 请介绍一下斜尖村。
3. 文中提到了几个传说故事？请分别讲述一下。

第十单元

一、越野行走族

可别小看走路，照样也有新名堂。瞧见这群手里拿着“棍”的人了吗？他们既不是旱地滑雪，也不是手拄拐棍，而是——越野行走！越野行走是一种同时使用两个手杖行走的运动方式：肩部放松，手持手杖紧贴身体，上下肢大幅度交替运动，手杖始终倾斜……越野行走比散步有效，比慢跑安全，作为有氧运动的新成员，是一种介于走和跑之间的时尚运动。

这项运动源自芬兰。上世纪30年代，芬兰的一些越野滑雪运动员常常在想：怎么才能在短暂的冬季雪期后继续训练呢？

他们希望夏天也可以穿着雪板，拿着雪杖，在沙地或者草地上训练。但很快，他们发现训练太难、太累。于是有人想到：不要雪板，只穿跑步鞋，用手持雪杖行走来锻炼人的上肢和腿部肌肉，或者撑着这个手杖跑——这就是现代越野行走的雏形。

后来，有人对雪杖的手柄进行了重新改造，让它们更适合快步行走和登山。渐渐地，这项在户外进行的有氧运动成型了。因为它起源于越野滑雪，人们给它起名叫“越野行走”(Nordic Walking)。

很快，这项运动在北欧、中欧流行开来。2000年，国际越野行走联合会（INWA）正式成立。现在，这项运动正在加拿大、澳大利亚、日本等国家日渐风靡。

一般的行走以锻炼下肢为主，相比而言，越野行走因为有手杖“助阵”，人的上肢也得到了很好的锻炼——增强了运动负荷，同样的时间内事半功倍。越野行走有这样五大功效：

1. 在平路上使用手杖，可以加大步幅，加快速度，特别是快步行走时，颇有“陆上游泳”的酣畅淋漓之感。

2. 登山时使用手杖，可以减轻腿部压力，节省体力，加快登山速度。更重要的是，可以保护膝关节，减少对膝关节的磨损。此外，因为有手杖的支撑，可以有效地维持身体平衡，使登山更安全。

3. 可以有效提高心肺功能，消耗多余脂肪，提高人体的耐力。根据国际越野行走联合会的专家统计，与普通行走相比，越野行走时心率至少可以提高13%。在消耗热量方面，普通散步只消耗280卡路里，而越野行走可多消耗20%～46%的卡路里，甚至达到400卡路里。

4. 可以改善人体形态，使身姿挺拔；还可以让你的颈部、肩部肌肉得到放松，增强手臂、胸肌和背肌的力量。

5. 可以培养人的协调能力。

(841字)

（选自 http：//happy. online. sh. cn，有改动）

练习

一、根据课文内容，选择下列词语的正确解释：

1. 小看 (　　)

A. 轻视　　B. 小心看　　C. 斜视　　D. 注意看

2. 名堂 (　　)

A. 办法　　B. 规矩　　C. 花样　　D. 尝试

3. 交替 (　　)

A. 代替　　B. 轮流　　C. 交叉　　D. 频繁

4. 雏形 (　　)

A. 最小的形式　　B. 幼稚的形状　　C. 最初的形式　　D. 可爱的形状

5. 成型 (　　)

A. 完成　　B. 形成　　C. 完结　　D. 成就

6. 风靡 (　　)

A. 像风一样　　B. 逐渐流行　　C. 遍及各地　　D. 普遍流行

7. 负荷 (　　)

A. 好处　　B. 负担　　C. 水平　　D. 乐趣

8. 事半功倍 (　　)

A. 形容费力大而收效小　　B. 形容要花两倍的工夫去做事

C. 形容费力小而收效大　　D. 形容事情做了一半就有结果

9. 功效 (　　)

A. 效率　　B. 效果　　C. 功率　　D. 功利

10. 酣畅淋漓 (　　)

A. 尽情想象　　B. 舒畅痛快　　C. 酩酊大醉　　D. 满身大汗

11. 磨损 (　　)

A. 某一部分特别的损失　　B. 折磨和伤害

C. 由于摩擦或使用造成的损害　　D. 慢慢地破坏

二、根据课文内容，选择正确答案：

1. 越野行走是一种 (　　)

A. 滑雪运动　　B. 有效的散步

C. 安全的慢跑　　D. 处于走和跑之间的新式运动

2. 越野行走的特点是 (　　)

A. 手里要一直举着棍子　　B. 在没有雪的地方滑雪

C. 胳膊和腿的摆动幅度很大　　D. 走和跑交替进行

3. 发明越野行走的人最初的目的是为了 (　　)

A. 在冬季结束后继续训练　　B. 夏天也能享受滑雪的乐趣

C. 在沙地或者草地上训练　　D. 用雪杖来锻炼上肢和腿部肌肉

4. 最初的现代越野行走运动参加者手里拿的是 (　　)

A. 雪板　　B. 雪杖　　C. 手柄　　D. 拐棍

5. 这项运动命名为"越野行走"是因为 (　　)

A. 这是一种使用手杖行走的方式　　B. 这是一种有效的散步运动

C. 它是介于走和跑之间的运动　　D. 它是从越野滑雪演变而来的

6. 越野行走的各种功效主要源于 (　　)

A. 行走时使用了手杖　　B. 行走的步伐很大

C. 行走的速度很快　　D. 既有平地行走又有登山

三、根据课文内容，判断正误：

1. 越野行走需要借助工具进行运动。 (　　)
2. 越野行走时上下肢大幅度交替运动，身体始终倾斜。 (　　)
3. 越野行走起源于芬兰，很快就在世界上很多国家流行开来。 (　　)
4. 越野行走所使用的手杖是由雪杖改造而来的。 (　　)
5. 越野行走主要锻炼上肢。 (　　)
6. 使用手杖快步行走时能体会到游泳的感觉。 (　　)
7. 登山时使用手杖，可以有效地保护身体安全。 (　　)
8. 普通散步时心跳的频率低于越野行走。 (　　)
9. 越野行走可以让人长个子。 (　　)
10. 越野行走可以让人的手臂力量得到充分锻炼。 (　　)

四、选词填空：

A. 小看　B. 名堂　C. 交替　D. 功效　E. 风靡　F. 磨损

1. 在男子乒乓球单打决赛中，两位选手的比分________上升，上演了一场扣人心弦的精彩比赛。
2. 可不要________他们了，孩子们还真有做生意的天分，他们想出的吸引顾客的各种招数着实令人震惊。
3. 据说，山楂可调节人体生理功能，刺激内分泌系统，促进唾液分泌，促进胃肠消化，增强造血功能，对延缓衰老也有一定________。
4. 在上世纪70年代全球性石油危机时代，经济节能的丰田汽车开始________全球。
5. 他留学国外时迷上了冰球，整日泡在冰场上练球，没想到练出了________。
6. 高级的拉绒不锈钢机身可使其永葆美丽，独特的表面硬化处理可以防止________和刮伤。

7. 可不能________这一改动，它的意义可是非同寻常的。

8. 在笔记本电脑________IT 界，成为大多数商务人士工作伙伴的同时，对笔记本专用耳麦的渴求也浮出水面。

9. 他当初是嫌在兰州无法发展才辞职去北京的。他说，他去三年，三年如果干不出________他就回来。

10. 当前，许多生发的电视广告将产品的生发________吹得神乎其神，不少消费者上当受骗。

11. 骨骼持续受到大的压力，日积月累，反复________，伤害超出了骨细胞自我重建和修复能力范围时，骨骼脆弱处将出现应力性骨折。

五、简答题：

1. 什么是越野行走？

答：____。

2. 与走和跑相比，越野行走运动有哪些特点？

答：____。

3. 越野行走对人的体形有什么好处？

答：____。

六、回答问题：

1. 越野行走运动是怎样出现的？
2. 登山时使用手杖有什么好处？
3. 请比较一下普通行走和越野行走。

二、电脑游戏——虚幻的现实世界

当我们的生活被全面游戏化时，电脑游戏却已经全面生活化。

以前，电子游戏机几乎都是眼疾手快型的，所以，大家把它看成是小孩子的玩意儿，如果有成年人沉醉其中，别人会说他是一个长不大的小孩儿。

可是，现在的游戏早已不再是打打杀杀或是飞车暴走一统天下，现在流行的是另外一些东西，一些能让人生活在梦幻中的东西。有人说，电影是梦工场，其实，现在的电脑游戏才是真正的梦工场。

过去，电脑游戏往往营造一个虚幻的世界，现在，人们越来越喜欢虚幻的现实世界。在现实中，你可能永远无法做一个市长，但在“模拟城市3000”里，你就可以混个市长当当。如果觉得市长太大，也可以开一间“便利商店”，麻雀虽小，五脏俱全，开好了一样可以事业扩张，功成名就。

在“铁路大亨”里，各种经营策略模拟非常出色——包括几可乱真的股票交易市场。不要以为是游戏就可以乱来，稍有不慎，你就会破产。“虚拟人生”让你越玩儿越真实，享受各种不同的生命经验，体验各种不同职业的酸甜苦辣。

不要以为这些只是游戏，对没有机会经历太多人生变故的年轻人来说，这种浓缩版的喜怒哀乐、悲欢离合会比现实的教育更有说服力。拿“虚拟人生”来说，作为男性玩家，它能让你感受到人生的诸多艰辛，可是，一旦转变为女性角色，通关将变得相对容易。

对于来自父母的说教年轻人往往很难接受，但是来自游戏的启发他们通常照单全收。曾有一位名叫阿枝的高中女生，一心想当影视明星，整天忙着参加各种各样的准选美的比赛，什么“青春之星”大赛，什么主持人选拔大赛，等等。屡败屡战，乐此不疲。父母苦口婆心，费尽口舌劝阻，却毫无作用。没有想到，一出电脑游戏改变了这一切。

这出游戏叫作“明星志愿”。阿枝平时不太玩儿游戏，听朋友说这是一个讲如何当明星的游戏，她才借来玩儿一玩儿。没有想到，这一玩儿彻底打消了她的明星梦。尽管这出游戏的画面具有明星生活的全部浪漫，可是，只要你玩儿进去，就会发现，当一个明星真难，不仅有琴棋书画、柴米油盐，还有钩心斗角，互相倾轧。阿枝玩儿了好多次，也当不成明星。最后，阿枝放弃了游戏，也放弃了星梦。她想，如果明星生活就是这样的，那么根本不值得自己花这么大的力气去追求。

(877 字)

(选自 http：//www.sina.com.cn，作者：苗凡卒，有改动)

练 习

一、根据课文内容，选择下列词语的正确解释：

1. 沉醉 （ ）
   A. 深深陷入醉酒状态　　B. 因喝醉而深深陷入
   C. 像喝酒一样感到享受　　D. 因喜爱而完全投入
2. 营造 （ ）
   A. 造成　B. 构造　C. 经营　D. 营业
3. 功成名就 （ ）
   A. 成功地扩大了名誉　　B. 成功了好名声也得到了
   C. 功劳换来了好名声　　D. 功劳就在于成就了名声
4. 几可 （ ）
   A. 几次可以　B. 完全可能　C. 差不多可以　D. 似乎

5. 不慎 （　　）

A. 不熟悉　B. 不认真　C. 不严肃　D. 不小心

6. 变故 （　　）

A. 一次又一次的变化　B. 意外发生的事情

C. 充满变化的历史　D. 变化不定的故事

7. 照单全收 （　　）

A. 不加选择思考地全部接受　B. 按照游戏的说明全部接收

C. 很快理解并且全部接受　D. 照着单子全部做到

8. 屡 （　　）

A. 边　B. 多次　C. 越　D. 一次

9. 乐此不疲 （　　）

A. 对某事感到疲倦　B. 愿意为此不怕劳累

C. 坚决不能厌倦　D. 因喜爱而不知疲倦

10. 苦口婆心 （　　）

A. 形容像老太太一样慈爱地反复劝说　B. 苦得难以用语言来表达

C. 形容像老婆一样诚恳地反复劝说　D. 话语严厉内心痛苦

11. 口舌 （　　）

A. 话语　B. 脏话　C. 纠纷　D. 力气

12. 钩心斗角 （　　）

A. 人与人之间吵架、打架　B. 进行智慧和力量的比赛

C. 人与人之间用心计互相争斗　D. 沟通情感互相帮助

13. 倾轧 （　　）

A. 羡慕崇拜　B. 排挤、打击　C. 倾注全力　D. 偏向、压迫

二、根据课文内容，选择正确答案：

1. 以前的电子游戏 （　　）

A. 全面生活化　B. 玩家要眼快手快

C. 只给小孩子玩儿　D. 没有梦幻中的东西

2. 过去的电子游戏主题都是 （　　）

A. 战争或者赛车　B. 统一天下　C. 和电影有关　D. 生产梦幻

3. 现在人们玩儿游戏更喜欢 （　　）

A. 营造一个虚幻的世界　B. 一个虚幻的现实世界

C. 让自己变成一个市长　D. 扩张事业成就功名

4. 文中提到的电脑游戏名字一共有 （　　）

A. 3 个　B. 4 个　C. 5 个　D. 6 个

5. 关于电脑游戏，下面哪种说法不正确？ （　　）

A. 电脑游戏可以为玩家建造一个虚拟的现实世界

B. 在游戏里，玩家可以自由选择各种职业

C. 在游戏里，玩家可以有各种情感体验

D. 家长常常用电脑游戏来教育孩子

6. 第四段中“麻雀虽小，五脏俱全”的意思是 （ ）

A. 形容再小的东西也要认真对待　　B. 比喻规模虽小却内容齐全

C. 麻雀也有麻雀的生活方式　　D. 比喻身体虽小却可以自由生活

7. 在哪款游戏中可以很好地学习经营策略？ （ ）

A. 模拟城市 3000　B. 便利商店　C. 铁路大亨　D. 虚拟人生

8. 根据文章的内容，年轻人更容易接受 （ ）

A. 老师的教导　B. 同龄人的劝告　C. 父母的教育　D. 游戏的启发

9. 阿枝忙着参加各种类似于选美的比赛，原因是 （ ）

A. 受了电脑游戏的影响　　B. 为了对抗父母的说教

C. 想实现自己的梦想　　D. 想锻炼自己的胆量

10. 阿枝玩儿了游戏之后 （ ）

A. 沉醉于电脑游戏，放弃了自己的梦想

B. 发现自己什么都不会，当不成明星了

C. 对明星生活感到彻底失望了

D. 觉得当明星太难，自己没有那么大的力气

三、根据课文内容，判断正误：

1. 电脑游戏已经成为生活中重要的组成部分。 （ ）
2. 如今的电脑游戏与以前的电子游戏有着很大的差异。 （ ）
3. 在现在的电脑游戏中，你可以实现许多梦想。 （ ）
4. 游戏可以帮助你最终成为一个市长。 （ ）
5. “铁路大亨”游戏中的股票交易几乎和现实世界中的一样。 （ ）
6. 女性玩儿“虚拟人生”游戏比较容易过关。 （ ）
7. 阿枝参加了多次比赛，但是一无所获。 （ ）
8. 阿枝的父母竭尽全力帮助阿枝实现梦想，却毫无作用。 （ ）
9. 阿枝在电脑游戏中终于实现了她的明星梦。 （ ）
10. 通过电脑游戏，阿枝受到了深刻的教育。 （ ）

四、选词填空：

A. 沉醉　B. 营造　C. 变故　D. 浓缩　E. 口舌

1. 按理说，经历了离异的________，周小梦应该好好儿珍惜这段来之不易的姻缘。

2. 那是大自然的呼唤，是大地律动的脉搏。没有什么比这样的声音更让人________了。

3. ________一个和谐有序的城市环境，不仅是政府的责任，更是每一位市民的责任。

4. 接着，她又去做王国利和他父母的工作，几番周折，费了不少________，最终还是没能做通。

5. 就在娜娜 9 岁那年，一场突如其来的________让这个温暖的家庭破碎了。

6. 不仅仅是外来游客，连土生土长的上海人，节假日都流连在这些时尚商业地带，________于上海的香艳和绚烂。

7. 他自称电视剧比年轻人看得都多，因为他认为电视剧________了人生和社会的精华。

8. 李女士最近刚刚从一场失败的婚姻中走了出来，她和丈夫分手的原因很简单：不断升级的________之争。

五、简答题：

1. 与以往的游戏相比，现在的游戏最大的特点是什么？

答：____。

2. “虚拟人生”为什么会让人越玩儿越真实？

答：____。

3. 阿枝参加的都是些什么比赛？

答：____。

六、回答问题：

1. 为什么对年轻人来说，游戏比教育更有说服力？

2. 请介绍一下“明星志愿”这个游戏。

3. 电脑游戏是怎样改变阿枝的？

三、时尚是一笔糊涂账

有一次中央电视台一位著名主持人在他主持的节目中，依次问嘉宾什么叫时尚，诸如前卫、个性、新潮之类概念的回答都很抽象，倒是主持人最后调侃式的一个答案，很是形象生动，至今让人记忆犹新，他说，一个人裤子上磨破了一个洞，那是一个破洞，如果到处都是破洞，那就是时尚。

虽是玩笑，却也多少说准了一种社会现象，而且其描绘还不乏精彩。譬如一件所谓乞丐衫，凭什么风靡，不就是对衣衫褴褛的逆向思维么。依此类推，只要是标新立异惊世骇俗，能让人耳目一新，就肯定时尚。确实，时尚从来不需要理由，时尚原本就是一笔谁也说不清楚的糊涂账。

报纸上说上世纪二三十年代流行的女人尖头鞋又成了时尚。原以为所谓尖头，无非是鞋子头做得尖一点儿吧，影视剧里也好像见到过的。前不久在一家储蓄所里，不经意间瞥见一个女人脚上的鞋，让孤陋寡闻的我大吃一惊，那一个细长的尖头足有几寸长，还往上翘着，而那一个钉子一样的后跟，竟也有几寸长。我真不知道这个女人走路是多么吃力，更不敢想象这女人怎么爬楼梯。然而我理解，因为唯有这样才算时尚。

很显然，如果你问这个女人为什么要自讨苦吃，她肯定以为你不是外星人就是乡巴佬。时尚是不能问为什么的。譬如为什么要穿京剧里的那种厚底鞋，如站在两块厚砖头上，一不小心不定就摔个半死；譬如小资变时尚了，便一哄而上地啜咖啡吃西餐，仿佛一夜间都成绅士淑女了，姿态优雅而斯文，然而实际上后背却在淌汗，因为一不留神就要忘了究竟是应该左手拿刀还是右手拿刀！

于是就都这样死要面子活受罪地时尚着，而且时尚的趋势明显是越受罪越时尚，譬如女人的挺胸与瘦身。有的女人已减少到每天只吃一餐，整天饿得头晕眼花，有的因长年节食导致器官衰竭，甚至还有丢掉性命之虞，但为了“骨感”，照样在所不惜。前几天在网上看到，广州一个13岁小女孩儿嫌“峰”芒不够竟也想要隆胸。当然，如果真的让她去“挺好”，于她尚未定型的身体，实在是害惨了。

就这样，时尚变得越来越难。据说时装店里模特的细腰只剩下50厘米了，不知道好细腰时代的楚人，当时的时尚标准是多少，如果放到现今，还有没有“魔鬼身材”之地位。

（856字）

（选自《新民晚报》，作者：钱夙伟，有改动）

练习

一、根据课文内容，选择下列词语的正确解释：

1. 依次 （ ）
   A. 根据场次 B. 依照等级 C. 按照次序 D. 连续不断
2. 前卫 （ ）
   A. 勇敢向前 B. 领先于潮流 C. 追赶时髦 D. 领先于世界
3. 调侃 （ ）
   A. 幽默地开玩笑 B. 尖锐地讽刺 C. 形象地作总结 D. 严厉地指责
4. 标新立异 （ ）
   A. 崭新独特 B. 标志奇异 C. 新颖独特 D. 新奇独立

5. 惊世骇俗 （　　）

A. 言行非同寻常而使世人震惊　　B. 影响巨大令人感到恐惧

C. 过分新奇而使百姓感到害怕　　D. 形容惊慌害怕到了极点

6. 耳目一新 （　　）

A. 形容听得多见得多　　B. 所见所闻都觉得很新鲜

C. 亲自听到看到新事物　　D. 耳朵眼睛都有一个创新

7. 不经意 （　　）

A. 不偶尔　　B. 不经常　　C. 不留神　　D. 不意味

8. 孤陋寡闻 （　　）

A. 孤独寂寞　　B. 知识浅薄，见闻狭窄

C. 传统保守　　D. 居住狭窄，饮食简陋

9. 斯文 （　　）

A. 举止大方　　B. 喜爱文化　　C. 举止文雅　　D. 喜爱文学

10. 虞 （　　）

A. 考虑　　B. 担忧　　C. 希望　　D. 恐惧

11. 在所不惜 （　　）

A. 实在可惜　　B. 决不珍惜　　C. 舍得　　D. 决不痛苦

二、根据课文内容，选择正确答案：

1. 来参加节目的嘉宾们对时尚的解释 （　　）

A. 都不太具体　　B. 都是开玩笑式的

C. 非常生动形象　　D. 让人很难忘记

2. 乞丐衫能够流行是因为 （　　）

A. 著名主持人在节目中提到了它　　B. 它到处都是破洞

C. 主持人对它的描绘太精彩了　　D. 它表现了一种逆向思维

3. “衣衫褴褛”的意思是 （　　）

A. 上衣和裤子不搭配　　B. 衣服样式奇特

C. 衣服破破烂烂　　D. 衣服色彩鲜艳

4. 从乞丐衫的流行我们可以推理出 （　　）

A. 什么是逆向思维　　B. 什么是时尚

C. 时尚的理由　　D. 时尚是一笔糊涂账

5. 关于如今的尖头鞋，下面哪种说法正确？ （　　）

A. 和曾经流行的差不多　　B. 鞋尖只有几寸长

C. 鞋尖长长地向上翘着　　D. 鞋后跟有一个钉子

6. 看到那个女人的尖头鞋后，作者 （　　）

A. 想起了影视剧中见到的尖头鞋　　B. 觉得自己的知识真是太少了

C. 终于明白了什么才算时尚　　D. 觉得这个女人在自找麻烦

7. 如果去问那个女人，她的回答可能是　　(　　)

A. 我喜欢自讨苦吃　　B. 你是火星人吧

C. 你家住在哪里　　D. 不能告诉你为什么

8. 从文中看，“小资”是指　　(　　)

A. 喜欢一起喝咖啡吃西餐的人　　B. 不知道怎么吃西餐的人

C. 突然变成绅士淑女的人　　D. 向往西方生活方式的人

9. “死要面子活受罪”的意思是　　(　　)

A. 为了死得体面宁愿活着时忍受痛苦　　B. 为了面子不怕犯罪

C. 为了表面的虚荣而忍受痛苦　　D. 非常要面子，不断忍受罪恶

10. 女人挺胸与瘦身这个例子是要说明　　(　　)

A. 时尚会让人丢掉性命　　B. 有些时尚已经令人丧失理智

C. 节食已经成为时尚　　D. 时尚已经影响到小姑娘

11. 这篇文章中，作者要表达的观点是　　(　　)

A. 时尚不需要理由　　B. 追求时尚不要失去理性

C. 没有必要去追求时尚　　D. 古人的时尚标准已经过时

三、根据课文内容，判断正误：

1. 中央电视台的那个节目讨论了什么样的裤子比较时尚。　　(　　)
2. 作者觉得主持人对时尚的描述比较精彩。　　(　　)
3. 时尚是说不清道不明的东西。　　(　　)
4. 听说尖头鞋又成了时尚后，作者比较注意女人的鞋。　　(　　)
5. 作者看到那个穿着尖头鞋的女人爬楼梯时非常吃力。　　(　　)
6. 那女人觉得来自地球以外的人或者农村人是不了解时尚的。　　(　　)
7. 穿厚底鞋的人一不小心说不定会摔得很厉害。　　(　　)
8. 小资只要喝咖啡吃西餐，就一定会变成绅士淑女。　　(　　)
9. 这些小资在吃西餐的时候不太懂得用刀叉。　　(　　)
10. 现如今，越是受罪就越是时尚，两者成正比。　　(　　)
11. 有些女人为了追求瘦身和挺胸，甚至以损害身体健康作为代价。　　(　　)
12. 古代的楚人喜欢腰很细的女人。　　(　　)

四、选词填空：

A. 前卫　B. 调侃　C. 无非　D. 不经意　E. 斯文　F. 标新立异

1. 对于大部分人来说，手机最大的用途________就是接打电话、收发信息，而其他的功能似乎用处不是很大。

2. T50系列音响长期以来深受国内用户喜爱，其________时尚的外形设计和卓越不凡的音质表现在用户中一直保持着不俗的影响力。

3. 凭着________帅气的外表，阿郑很快就成为这所学校里最受女孩子关注的男生。

4. 有人曾经________说，房价的高低主要取决于未婚青年，想想不无道理。

5. 争议的焦点________是此举是否合适，是否有用。

6. 尽管“另类餐厅”以________的方式“俘获”了越来越多的消费者，但仍有人心存疑虑。

7. 如果持卡人________泄露了自己的银行卡号、账号或密码等信息，就可能导致银行卡的资金被窃取。

8. 他________间说出的这几句话，引起了陶西的浓厚兴趣。

9. 杨恭如一向以________、大方的淑女形象示人，私底下她对女孩子的打扮也有自己一套穿衣经。

10. 他热情洒脱，________，特立独行，追求独一无二的生活方式，很容易吸引女人的眼球。

五、简答题：

1. 嘉宾们对时尚的回答是什么？

答：____。

2. 时尚的标准是什么？

答：____。

3. 时尚的趋势是什么？

答：____。

六、回答问题：

1. 为什么说时尚是一笔糊涂账？

2. 本文提到了哪些时尚？你怎么看这些时尚？

3. 作者对时尚的态度是什么？

四、青少年为何喜欢怪打扮

如今许多青少年的扮相，真是让很多人看见后百思不得其解：穿衣上分不清内衣外衣，发型上分不清男孩儿女孩儿；天然的地方越来越少，暴露的地方越来越多；鼻子、肚脐，甚至眼皮、嘴唇，都打上洞，穿上环，再加上斑斓怪异的文身、夸张怪异的语音、标新立异的肢体动作，要说这就是“时尚”，那么这种时尚对于年长一些的人，还真不那么好消化。

其实，这种以奇、以怪、以与众不同的夸张为时尚的风气，早在上世纪 60 年代末到 70 年代中期，就以“嬉皮士”的名称，在英法美等国的年轻一代中盛行，并迅速风靡世界。这种现象的出现，是和当时年轻人对前途的失望和迷惘，对现实社会、权威的叛逆及对现有秩序的挑战、挣扎和无奈分不开的。

随着上世纪八九十年代西方政治的稳定和经济的好转，新一代的青年人重新看到了前途和希望。通过自身的努力，追求自我价值的体现和社会的承认，成为那一代人普遍遵循的价值观。随着这种“循规蹈矩”价值观的逐渐抬头，特立独行、愤世嫉俗的嬉皮士逐渐被冷落、被边缘化，而让位于讲究品位、温文尔雅的所谓雅皮士。

时代在演变，新的问题不断出现。在美国，“9·11 与后冷战时代综合征”，以及几场局部战争的旷日持久，使人们的不满日渐郁积；外劳的大量涌入和经济一体化带来的冲击，又给年轻人的前途增添了几多迷惘。在欧洲，欧盟的迅速扩张，让许多国家原有的经济和社会秩序一下被打乱，社会暴力频仍，失业率尤其是青年失业率的上升，让许多年轻人重又对未来充满了失望。这都导致了那些夸张怪异服装、造型的回潮。

同时，现代社会越来越快的节奏和越来越大的工作压力，也使许多年轻人觉得有必要寻找一些调剂心情、排遣郁闷的阀门。上文提到的那些时尚的个人造型，正是他们找到的阀门之一。因此，这一时尚不仅在欧美，甚至在中国这样正在高速发展的国家，也迅速风靡。

但是，新一代的时尚年轻人并不回避自己的社会角色，这种时尚与其说是反抗，毋宁说是他们对社会、对长者们一种自我表现式的撒娇。特立独行的扮相，并不妨碍他们认真做好自己分内的事，也无碍于他们对事业、生活的憧憬和追求。在欧美如此，在亚洲、在中国，也一样如此。

(856 字)

（选自《环球时报》，作者：白文静，有改动）

练 习

一、根据课文内容，选择下列词语的正确解释：

1. 扮相 （ ）

A. 长相　B. 打扮的样子　C. 想法　D. 奇怪的做法

2. 斑斓 （ ）

A. 很多斑点　B. 图案丰富　C. 色彩错杂　D. 奇特虚幻

3. 迷惘 （ ）

A. 怀疑　B. 困惑　C. 恍惚　D. 迷失

4. 叛逆 （　　）

A. 指责　　B. 批评　　C. 背叛　　D. 叛乱

5. 循规蹈矩 （　　）

A. 传统保守　　B. 老老实实　　C. 胆小怕事　　D. 遵守规矩

6. 特立独行 （　　）

A. 有思想，不盲从　　B. 特别喜欢独自前行

C. 有个性，很孤独　　D. 内心感到特别孤独

7. 旷日持久 （　　）

A. 自古至今　　B. 从早到晚　　C. 年代久远　　D. 拖了很久

8. 频仍 （　　）

A. 仍然　　B. 接连不断　　C. 升级　　D. 频率很低

9. 回潮 （　　）

A. 新的事物开始出现　　B. 形成潮流

C. 旧的事物重新出现　　D. 潮流来回出现

10. 排遣 （　　）

A. 慢慢安慰　　B. 消除坏情绪　　C. 排除困难　　D. 不断地送走

11. 毋宁 （　　）

A. 不如　　B. 无须　　C. 如果　　D. 依然

12. 分内 （　　）

A. 分给自己的　　B. 义务范围以内　　C. 内心想做的　　D. 权力范围以内

二、根据课文内容，选择正确答案：

1.“百思不得其解”的意思是 （　　）

A. 引起深入思考　　B. 怎么也想不明白

C. 值得反复思考　　D. 得不到正确的解释

2. 现在青少年的扮相越来越 （　　）

A. 清新自然　　B. 怪异夸张　　C. 绅士淑女　　D. 讲究品位

3.“还真不那么好消化”的意思是 （　　）

A. 完全没有办法理解　　B. 对身体健康没有好处

C. 不能很快地接受　　D. 让人感到很不舒服

4.“嬉皮士”是指 （　　）

A. 上世纪六七十年代追求奇特怪异时尚的年轻人

B. 上世纪六七十年代英法美等国的年轻人

C. 那些对现状不满，勇于反抗社会的人

D. 不受社会重视，处于社会边缘的人

5. 第三段中“愤世嫉俗”的意思是 （　　）

A. 憎恨黑暗的社会和不合理的习俗　B. 憎恨现代社会，追求新的时尚

C. 在这个愤怒的世界上有很多恶俗　D. 受到社会和传统习俗的憎恶

6. 上世纪八九十年代，西方新一代的年轻人 （　　）

A. 喜欢模仿“嬉皮士”　B. 更加特立独行

C. 更加愤世嫉俗　D. 注重追求自我价值

7. 关于欧美出现的新问题，下面哪种说法不正确？ （　　）

A. 美国人对长时间的战争感到不满　B. 大量外来劳动力涌入美国

C. 欧洲年轻人的失业率呈上升趋势　D. 雅皮士大量出现

8. 第五段中提到的“阀门”是 （　　）

A. 指一种改变心情的机器　B. 比喻一种调节心情的方法

C. 指奇特怪异的时尚　D. 比喻正在流行的时尚

9. 作者认为新一代年轻人 （　　）

A. 并不了解自己的社会责任　B. 只会自我表现式的撒娇

C. 能够承担起自己的社会责任　D. 在努力追求特立独行的时尚

10. 作者对于新一代年轻人的态度是 （　　）

A. 十分厌恶　B. 漠不关心　C. 严厉批评　D. 充满理解

三、根据课文内容，判断正误：

1. 现在许多青少年喜欢标新立异的舞蹈。 （　　）

2. “嬉皮士”的出现与社会现实有关。 （　　）

3. “嬉皮士”现象只是出现在英法美等国的年轻一代中。 （　　）

4. “循规蹈矩”的价值观出现于上世纪八九十年代。 （　　）

5. 嬉皮士现象之后出现了雅皮士。 （　　）

6. 时代变化所引发的新问题又使年轻人感到了迷惘。 （　　）

7. 时尚的个人造型是年轻人为自己减压的重要方式。 （　　）

8. 新一代的年轻人用时尚来表达对社会的反抗。 （　　）

9. 新一代的时尚年轻人也是有理想有追求的。 （　　）

四、选词填空：

A. 斑斓　B. 循规蹈矩　C. 排遣　D. 毋宁

1. 六年前，因不甘心过________的生活，罗艳敏放弃了国有企业质量部经理的职位，跳槽到一家美资企业做起了小职员。

2. 美国七彩山鸡因其羽毛华丽，色彩________而得名，曾被欧洲华侨誉为“龙凤鸡”、“凤凰鸡”、“吉祥鸟”，香港人称之为“财神鸟”。

3. 同学们提了一些________郁闷的办法，男同学选择打球、玩儿游戏，而女同学选

择了吃巧克力和睡觉。

4. 创新，就不能思维僵化、________，而是要突破条条框框的束缚，根据新的形势、新的任务，探索新的发展思路和新的工作方法。
5. “与其在这里坐以待毙，________使出全力搏一搏。”遇险的船长对全体船员说。
6. 这家灯具厂在灯具的形状上大胆创新，将圆形的灯管错落有致地粘合起来，白天的时候如同天花板上的云朵，而一到夜晚则五彩________，如同进入梦幻之境。
7. 在多数情况下，中学生的网恋是出于________孤独与寂寞的心理需要。
8. 这与其说是运气，________说是他多年努力的回报。

五、简答题：

1. 如今时尚的风气是什么？

   答：____。

2. “嬉皮士”出现在何时何地？

   答：____。

3. “雅皮士”的特点是什么？

   答：____。

六、回答问题：

1. 请分析一下嬉皮士现象出现的原因。
2. 嬉皮士逐渐被冷落、被边缘化的原因何在？
3. 是什么原因导致了欧美国家怪异时尚的回潮？

第十一单元

一、别人的意见有多大用处

别人的意见究竟对我们来说有多大用处？我的看法是：没用！

在这个社会里，以我们绝大多数人的智商，都可以处理诸如去哪个城市旅游、在哪个酒吧过新年、什么发型最适合自己等问题。一旦需要征求别人的意见，基本上都是“大事”，比如升学、就业、求职、婚恋，等等，而在这些事上，别人的参与效果怎样呢？几乎等于零！

目前我就亲身体验了这样一个过程。我在征询了多人的意见之后，心中的疑团仍然像以前一样大，思路越来越乱，答案还在九霄云外。

我的问题是我是否辞职，去一家外企应聘。

我妈说：“不行！你的孩子太小，需要你多照顾，不能你们两口子都忙。”

老公也说：“你身体不好，去外企太累，干脆辞职做全职妈妈吧！”

部门领导谆谆教导：“我们都是职业包袱很沉重的人，你已经在这儿待了10年了，要慎重考虑！”

我的一个老同事听后激动地说：“为什么不去？我要是年轻20岁肯定去了！还考虑什么身体！”

我把问题在我常去的网站上撒了帖子，答案更是不一而足：“要权衡性价比，像我挣得不多，可工作很轻松。”“你能做主吗？让你当经理再去！”“你可以先辞职，在家带孩子、养身体，机会多得是，等孩子大了再去工作。”“不管怎样不能当全职主妇！我见过很多这样的人，为此产生严重的心理问题，最后抑郁而死。”

……

所以，在相当长一段时间里，我都在大量收集信息，却发现永远得不出结论。每个人都是在根据自己的经历，从自己的体会出发，对别人作出判断，带有自己经验的深刻烙印。

那么，别人意见的价值究竟在哪里？可能只是一个参考，一个借鉴。你可以从别人的角度，看看他为什么会这样想，会有这样的选择，仅此而已。

在此期间，我特别喜欢一位朋友的建议，当我告诉她别人对我新职位的看法时，她毫不犹豫地说：“你别跟别人比，就跟自己比，按自己的想法去办！”我还喜欢另一位朋友的说法，她一直在问我：“对你而言，什么比较重要？”“你希望过什么样的生活？”在她的询问中，我能够倾听自己内心的声音。

所以，你没法遵从任何一个人的建议，任何不加分析的“照章办理”都会变成盲从。

（824字）

（选自《中国青年报》，作者：丁剧，有改动）

练习

一、根据课文内容，选择下列词语的正确解释：

1. 诸如 （　）
A. 假如　B. 例如　C. 如果　D. 如愿

2. 疑团 （　）
A. 猜疑　B. 犹豫　C. 疑问　D. 可疑

3. 思路 （　）
A. 想法　B. 道路　C. 思考　D. 思索

4. 应聘 （　）
A. 接受聘任　B. 接受邀请　C. 回应请求　D. 应该工作

5. 谆谆 （　）
A. 大声而严肃　B. 细心而认真　C. 恳切而耐心　D. 急切而严厉

6. 包袱 （　）
A. 包装　B. 包裹　C. 经验　D. 负担

7. 不一而足 （　）
A. 没有一个有用的　B. 无法一一列举
C. 只有一个就足够　D. 没有一个不重要的

8. 权衡 （　）
A. 衡量比较　B. 权利均衡　C. 权利平衡　D. 全部比较

9. 烙印 （　）
A. 鲜红的印章　B. 纹路清晰的手印
C. 很重的烙铁　D. 不易磨灭的痕迹

10. 借鉴 （　）
A. 借口　B. 鉴定　C. 比照　D. 指导

11. 仅此而已 （　）
A. 不仅如此　B. 不仅只有这个　C. 只是这样罢了　D. 只有这个罢了

12. 盲从 （　）
A. 不辨是非盲目跟从　B. 闭着眼睛跟从
C. 明白对错所以跟从　D. 跟着盲人走路

二、根据课文内容，选择正确答案：

1. 征求别人的意见，常常是为决定 （　）
A. 去哪个城市旅游之类的事　B. 去哪个酒吧过新年之类的事
C. 什么发型适合自己之类的事　D. 考什么大学之类的事

2. “我”在征求别人的意见后，越来越 （　　）

A. 着急　　B. 迷惑　　C. 失望　　D. 痛苦

3. “我”决定不了的事情是 （　　）

A. 是否辞去现在的工作去外企　　B. 要不要现在开始做妈妈

C. 是否辞去工作专门在家照顾孩子　　D. 要不要自己开始做经理

4. “权衡性价比”的意思是 （　　）

A. 收入低但工作很轻松　　B. 考虑付出和回报的比率

C. 要自己考虑，别跟别人比　　D. 在性质和价格的比较中取得平衡

5. 从那些别人的意见中，我们可以知道外资企业 （　　）

A. 工作很忙　　B. 包袱很沉重　　C. 挣得不多　　D. 工作很轻松

6. 关于“我”的情况，下面哪种说法不正确？ （　　）

A. 孩子还很小　　B. 丈夫工作很忙

C. 身体不太好　　D. 是个全职妈妈

7. 谁支持“我”去外企工作？ （　　）

A. 母亲　　B. 老公　　C. 部门领导　　D. 老同事

8. “我”为什么得不出结论？ （　　）

A. 没有人给“我”提供正确的建议　　B. “我”对所有的建议都不满意

C. “我”还没有得到足够的答案　　D. 别人都根据自我体会提供意见

9. 最后，“我”决定 （　　）

A. 做全职主妇　　B. 去外企当经理

C. 按照自己的想法去做　　D. 继续在原来的单位工作

10. 文章最后的“照章办理”是指 （　　）

A. 按照规章制度办　　B. 照文章上说的去处理

C. 遵从别人的意见　　D. 按照领导的指示办

三、根据课文内容，判断正误：

1. “我”认为别人的意见对我们来说没用。 （　　）
2. 在这个社会里，绝大多数人总是需要征求别人的意见。 （　　）
3. 找工作是一件需要听取别人意见的大事。 （　　）
4. 在一些大事上，别人的意见常常完全没有用。 （　　）
5. “我”曾征询过别人的意见，可他们给“我”的答案都在九霄云外。 （　　）
6. 母亲希望“我”工作别太忙，多照顾孩子。 （　　）
7. 老公希望“我”完全放弃工作。 （　　）
8. 部门领导觉得“我”待的时间很长了，建议“我”辞职。 （　　）
9. “我”的一个老同事20岁时很想去外企工作。 （　　）
10. “我”在网上征求意见，网友们给了“我”很多建议。 （　　）

11. 一位网友认为，全职主妇都是有严重心理问题的人。（ ）

12. 别人意见可以用来作参考。（ ）

四、选词填空：

A. 九霄云外 B. 权衡 C. 不一而足 D. 盲从 E. 仅此而已 F. 借鉴

1. 虽然很累，但看到他那充满信任的微笑，所有的辛苦全都抛到________去了。
2. 正是对股票市场投机赢利的________，才导致许多人忽略了自身借款的风险。
3. 社会网络领域的理论是从数学和社会心理学等其他学科________而来的。
4. 这些天和购房者聊天儿，杨红发现现在的购房人有严重的________心理。
5. 就业还是考研，他________了很久，还是无法作出选择。
6. 各地相类似的出口优惠政策可谓五花八门，________。
7. 你不要再________利弊了，只管做，对与错由别人去评说吧。
8. 一个人的精力是有限的，他不可能经历所有的事情，因此别人的经验如果________得当，对自己的进步也是很有帮助的。
9. 他只顾着打游戏，把妈妈临走时的叮嘱早就忘到________了。
10. 我能做的也只是谈谈自己不成熟的建议，希望能对你目前的处境有所帮助，________。
11. 蜂蜜有百花蜜、荔枝蜜、当归蜜，等等，________。哪一种营养最好？不能笼统回答。

五、简答题：

1. 我们常常会因为什么事征求别人的意见？

   答：____。

2. “我”遇到了什么问题？

   答：____。

3. 别人的意见有什么价值？

   答：____。

六、回答问题：

1. “我”得到的答案为什么是各种各样的？
2. “我能够倾听自己内心的声音”是什么意思？
3. 这篇文章告诉我们什么？

二、人生的五个磁盘

有经验的电脑使用者，一般会将电脑硬盘划分为多个虚拟盘，再加上一个软盘，一般分为A、B、C、D、E等几个盘。这样做的好处是很多的，我这里不想赘述。我想说一说，如果把人生比作一台电脑，要达到这台“电脑”的高性能和高质量，对这台“电脑”也要划分出五个盘：A、B、C、D、E。

按照英文字母的顺序，分别是：A盘，即abide，是忍受和坚持之意。人的一生是曲折的一生，会碰到各种忧虑、苦闷、烦恼、考验、委屈、屈辱，等等，需要不断学习各种知识和技能。走过一条条弯路，翻过一道道山梁，尝遍各种酸甜苦辣，经过各种锤炼，才能成长为一个成熟豁达、宠辱不惊的人，才能成为一个有作为的人。

B盘，即balance，是平衡之意。人的一生要把握各种平衡。要保持生理上的平衡，才能保持良好的身体状态，避免各种疾患的侵扰；要保持心理上的平衡，才能懂得人情世故，知足常乐；要保持经济上的平衡，量入为出，科学地统筹生活，才能享受生活的乐趣；要保持人际关系和家庭关系的平衡，处理好各种关系和矛盾，才能保持良好的心态。

C盘，即cheer，是愉快之意。人生苦短，我们来到人世，就同时具有双重属性，既有社会性，又有个体性。从社会性的角度看，人要成为社会的人，才能生存，所以人要服从社会，服务社会；从人的个体性角度看，人来到这个社会，除了为社会服务之外，就是要享受人世间的美好生活，享受愉悦和快乐。

D盘，即devise，是设计和计划之意。每个人对自己的一生都要有长期和中短期的人生设计。不同的人有不同的追求，按照个人的人生目标，做出适合自己的计划和设计是必要的和有效的。如果你想成为一座壮丽的大厦，首先你得设计出符合你的蓝图，按照这个蓝图，分阶段分层次地施工，最终实现你的人生梦想。

E盘，即exercise，是锻炼之意。人除了保持良好情绪之外，还要坚持合适的体育锻炼。良好的体魄离不开持之以恒的体育锻炼，只有这样才能保持生命之树常青！

人生“电脑”的五个磁盘，要装满程序，时常运行，人的一生就会运行自如，实现人生的价值。

（807字）

（选自《华商报》，作者：永智，有改动）

练习

一、根据课文内容，选择下列词语的正确解释：

1. 虚拟　　（　　）

A. 虚幻的　　B. 虚伪的　　C. 虚假的　　D. 虚构的

2. 赘述 （ ）

A. 详细地描述 B. 不必要地叙述

C. 完整地叙述 D. 不停顿地讲述

3. 锤炼 （ ）

A. 打击 B. 苦难 C. 磨炼 D. 挫折

4. 豁达 （ ）

A. 老练 B. 表达 C. 深沉 D. 开朗

5. 宠辱不惊 （ ）

A. 无论得宠还是受辱都不动心 B. 对宠爱或屈辱都不感到惊讶

C. 对宠爱和屈辱都不感到害怕 D. 无论得宠或受辱都不能感到惊喜

6. 侵扰 （ ）

A. 侵略 B. 侵害 C. 干扰 D. 打扰

7. 人情世故 （ ）

A. 世上的各种情感故事 B. 为人处世的道理

C. 人与人之间的感情 D. 社会状况和风气

8. 知足常乐 （ ）

A. 满足于已得到的就会很快乐 B. 快乐是从了解自己开始的

C. 知道自己想要的就会很快乐 D. 有足够的知识才会快乐

9. 量入为出 （ ）

A. 进来和出去是要有数量的 B. 计算进来和出去的次数

C. 依据支出的多少来决定收入 D. 依据收入的多少来决定支出

10. 统筹 （ ）

A. 统一谋划 B. 全面享受 C. 统一建造 D. 全部筹备

11. 蓝图 （ ）

A. 图画 B. 理想 C. 规划 D. 愿望

12. 持之以恒 （ ）

A. 长期坚持下去 B. 制订长远的计划

C. 使用合适的工具 D. 有根据的主张或见解

13. 运行 （ ）

A. 运转 B. 运用 C. 行动 D. 运动

二、根据课文内容，选择正确答案：

1. 在这篇文章中作者要谈的是 （ ）

A. 有经验的电脑爱好者的做法 B. 给电脑硬盘划分虚拟盘的好处

C. 如何给人生划分虚拟盘 D. 怎样拥有完美成功的人生

2. “走过一条条弯路，翻过一道道山梁”在这里的意思是 （ ）

A. 学习知识和技能需要走很遥远的路

B. 只有翻山越岭才能尝遍各种味道

C. 经过一些曲折，跨过一些坎坷

D. 只有经历过山区生活才能成为有作为的人

3. 一个有作为的人 （ ）

A. 人生一定是曲折的　　B. 必定拥有各种知识和技能

C. 生活经历一定丰富复杂　　D. 必定成熟豁达，宠辱不惊

4. 面对人生的曲折，我们应该 （ ）

A. 忍受和坚持　　B. 尝遍各种酸甜苦辣

C. 不断地学习　　D. 成为有作为的人

5. 在谈平衡时，作者提到了几个方面的平衡？ （ ）

A. 6 个　　B. 5 个　　C. 4 个　　D. 3 个

6. 要想保持经济上的平衡，必须 （ ）

A. 尽可能地不花钱　　B. 根据自己的收入来消费

C. 懂得享受生活的乐趣　　D. 根据自己的消费来挣钱

7. “人生苦短”的意思是 （ ）

A. 人生的痛苦很少　　B. 人生的痛苦是短暂的

C. 人的一生很短暂　　D. 人生缺少的就是痛苦

8. 下面哪种说法最符合作者的观点？ （ ）

A. 每个人应该同时具有双重性格

B. 人活在世上就是为了服务社会

C. 人生在世应该既服务社会又享受生活

D. 人来到这个社会就是要追求愉悦和享受

9. 每个人在进行人生设计时应该 （ ）

A. 符合自己的实际情况　　B. 把自己想象成一座壮丽的大厦

C. 先找到一个符合自己的蓝图　　D. 分阶段分层次地设计梦想

10. “生命之树常青”的意思是 （ ）

A. 生命像一棵绿色大树　　B. 生命永远充满活力

C. 生命中的那棵树常常是绿色　　D. 永远生活在绿色中

三、根据课文内容，判断正误：

1. 人生就像一台高性能高质量的电脑。 （ ）

2. 人只有经过很多磨炼才能不断成熟。 （ ）

3. 尝遍各种味道的人才能成为有作为的人。 （ ）

4. 生理上保持平衡有助于避免各种疾病。 （ ）

5. 平衡的人际关系和家庭关系能给人带来良好的心态。（　　）

6. 人生的不同阶段应该有不同的设计和计划。（　　）

7. 追求愉快是人的社会性的体现。（　　）

8. 人生有了电脑的使用经验，才能实现人生的价值。（　　）

四、选词填空：

A. 锤炼　B. 宠辱不惊　C. 量入为出　D. 持之以恒　E. 统筹

1. 如今，“花明天的钱，圆今天的梦”等提前消费观念开始在新生一代中萌生，传统的那种________的消费观念正在被抛弃。
2. 她认为，日前一个比较大的尚未明确之处就是医改最终由哪个部门来________协调。
3. 要克服这种失落、失意、失志就需要________，对名对利抱着一种得之不喜、失之不忧的态度。
4. 政府要从全面落实科学发展观的高度，________地抓好生态环境保护和建设工作。
5. 选拔任用干部需要培养和锻炼，因为不成熟的人是不能任用的。越是高级干部就越需要________，过程还相当的长。
6. 生活中好多平凡的小事就是凭借________的精神才做成的。
7. 如果你能做到不忧、不惧、不惑，那么你的人生就将获得一种身处浮沉而________的力量。
8. 即使落后也不自暴自弃，20 岁的他经过时间的________，心理已经足够坚强，可以应对赛场上的各种情况。
9. 要对个人的经济状况有清醒的认识，理性消费，________，这样才能真正享受生活。
10. 中国基本养老保险制度改革是从县级________起步的，经过二十多年的改革、发展，目前已有部分省份实现了省级________。

五、简答题：

1. 人生“电脑”的五个磁盘是什么？

   答：____。

2. 人的一生需要把握哪些平衡？

   答：____。

3. 人的双重属性是什么？

   答：____。

六、回答问题：

1. 怎样才能使人生这一台“电脑”达到高性能和高质量？

2. 怎样做才能成为一个有作为的人？

3. 你如何设计你自己的蓝图？

三、内省是做人的责任

一个学生问：“我们的眼睛为什么不对着长，使两只眼睛对看，可以马上看到自己的样子，不必担心牙齿上有菜屑，也不必担心嘴边的饭屑？”这是个很好的问题，很多动物的眼睛都是长在两边，至少它看的范围广，不像人类，脑后无眼，被人暗杀了都不知道是怎么死的。的确，诚如古人所说：“人苦于不自知。”我们眼睛演化的目的是朝外看，“明察秋毫而不见舆薪”①，看得见别人脸上的小雀斑，但是看不见自己脸上的青春痘。为此，人类发明了镜子，“以铜为镜，可以正衣冠；以人为镜，可以明得失。”但是有了镜子以后，人类就真的有了自知之明了吗？

在心理学上曾有个很有趣的实验，用镜子来测试动物知不知道什么叫自我。实验者先把一面镜子放进黑猩猩笼中，十天之后，将黑猩猩麻醉，在它额头上点一个无臭无味的红点。黑猩猩醒来后，镜子还没有放进来前，它并不会用手去摸额头，但是当镜子放进笼子后，黑猩猩一看到镜子中的“倩影”，便立刻用手去摸额头，而且用力去搓，表示它知道镜中是自己，而且知道自己原来是没有红点的。

如果省略第一步，没有让黑猩猩先接触到镜子，后来它虽然看到镜中的自己有红点，但不会用手去摸，因为没有以前的自我可作比较，就无从判断。没有比较就没有抱怨，就不会用力去把不是自己心甘情愿放上的装饰品搓掉。

这个实验很让人震惊。当一个人不晓得自己原来是什么样时，就只好任人摆布，添多了，减少了，都不会抗争。但是一旦照过了镜子，知道自己是什么样了，那么一有非自主的改变便立刻会发觉，而且这种知觉出现后是不可逆转的，已经知道便无法再假装不知道，他会在镜子前面一直看，所以有没有自知是非常重要的。

苏格拉底说，一个没有检视的生命是不值得活的。

内省不仅是了解自己做了什么，最重要的是透过它了解自己真正的意图。柏拉图更进一步说，内省是做人的责任，没有内省能力的人不配做人，人只有透过自我内省才能实现美德与道德。

（768字）

（选自《参考消息》，作者：洪兰，有改动）

注释：

①明察秋毫而不见舆薪：眼力能看到一根毫毛的末梢，却看不到一车柴草。比喻只看到小处，看不到大处。

练习

一、根据课文内容，选择下列词语的正确解释：

1. 内省 （　　）

A. 自我反省　B. 自我安慰　C. 自我悔悟　D. 自我意识

2. 演化 （　　）

A. 表演变化　B. 悄悄地变化　C. 发展变化　D. 慢慢地变化

3. 自知之明 （　　）

A. 自己知道得很清楚　B. 正确认识自己优缺点的能力

C. 自以为完全能了解　D. 清楚地知道自己了解些什么

4. 无从 （　　）

A. 无力　B. 无法　C. 从不　D. 从没

5. 心甘情愿 （　　）

A. 从心底里愿意　B. 称心如意

C. 发自内心地欢喜　D. 十分满意

6. 摆布 （　　）

A. 摆脱　B. 玩弄　C. 摆动　D. 操纵

7. 抗争 （　　）

A. 抵抗　B. 争吵　C. 反抗　D. 争取

8. 逆转 （　　）

A. 巨大的变化　B. 向相反的方向转化

C. 根本的转变　D. 向错误的方向转化

9. 检视 （　　）

A. 检查视力　B. 分析研究　C. 检验查看　D. 检验测试

10. 意图 （　　）

A. 意识　B. 想法　C. 意义　D. 蓝图

二、根据课文内容，选择正确答案：

1. “人苦于不自知”的意思是 （　　）

A. 人因不了解自己而痛苦　B. 人为自己不知道而苦恼

C. 人生的痛苦自己不知道　　D. 没有比不认识自己更苦恼的

2. “看得见别人脸上的小雀斑，但是看不见自己脸上的青春痘”这句话是为了说明 （　）

A. 人苦于不自知　　B. 眼睛的作用

C. 什么是明察秋毫而不见舆薪　　D. 镜子的作用

3. 人类发明了镜子就可以 （　）

A. 看自己的脸　　B. 端正自己的形象

C. 有自知之明　　D. 明白人生的得失

4. 那个实验的目的是为了 （　）

A. 测试黑猩猩的自我意识　　B. 了解麻醉对黑猩猩的影响

C. 让黑猩猩了解什么是镜子　　D. 测试黑猩猩是否喜欢化妆

5. 如果黑猩猩事先没照镜子，那么额头点了红点后再照镜子时，它 （　）

A. 立刻用手去摸额头　　B. 马上就能看到自己有红点

C. 用力去擦掉红点　　D. 不会用手摸红点

6. 如果人不清楚自己原来的样子，就会 （　）

A. 受人摆布　　B. 摆布自己　　C. 摆布别人　　D. 受人影响

7. 作者谈论镜子是为了说明 （　）

A. 这项发明对人类的重要性　　B. 一个令人震惊的实验

C. 怎样才能不再任人摆布　　D. 自知对人的重要性

8. 内省最重要的是了解自己 （　）

A. 做了什么　　B. 内心真正的想法

C. 将要做什么　　D. 与别人的差距

9. 实现美德与道德的重要途径是 （　）

A. 重视镜子的作用　　B. 向伟大的古人学习

C. 不断地反省自己　　D. 不断地学习各种知识

三、根据课文内容，判断正误：

1. 很多动物的眼睛都是对着长的。 （　）
2. 眼睛长在两边看到的范围比较广。 （　）
3. 人无法防备来自背后的伤害。 （　）
4. 以别人为镜子，可以了解自己。 （　）
5. 实验者在黑猩猩失去知觉时，在它额头上点了一个没有气味的红点。 （　）
6. 黑猩猩用力去搓头上的红点是因为它觉得不好看。 （　）
7. 黑猩猩不喜欢任何装饰品。 （　）
8. 人一旦照过镜子就会开始抗争。 （　）
9. 苏格拉底认为人只有不断反省，生命才是有意义的。 （　）

10. 柏拉图认为没有自省能力的人称不上是真正的人。（ ）

11. 只有不断自我内省，人才能够变得更加完美。（ ）

四、选词填空：

A. 心甘情愿　　B. 摆布　　C. 演化　　D. 意图　　E. 自知之明

1. 就算是做到万人之上，有时还是身不由己，照样逃不过被________的命运。
2. 生命在地球上________的历史漫长而神秘。
3. 这种题型要求考生能分析辨别说话人的________、目的、态度、要求等，选择正确答案。
4. 这事儿与老板无关，是我________留在这里加班。
5. 我还是有点________的，因为不太会做菜，所以从来不敢请客人到家里来吃饭。
6. 他________地为了爱放弃了这份众人羡慕的好工作。
7. 生活中总是会有一些时候被很多东西束缚，只能听任别人的________。
8. 对于一些没有________的人，还是需要经常敲打一下。
9. 本次展览将以中国汉字为主线，通过文物陈列和现代化的展示手段，展示历代中国文字精华，展现汉字的特征和________历程，反映华夏文明与中国文字的研究成果。

五、简答题：

1. “以铜为镜，可以正衣冠；以人为镜，可以明得失”，这句话是什么意思？
   答：________________________________。
2. 那个关于黑猩猩和镜子的实验，第一步是什么？
   答：________________________________。
3. 这个实验让我们明白什么？
   答：________________________________。

六、回答问题：

1. 人为什么要内省？
2. 你是如何理解“一个没有检视的生命是不值得活的”这句话的？
3. 这篇文章给你什么启示？

四、爱之叶

有一位勤劳的农人，养了十几箱蜜蜂。他最惬意的事情，就是坐在田间地头，噙着烟斗，看那些蜜蜂在金黄的油菜花地里，嘤嘤嗡嗡地飞舞。

每到收蜜的时候，就会有一群调皮的孩子守在附近。他们用贪婪的眼神凝视着那些亮晶晶的液体从农人的手中滑过，然后，落入透明的玻璃器皿里。

当农人收完蜜走出蜂箱群之后，就会随手从地上采摘几片鲜绿的油菜叶子，然后将每一片叶子放入盛蜜的器皿里蘸一下。

他微笑着将那些蘸满蜂蜜的油菜叶子递给那些围观的孩子。此时，那些孩子就会如获至宝般地捧着绿叶，愉悦地吮吸着绿叶上那些亮晶晶的蜜液。

农人便蹲在一旁，笑眯眯地瞅着这些孩子。他们小脸蛋上绽开的笑容，像朝霞一样红润可爱。

他见有的孩子将吮吸干净的绿叶扔在地上，便微笑着说："孩子们，你们把叶子扔到羊圈里去吧。"

孩子们都很听话地从地上拾起那些叶子，然后跑到附近的羊圈前，将手中的叶子扔到羊圈里。

有些孩子不解地问："爷爷，您为什么让我们把那些叶子扔到羊圈里去呢？"

农人朗声笑了，然后用慈祥的眼神看着那些孩子，回答道："这样做的话，那些羊儿也会从你们手中的叶子上品尝到残留的蜜液。它们会感激你们的。"

后来，那一群调皮的孩子，仍时常会得到农人送给他们的上面蘸满蜂蜜的叶子。他们再也不用老人提醒，待吮吸完叶子上的蜜汁，便会不约而同地将手中的叶子扔到羊圈里。有的孩子，还故意使叶子上多留一些蜜液，让那些可爱的羊儿与他们一起品尝蜜液的甜美。

再后来，农人搬走了。但是田野里，那一片片绿油油的油菜叶子，在那些孩子的心中，却成了一道永远也抹不去的最亮丽的风景。

我就是那群孩子中的一个。

现在想来，那位农人当时送给我们的，不仅仅是一片片蘸满蜜汁的绿叶，也是一片片盛满爱心的叶子啊！

那一片片叶子，使人明白了一个深刻的道理：不要忘记送给别人一片爱的叶子，分享是一种最美好的行为。

（749 字）

（选自《思维与智慧》作者：矫友田）

练习

一、根据课文内容，选择下列词语的正确解释：

1. 惬意 （ ）

A. 经常做的　　B. 高兴而得意　　C. 愉快而舒服　　D. 因满意而放松

2. 噙 (　　)

A. 吃　B. 含　C. 拿　D. 抓

3. 贪婪 (　　)

A. 非常专心认真　B. 一定要得到的

C. 非常渴望而认真　D. 非常渴望而不知满足

4. 蘸 (　　)

A. 混合在一起　B. 把东西浸泡在某物里

C. 把东西在某物上轻轻扫一下　D. 把东西在某物里轻放一下拿出来

5. 如获至宝 (　　)

A. 好像宝贝到来了　B. 假如获得了一个宝贝

C. 如果能拿到那个宝贝　D. 好像得到了珍贵的宝贝

6. 瞅 (　　)

A. 看　B. 盯　C. 打量　D. 凝视

7. 朗声 (　　)

A. 爽朗　B. 开心　C. 大声　D. 好玩儿

8. 不约而同 (　　)

A. 大家同时　B. 一个接一个地

C. 没有约定就做了一样的事　D. 不用约定就会在同一个时间

二、根据课文内容，选择正确答案：

1. 农人最喜欢 (　　)

A. 坐在地里吸烟　B. 坐在油菜花地里

C. 请孩子们吃蜂蜜　D. 吸着烟看蜜蜂在油菜花上飞舞

2. 农人用什么装蜂蜜？ (　　)

A. 蜂箱　B. 烟斗

C. 玻璃容器　D. 新鲜的油菜叶子

3. 看着那些孩子，农人觉得他们 (　　)

A. 很贪婪　B. 很可爱　C. 很调皮　D. 很听话

4. 农人采集蜂蜜的时候 (　　)

A. 有很多孩子围在旁边看

B. 笑眯眯地看着周围的孩子

C. 蜜蜂在油菜花地里，嘤嘤嗡嗡地飞舞

D. 需要将油菜叶子放入盛蜜的器皿里蘸一下

5. 农人让孩子们把叶子扔到羊圈里，是因为 (　　)

A. 孩子们把叶子都扔在地上了

B. 他想让孩子们学会与羊儿分享

C．羊儿也想吃到甜美的油菜叶子

D．孩子们没有把叶子上的蜜吃干净

6．把叶子扔到羊圈里的做法使孩子们 （ ）

A．学会了爱的分享

B．爱上了那些可爱的羊儿

C．都养成了一种良好的习惯

D．后来仍时常会得到农人送给他们的蘸满蜂蜜的叶子

7．下面哪个词最能概括本文主题？ （ ）

A．爱 B．甜美 C．分享 D．勤劳

三、根据课文内容，判断正误：

1．有一位勤劳的农人，在田间地头养了十几箱蜜蜂。 （ ）

2．农人收完蜜就会随手采摘几片油菜叶子带回家。 （ ）

3．农人很喜欢看孩子们吃蜂蜜的样子。 （ ）

4．农人让孩子们把吮吸干净的叶子扔到羊圈里去。 （ ）

5．有些孩子不愿意把叶子扔到羊圈里去。 （ ）

6．那群孩子每天都能得到农人送给他们的蘸着蜂蜜的叶子。 （ ）

7．为了喂羊儿，有些孩子故意不把叶子上的蜂蜜吃干净。 （ ）

8．农人虽然搬走了，但那片田野里的油菜叶子一直是绿油油的。 （ ）

9．孩子们一直非常喜欢那片田野里的风景。 （ ）

10．本文作者小时候吃到过农人送的叶子上的蜂蜜。 （ ）

11．作者当时就明白那位农人的一片心意。 （ ）

四、选词填空：

A．惬意 B．舒服 C．贪婪 D．贪心 E．蘸 F．沾

1．玻璃杯无法泡出茶的本味，失去了喝茶的________感。

2．运动后出了满身大汗，休息一下，喝杯冰爽的饮料，我感到颇为________。

3．经过医生的精心治疗，我的烧已经退了，今天我感觉________多了。

4. 我一直觉得自己是一个很________的女人，总是希望我爱的人所做的一切都是为了我。

5．这部影片对因人性的________而引发的悲剧进行了深刻剖析。

6．他________地学习着各种科学知识。

7．孩子用细管________了点儿肥皂水，向空中吹出五彩的肥皂泡。

8．他刚从菜地回来，脚上________了不少泥。

9．对表面的污渍可以用海绵________上含有去污剂的水仔细擦洗。

五、简答题

1. 农人觉得最惬意的事情是什么？

   答：____。

2. 农人收完蜜后为什么要采摘几片油菜叶子？

   答：____。

3. 小时候的这件事让作者明白了什么道理？

   答：____。

六、回答问题：

1. 农人用什么办法让孩子们品尝蜂蜜？
2. 对于农人的做法你怎么看？
3. 你怎么理解“那一片片绿油油的油菜叶子，在那些孩子的心中，却成了一道永远也抹不去的最亮丽的风景”这句话？

第十二单元

一、25%的年轻人在贫困线下

总部设在日内瓦的国际劳工组织发布报告说，世界范围内年轻人失业人数显著上升，许多年轻人即使有工作也生活贫困。

这份关于15岁至24岁年轻人就业情况的调查报告说，从1995年到2005年，处于该年龄段的年轻人失业人数从7400万增加到8500万。此外，有3亿多年轻人，也就是全球大概25%的年轻人口，虽然有工作，却生活在日均收入2美元的贫困线以下。

报告估计，全球至少需要4亿个体面的就业机会来满足如今潜在的年轻劳动力。报告还指出，年轻人相比年长者而言，失业的可能性更大，发展中国家这一劣势更加明显。

此外，报告还指出了一个令人担忧的情况：既没有工作也没在念书的年轻人增多了。大约有34%的中欧和东欧的年轻人处于这种状况，中美和南美只有21%。

国际劳工组织总干事索马维亚表示，年轻人失业问题威胁到经济发展潜力。她呼吁各国响应联合国的倡议，制定使年轻人体面就业从而充分发挥他们潜能的战略。

年轻人失业是一种严重的潜能浪费。报告说："无所事事的年轻人是一个消耗很大的群体。"这不仅是对于个人而言，而且对于整个经济和社会来说也是一样：缺乏储蓄、失去累计总需求、投资减少。此外，社会成本，诸如防止犯罪和吸毒的投入也会增加。

索马维亚还指出："报告强调如今的年轻人在就业方面非常脆弱，如果年轻人很早就遭受失业的打击，就会长久地对就业前景失去信心。"

另一方面，目前人们对年轻人劳动力市场的认识还存在一些误区。年轻人如今的教育状况并非如人们所估计的乐观。在不少发展中国家文盲还是一个潜在的威胁。同时，较高的受教育水平并不能保证可以找到工作，尤其是令人满意的体面的工作。

人们在谈论就业市场时，往往会忽视农业领域。从全球范围来看，农业仍然占到世界上所有就业机会的40%。虽然从农村流动到城市的人口越来越多，但是农村创造的就业机会仍然应该在年轻人就业上起主要作用。

（740字）

（选自《东方早报》http：//finance. QQ. com，有改动）

练 习

一、根据课文内容，选择下列词语的正确解释：

1. 贫困线 （ ）

A. 穷困的环境 B. 贫困的等级 C. 穷困的道路 D. 贫穷的标准

2. 就业 （ ）

A. 马上工作 B. 就要工作 C. 参加工作 D. 就要毕业

3. 潜在 （ ）

A. 内在的 B. 藏在深处 C. 大量的 D. 不清楚的

4. 劣势 （ ）

A. 严重的形势 B. 缺点 C. 不利的形势 D. 特点

5. 无所事事 （ ）

A. 没有值得做的 B. 什么都不做

C. 不知道该做什么 D. 事情又多又杂

6. 累计 （ ）

A. 劳动力的总和 B. 加起来总计

C. 连续计算 D. 大量积累

7. 误区 （ ）

A. 错误的认识 B. 落后的看法

C. 错误的地区 D. 大量的误会

二、根据课文内容，选择正确答案：

1. 国际劳工组织的报告表明 （ ）

A. 世界范围内的年轻人不愿意工作 B. 世界范围内的年轻人没有工作

C. 目前年轻人的工作问题非常严重 D. 年轻人缺乏必要的工作能力

2. 从这份调查报告中可以看出 （ ）

A. 十年间全球失业人数增加了 1100 万

B. 年轻人占全球人口的大约 25%

C. 大多数年轻人虽然有工作但生活依然很贫困

D. 有 3 亿多年轻人生活在贫困线下

3. 这份报告指出， （ ）

A. 年轻人应该和年纪大的人互相比较

B. 年纪大的人失业的可能性更大

C. 发展中国家存在着很多明显的问题

D. 发展中国家的年轻人更容易失业

4. 令人担忧的是 （ ）

A. 中欧和东欧的年轻人失业率提高了　B. 全球的年轻人越来越厌恶工作

C. 越来越多的年轻人不念书了　D. 既不工作也不上学的人增多了

5. 索马维亚认为年轻人失业问题会严重影响 （ ）

A. 社会治安稳定　B. 经济发展潜力

C. 国家兴旺发达　D. 民族利益实现

6. 年轻人失业带来的负面影响不包括 （ ）

A. 迅速增加储蓄　B. 失去累计总需求

C. 增加社会预防犯罪成本　D. 投资减少

7. 根据文章，下面哪一项是正确的？ （ ）

A. 年轻人的教育状况令人乐观　B. 上了大学就会有好工作

C. 发展中国家的教育已经普及　D. 人们对年轻人就业认识不全面

8. 根据文章最后一段，解决年轻人失业问题的突破口是 （ ）

A. 让年轻人接受更好的教育　B. 让年轻人从农村流动到城市

C. 充分利用农村创造的就业机会　D. 提高年轻人受教育水平

三、根据课文内容，判断正误：

1. 国际劳工组织总部在日内瓦。 （ ）
2. 有工作的年轻人都生活得很好。 （ ）
3. 据调查，全球有 25%的人没有工作。 （ ）
4. 目前全世界起码需要 4 亿个比较好的就业机会。 （ ）
5. 相比较而言，欧洲有更多无所事事的年轻人。 （ ）
6. 目前各国都在呼吁要重视年轻人的就业问题。 （ ）
7. 增加年轻人就业有助于减少社会犯罪。 （ ）
8. 失业的打击容易让年轻人对就业失去信心。 （ ）
9. 在不少发展中国家还有些人既不能读也不会写。 （ ）
10. 现在有越来越多的农业人口进入城市。 （ ）

四、选词填空：

A. 潜在　B. 潜力　C. 潜心

1. 为了保证安全，要特别注意检查________的危险因素。
2. 谢芳最大的理想是可以在一个没有人打扰的地方________练习绘画。
3. 不知道为什么，他把我看成是________的敌人，对我非常不礼貌。
4. 我们评价一个人，不光要看他现在有什么成就，还要考虑他的________，也就是他以后能做出什么成绩。
5. 我弟弟在体育方面非常有________，我相信他以后可以成为世界冠军。

五、简答题：

1. 这份报告的主题是什么？

答：____。

2. 国际劳工组织总干事呼吁什么？

答：____。

3. 为什么说年轻人在就业方面非常脆弱？

答：____。

六、回答问题：

1. 报告反映的年轻人就业现状是什么？
2. 为什么说年轻人失业是一种潜能浪费？
3. 人们对年轻人劳动力市场认识的误区是什么？

二、毕业焦虑困扰学生群体

客观来讲，在求职市场上，大学生是弱势群体。他们没有经验，对未来不敢确定，有许多盲目的方面。同时，他们年纪虽小，却背负许多东西，如父母的期望、改变命运的理想等。在变化多端的社会中，自身的幼稚和软弱，加上缺乏自信和方向，使许多大学生毕业在即非常焦虑。

而作为买方市场的劳动力市场，垄断理直气壮而又不合理地存在着。比如说许多劳动合同中存在霸王条款，让大学生们敢怒不敢言。正如一位毕业生所言："事情明摆着，你不签，后面等着一个排的人，谁也不是傻子！"的确，签约是一个博弈的过程。竞争那么激烈，谁还敢那么耐心地等待呢！

因此，种种迷茫和无奈成了毕业生的阶段性心态。理想和现实的矛盾摆在每一个人的面前，我们不得不作出取舍。在精神与现实的双重压力下，签约成了许多人必需的抉择。专业的舍弃、爱人的分离甚至是心灵的背叛，大学生们面对那份准备签约的协议书落笔艰难，在心有不甘却又怕失去机会的心态下，不得不抱着"先混饭吃，再谋发展"的原则把自己盲目地签出去。

然而，有这样的无奈，我们是不是就只能听从摆布了呢？当然不是，每个人都是有力量的。我们需要勇敢而理智地面对自己的生活。无奈的选择不等于无为的选择，每一种选择都面临机遇和挑战，学会把握当下，新环境就会成为你又一个探索、磨炼和积累人生经验的机会。

大学毕业时获得了中世纪历史和哲学专业学位，后来又进了法学院的惠普公司前CEO卡莉·费奥莉娜的第一份工作是为一家经纪公司做接待员。从接听电话、打字、整理文档开始，这份工作她干了一年。此后，她又去了意大利，为意大利商人和他的家人教授英文。这个过程让卡莉发现商业贸易的实用和速度对她有足够的吸引力。于是，她成了一名商人，成了惠普公司的CEO。

“不要掩盖自己的天赋，也不要放弃自己的信念。无论结果看起来可能多么可怕或糟糕，无论保持自己本性的结果是什么，我们应该坚持自己对未来发展的判断，坚持自己对成就人业的把握，坚持对自己能有所作为的信念……注重发展性的人比注重局限性的人在生活中获得的要多得多。”这是卡莉演讲中的精彩片段，把它献给那些把自己放了出去的勇敢者吧。

（853字）

（选自《中国青年报》http：//edu.QQ.com，作者：高桂云，有改动）

练 习

一、根据课文内容，选择下列词语的正确解释：

1. 焦虑 （ ）

A. 着急忧虑　B. 压力　C. 重点担心　D. 思考

2. 背负 （ ）

A. 背对　B. 承担　C. 需求　D. 负责

3. 变化多端 （ ）

A. 多方面变化　B. 开始变化　C. 多角度变化　D. 充满变化

4. 在即 （ ）

A. 正在发生　B. 以前　C. 就在眼前　D. 以后

5. 理直气壮 （ ）

A. 合理而强大的　B. 理由充分所以很强硬

C. 直接而凶猛的　D. 明白道理后非常生气

6. 博弈 （ ）

A. 不断提高　B. 赌博　C. 认真下棋　D. 竞争

7. 取舍 （ ）

A. 牺牲　B. 舍弃　C. 决定　D. 选择

8. 心有不甘 （ ）

A. 心里觉得非常不愿意　B. 心里有很多想法

C. 心里觉得很痛苦　D. 心里有很多想不通的地方

9. 无为 （ ）

A. 无所谓　B. 没有目的　C. 无法解释　D. 什么也不做

10. 当下 (　　)

A. 当然　B. 下一步　C. 机会　D. 现在

11. 磨炼 (　　)

A. 集中训练　B. 在艰苦环境中锻炼

C. 反复锻炼　D. 像运动员一样训练

二、根据课文内容，选择正确答案：

1. 大学生就业的劣势不包括下面哪一项？ (　　)

A. 目标不确定　B. 缺乏经验

C. 背负了太多的期望　D. 软弱缺乏自信

2. 现在的劳动力市场 (　　)

A. 用人单位占据优势　B. 找工作的全是大学生

C. 它的存在是不合理的　D. 劳动合同都是霸王条款

3. "霸王条款"是指 (　　)

A. 内容很多的条款　B. 强制性的不合理条款

C. 难以理解的条款　D. 只要单方面签字的条款

4. "敢怒不敢言"的意思是 (　　)

A. 只敢生气却不敢反对　B. 气得连话都说不出来

C. 敢于愤怒却说不出理由　D. 非常愤怒地指责

5. 大学生们明知不合理却还是签约的根本原因是 (　　)

A. 后边等着的人很着急　B. 不签约就会成为傻子

C. 签约只是一个过程　D. 竞争太激烈了

6. 下面哪一项不是毕业生的阶段性心态？ (　　)

A. 焦虑　B. 耐心　C. 迷茫　D. 无奈

7. 面对签约协议，大学生们"落笔艰难"的意思是 (　　)

A. 签字签得很无奈　B. 签完字后日子会很艰难

C. 不敢在上边签字　D. 找不到签名的地方

8. 大学生们为什么要把自己盲目地签出去？ (　　)

A. 为了能够生存下去　B. 为了先吃上一顿饭

C. 为了进一步发展　D. 希望再次找到机会

9. 当我们选择了不理想的工作时，我们 (　　)

A. 只能混饭吃打发时间　B. 虽不甘心却也不能失去机会

C. 要学会把握机会　D. 只能听从别人的摆布

10. 卡莉·费奥莉娜的第一份工作是 (　　)

A. 在法学院当教授　B. 惠普公司 CEO

C. 经纪公司接待员　D. 家庭英文教师

11. 卡莉·费奥莉娜成功的最初原因是 （ ）

A. 她学过很多专业 B. 她的第一份工作做得很好

C. 商业吸引了她 D. 意大利人教会了她做生意

12. 卡莉·费奥莉娜的故事告诉我们 （ ）

A. 只要有天赋就会成功 B. 找工作有时可能很可怕或糟糕

C. 对未来应该有正确的判断 D. 任何时候都不要放弃自己的信念

三、根据课文内容，判断正误：

1. 大学生求职的焦虑是因为目标非常高。 （ ）
2. 社会变化太快，刚毕业的大学生往往不知道该怎么办。 （ ）
3. 劳动力市场上存在着很多不合理的垄断现象。 （ ）
4. 许多劳动合同中的条款对大学生很不公平。 （ ）
5. 每一个工作机会都有很多人在竞争。 （ ）
6. 大多数毕业生为了找到合适的工作宁愿耐心等待。 （ ）
7. 虽然可能面临放弃专业，学生们还是不得不签约。 （ ）
8. 大学生们找工作时如果盲目地签了约，那么一生都只能听从摆布。 （ ）
9. 惠普公司在一个法学院里。 （ ）
10. 卡莉·费奥莉娜认为不能只看眼前，要注重发展。 （ ）

四、选词填空：

A. 背负 B. 取舍 C. 磨炼 D. 在即

1. 如果不经历艰难困苦的________，恐怕是很难做成大事的。
2. 他________了父母太多的期望，终于承受不了压力自杀了。
3. 本次大赛的参赛作品无论在选材还是表现手法上都有较高的水平，如此多的优秀作品让人难以________。
4. “两会”召开________，北京市崇文区警方举行了“迎两会、保平安”行动的启动仪式。
5. 经过了军营________的人，可以胜任各种工作。
6. 由于三方都热情邀约，如何________让张家振十分为难，他将与吴宇森商量后再作决定。

五、简答题：

1. 大学生怎样对待不合理的劳动合同？

答：____。

2. 大学生们签约时的心态是怎样的？

答：____。

3. 卡莉·费奥莉娜的受教育经历是什么？
答：____。

六、回答问题：

1. 为什么大学生求职的时候是弱势群体？
2. 为什么说“无奈的选择不等于无为的选择”？
3. 卡莉·费奥莉娜是怎样成功的？

三、考试中的性别差异

生活领域中的性别差异已经是公认的事实。但是，从教育的角度来看，男女生是否有智力、智商甚至情商（EQ）的差异却一直存在着争议。

一些人认为男女生从初中到大学的学习成绩（主要指考试成绩）有差异是智力、智商和心理、生理差异造成的。但也有人认为男女生的智力、心理尽管有一定差异，但不会太大，引起学习成绩产生性别差异的主要是考试命题范围与类型的差别造成的。某年高考后，上海一些高校文科班几乎全是女生（男生只占 1/3 或更少）就作为这一理论的事实根据而被广泛引用。

有关人士认为，当年的高考题属于死记硬背和细枝末节的居多，这正是女生考试的强项，而具有创造性的题目如应用题较少，这类题恰恰又是男生的强项，故而造成当年女生考试成绩优于男生的情况，以致高校文科专业中女生多于男生。

无独有偶，这种成绩的性别差异和争论也广泛存在于美国和欧洲国家中。尤其是那些决定一个考生命运的考试（如高中、大学毕业考试和申请助学金的考试）更是令人关注和争论不休。在美国，高中毕业生必须参加全国统一的“初级教育能力考试”（PSAT），类似中国的高考，这一考试决定着学生是否能上大学和拿奖学金。

尽管 PSAT 是一种标准化考试，但却遭到许多美国家庭的指责和反对。他们认为该项考试似乎专为男生而设，历年的大部分高分获得者都是男生。

专家和有关人员通过分析认为，女生受到不公正对待并非其智力和学习不行，而是命题内容和题型对女生不利。相对来说，女生丢分的部分主要是数学，而该部分的解题方式又是清一色的多项选择题。批评者认为这一“悲剧”并非女生的数学能力不行，而是试题本身有问题。

美国麻省的一个研究小组在这方面曾作了多项研究。根据研究结果，他们认为，男女生确实在应付处理不同的考试题型上有差别。例如，女生做多项选择题就不如男生做得好，因为男生对他们不知道的题总是愿意猜测着去做并迅速转移到下一个题，而女生遇到不会的题则冥思苦想，结果终因时间有限而错过许多题。专家建议，为弥补这种不平衡，应该在考试题中加入适量的填空题，而这正是女生擅长的题型。

（831 字）

（选自《中国青年报》，作者：张田勘，有改动）

练 习

一、根据课文内容，选择下列词语的正确解释：

1. 公认 （ ）

A. 大家一致承认　　B. 公开承认

C. 大家同时认为　　D. 公众认为

2. 争议 （ ）

A. 争斗　　B. 议论　　C. 争论　　D. 竞争

3. 命题 （ ）

A. 出题　　B. 做题　　C. 命令　　D. 标准

4. 细枝末节 （ ）

A. 细小的树枝　　B. 后面的部分

C. 最后的结果　　D. 细小的问题

5. 强项 （ ）

A. 最努力的项目　　B. 最强大的工程项目

C. 强壮的项目　　D. 有较强实力的方面

6. 无独有偶 （ ）

A. 没有单个的　　B. 虽很少见但不止一个

C. 只要出现就是一对儿　　D. 没有一个只有两个

7. 清一色 （ ）

A. 只有一种颜色　　B. 干净的一个系列

C. 全部是一样的　　D. 清爽的一种颜色

8. 冥思苦想 （ ）

A. 多方面长时间地思考　　B. 痛苦地想

C. 整整一夜认真地思考　　D. 从头到尾地想

二、根据课文内容，选择正确答案：

1. 教育界一直在争论男女 （ ）

A. 在生活中是否有性别差异　　B. 智力智商是否有差异

C. 学习成绩是否有差异　　D. 心理生理是否有差异

2. 某年上海一些高校文科新生几乎全是女生，是因为 （ ）

A. 当年高考题型适合女生做　　B. 上海女生普遍学习好

C. 男生在考试方面不如女生　　D. 当年考试有性别差异

3. PSAT 是一种什么考试？ （ ）

A. 中国高考的英文版本　　B. 去美国留学需要通过的考试

C. 美国高中毕业生进入大学的考试　　D. 对美国人设置的中国高考

4. 许多美国家庭对 PSAT 考试是什么态度？（　　）

A. 觉得应该关注　　B. 争论个不停

C. 认为不够标准化　　D. 认为有性别歧视

5. 在 PSAT 考试中女生很难得高分是因为（　　）

A. 女生智商不够高　　B. 女生不擅长数学

C. 题目设计对女生不利　　D. 男生比女生聪明

6. 男生能够拿高分是因为（　　）

A. 他们用更多的时间学习　　B. 不在难题上浪费时间

C. 他们生理条件好　　D. 他们有充分的准备

7. 下面哪种题型比较适合女生？（　　）

A. 创造性题目　　B. 多项选择题

C. 应用题　　D. 填空题

8. 专家研究的结果是（　　）

A. 女生受到了不公正待遇　　B. 男女思考问题的方法存在很大差别

C. 女生的数学能力比较差　　D. 命题的题型对男女生成绩影响很大

三、根据课文内容，判断正误：

1. 教育领域中的性别差异已经是公认的事实。（　　）
2. 据调查，男女生学习成绩差异主要是由心理和生理因素引起的。（　　）
3. 考试命题范围与类型的差别造成了男女生成绩的性别差异。（　　）
4. 某年高考后，上海一些高校的文科班全是女生。（　　）
5. 考试成绩的性别差异是个全球性问题。（　　）
6. 男生更能适应创造性题目。（　　）
7. 美国的 PSAT 是专为男生而设的考试。（　　）
8. PSAT 的题目都是多项选择题。（　　）
9. 专家认为，在美国，女生确实不如男生学得好。（　　）
10. 女生选择题做不好是因为她们在难题上花了太多时间。（　　）

四、选词填空：

A. 争议　　B. 公认　　C. 冥思苦想　　D. 细枝末节

1. 为了在众多的追求者中引起这位姑娘的注意，韩兆________，给自己设计了一个绝对浪漫的求爱方案。
2. 肯德基不断中国化惹来很多________，有人评论其品牌概念模糊了，正逐渐变成一家“中式餐厅”。
3. 他这个人考虑问题总是从大处着眼，不太注意________的地方。

4. 充分发挥那些德才兼备、业绩突出、群众________能够担当起公司改革发展重任的干部的作用。
5. 国际原子能机构总干事巴拉迪向安理会提交了伊朗核问题报告，认定伊朗未遵从安理会决议，请求暂停其有________的铀浓缩活动。
6. 别小看这些________，如果不认真对待，也可能影响整个工作的顺利完成。
7. 有些人心术不正，终日为钱财________，唯利是图，不择手段，贪污受贿，巧取豪夺。
8. 虽然只有21岁，但是泽马已经被________为当今足坛不可多得的天才前锋之一。

五、简答题：

1. 本文中提到的一个公认的事实是什么？
答：____。
2. 文中提到的那年高考题有什么特点？
答：____。
3. 美国麻省的专家认为应该怎样改革考试题目？
答：____。

六、回答问题：

1. 男女生在学习成绩上的差异主要是由哪些因素引起的？
2. 为什么PSAT考试会遭到许多美国父母的指责和反对？
3. 麻省专家的研究结果是什么？

四、走出教育循环

中国社会里有些可怕的循环，过去最典型的是婆媳循环，而今天城市里最常见的循环则是教育循环：有了孩子以后，家长开始为供养孩子读书、培育孩子成人不惜牺牲一切。孩子结婚生子以后，再次上演这种牺牲，结果便形成这样一个循环：每一代新人的成长，都是以上一代的彻底放弃为代价。

教育孩子，希望孩子活得比自己好，比自己健康，比自己有出息，这是非常正常的愿望，但中国家长的特殊之处在于，为了达到这个目的，他们中约有半数选择了一种放弃自己、使自己不能再有出息的方式。他们作出这项选择时年龄通常在三四十岁，也就是作为个体生命最为年富力强之时。父母为孩子的成长而自愿放弃自身的前途，那是他们的权利，旁人无权说三道四，但当一代代父母以约为50%的规模接力般地选择了这种放弃时，从社会进步角度考虑，我们不能不感到问题的严重。

一代代成年人在自己最奋发有为之时不是将自己的生命力用在充满创造性、建设性的社会人生上，而是倾全力于培养家庭单细胞中的那个细胞核，结果便构成了对教育的最大讽刺：教育周而复始地循环，教育的重要性至高无上，而教育的目的性却无人过问。

为什么这些当年也曾受过一定教育的青年人，为人父母之后却选择了放弃自己？其重要原因在于，他们有一种普遍的失败之感。我们以往的大而空的目标教育，使他们步入社会后便失去了个体的明确的人生目标，他们认为自己是没希望的一代，于是便将唯一转机和全部希望都寄托在孩子身上。他们对孩子的那份爱心，其实蕴藏着极大的贪婪。他们希望孩子出人头地并非完全站在孩子的立场上，还有着孩子成功之后能使自己扬眉吐气、老来享福的居心。

因此，要改变这种教育循环，家长们必须先在心理上改变失败人生的自我评价。家长们应该认识到：除了孩子的明天，你还有自己的今天；除了孩子明天理论上的鹏程万里，你还有自己的人生课题要完成，还要取得属于自己的现实成功；除了要求孩子今后不辜负你含辛茹苦的栽培，你首先应该不辜负你父母昨天对你那同样含辛茹苦的栽培。此外，从公民的社会责任角度看，你并没有权利用自己的今天去赌孩子的明天，用自己今天灰头土脑的失败去赌孩子明天那八字还没一撇的辉煌成功。

（876字）

（选自中国秘书网，作者：周泽雄，有改动）

练习

一、根据课文内容，选择下列词语的正确解释：

1. 有出息 （　　）

A. 有前途　　B. 能出国　　C. 有财富　　D. 更轻松

2. 年富力强 （　　）

A. 年轻而且有钱　　B. 富有而强壮

C. 年轻精力旺盛　　D. 年收入最高

3. 说三道四 （　　）

A. 多说几遍　　B. 说三四次　　C. 指责　　D. 说闲话

4. 奋发有为 （　　）

A. 有努力奋斗的目标　　B. 即将达到成功

C. 精神饱满有作为　　D. 工作能力极强

5. 周而复始 （　　）

A. 每个周期都是开始　　B. 一周又一周地开始

C. 周到而重复地开始　　D. 一圈又一圈地循环

6. 至高无上 （　　）

A. 到达高处　　B. 无法与上边相比

C. 高到顶点　　D. 无边无际

7. 出人头地 （　　）

A. 超出一般人　　B. 像领导那样

C. 到国外　　D. 像明星那样

8. 扬眉吐气 （　　）

A. 摆脱压抑，心情舒畅　　B. 呼吸顺畅

C. 扬起眉毛，畅快呼吸　　D. 兴致高昂

9. 居心 （　　）

A. 心理　　B. 想法　　C. 内心　　D. 秘密

10. 鹏程万里 （　　）

A. 远走高飞　　B. 前途遥远　　C. 实现目标　　D. 前途远大

11. 含辛茹苦 （　　）

A. 经受艰难困苦　　B. 包含着辛苦和希望

C. 付出了全部心血　　D. 艰辛地培养和教育

12. 灰头土脑 （　　）

A. 肮脏不堪　　B. 消沉沮丧　　C. 头发灰白　　D. 愚蠢无知

二、根据课文内容，选择正确答案：

1. 教育循环的后果是 （　　）

A. 一代更比一代强　　B. 孩子结婚生子后不得不再次牺牲

C. 成年人不想牺牲一切　　D. 一代人成长的代价是上代人的牺牲

2. 作者认为什么是非常正常的？ （　　）

A. 教育循环　　B. 为孩子彻底放弃自己

C. 把希望全寄托在孩子身上　　D. 希望孩子比自己强

3. 为什么作者感到了问题的严重性？ （　　）

A. 父母都希望孩子比自己有出息　　B. 中国家长太特殊了

C. 有太多的父母选择自我放弃　　D. 50%的父母成为了接力棒

4. 从社会进步的角度考虑，父母的这种牺牲 （　　）

A. 有利于人才培养　　B. 不能推动社会发展

C. 有利于教育事业的发展　　D. 极大地推动了社会进步

5. 教育循环让我们反思 （　　）

A. 循环的利与弊　　B. 教育的重要性

C. 教育的目的是什么　　D. 家长的奉献精神

6.“家庭单细胞中的那个细胞核”是指 （ ）

A. 教育 B. 孩子 C. 父母 D. 人生

7. 为什么作者认为这是对教育的讽刺？ （ ）

A. 教育的地位过于高了

B. 教育循环得太多了

C. 人们用尽全力培养的只是一个细胞核

D. 人们忽视了教育的目的

8. 父母们自愿选择放弃自己说明 （ ）

A. 他们接受的教育太少 B. 他们的生活都很失败

C. 以往的教育很失败 D. 中国人对教育的重视

9. 父母把全部希望寄托在孩子身上是因为 （ ）

A. 自己没有目标 B. 觉得自己没有希望了

C. 非常爱孩子 D. 太希望孩子能成功了

10. 中国父母对孩子的爱心 （ ）

A. 是无私的父母之爱 B. 是社会道德要求的

C. 不是完全为孩子考虑的 D. 是一代代传下来的

11. 作者希望家长们认识到 （ ）

A. 不是每个孩子都能鹏程万里的 B. 自己的人生任务和责任

C. 孩子是不会辜负他们的栽培的 D. 今天的失败换不来明天的成功

12.“八字还没一撇”意思是 （ ）

A. 还不知能不能实现 B.“八”字写错了

C. 没有希望的 D. 需要牺牲的

三、根据课文内容，判断正误：

1. 中国社会最可怕的循环是婆媳循环。 （ ）
2. 现在中国城市里最常见的循环是教育循环。 （ ）
3. 家长为了孩子的教育可以牺牲自己的一切。 （ ）
4. 父母们教育孩子是希望孩子将来能够报答父母。 （ ）
5. 父母们作出牺牲的时候通常是自己最有创造力的时候。 （ ）
6. 父母为孩子牺牲自己对社会发展不利。 （ ）
7. 对教育的最大讽刺是没有人认识到教育的重要性。 （ ）
8. 父母们认为自己的孩子将来在搞研究方面可能会鹏程万里。 （ ）
9. 家长应该全力做好自己的事，否则就是对自己父母的辜负。 （ ）
10. 放弃自己培养孩子其实就是一场赌博。 （ ）

四、选词填空：

A. 说三道四　　B. 周而复始　　C. 含辛茹苦　　D. 至高无上

E. 出人头地　　F. 扬眉吐气

1. 这些孩子都是独生子女，家长在他们身上寄托了很大的希望，希望他们将来能________。
2. 全方位的服务和过硬的品质是客户利益的有效保证，广大客户是企业活力的源泉，________的信誉是公司的生命。
3. 在母亲________的培养下，1997 年她争气地考上了大学，学的是生物工程专业。
4. 在单位，许多不了解情况的同事会在她背后________，更有甚者当着她的面就给她白眼看。
5. 在我国商品市场上也一样，对通货膨胀预期的加剧，引发了人们对货币保值的需求，从而再次购入商品，________地循环推高商品价格。
6. 在这里，所有玩家将完全凭借自己的实力，在最公平的比赛环境中一决高下，以便赢得________的荣誉和价值万元的大奖。
7. 阿德尔曼表示："评论员还有所谓的专家都喜欢________，但是他们并不了解我们，我也不会赞同他们的观点。"
8. 他学了 20 年的钢琴，始终默默无闻，还不时听到人们的冷言冷语，如今能够在维也纳金色大厅举行个人演奏会，也算是________了。
9. 他狠狠地对朋友说："我一定会________的，我要让她看到有本事的我，我要让她因为没有嫁给我而后悔。"
10. 我对父母感恩不尽，因为他们不仅________把我抚育成人，而且在夕阳红的黄金岁月里，继续为我辛勤持家，解除我的后顾之忧。

五、简答题：

1. 什么是教育循环？

   答：________________________________。

2. 教育孩子的目的是什么？

   答：________________________________。

3. 要改变这种教育循环，家长首先应该做什么？

   答：________________________________。

六、回答问题：

1. 什么是婆媳循环？
2. 中国家长的特殊之处是什么？
3. 为什么中国的父母选择自我牺牲？

第十三单元

一、我们需要高兴的“中产阶层”

在各个社会阶层中，强大而成熟的中等收入阶层对于社会的稳定具有举足轻重的作用。中国虽然没有形成强大的中产阶层，但到目前为止也形成了为数不少的中等收入阶层。一个和谐社会的建立自然离不开这些中产阶层的和谐状态。

最近，一些学者认为，若家庭年收入在 8 万元至 40 万元人民币左右，在北京即可过上中产阶层生活。然而，家庭收入达到上述标准的人大多数却并不认为自己就是中产阶层。许多人对自己的生活状态并不满意，财富拥有的现实与他们的心态之间没有和谐可言。因为在他们自己看来，他们虽然拥有较高的经济收入，但高收入所付出的成本也是巨大的：工作压力、紧张的生活节奏、失去悠闲感。

在他们潜意识里，中产阶层的生活状态应该用“悠闲”来描绘：在物质上，中产阶层是物质财富的创造者和拥有者，有能力支付各种费用并过上安稳的生活；在精神上，他们应该是自由的，除了工作之外，有自己充裕的闲暇时光。

其实，这是中等收入阶层心态不平和所产生的幻想。

即使在中产阶级号称最为强大的美国也不存在“悠闲”的中产阶层。随着经济全球化进程的加快，占美国人口 80％的中产阶级正在失去原有的悠闲状态。全球竞争使他们无法拥有安全感。买房、供子女上大学、过体面的退休生活三件大事成为了多数美国中产阶级的生活中无法回避的问题。

在俄罗斯，统计结果也显示，虽然最近五年，俄罗斯中产阶级的人数增加了一倍，但是心理学家和医生们提供的情况使中产阶级人数增加带来的喜悦大打折扣。他们认为，中产阶级受到种种恐惧的困扰，他们的健康正在受到严重损害。

由此可见，要做具有一定的物质条件、精神上自由的悠闲中产阶层并非易事，这不是中国的特例，而是一种普遍社会现象。目前，在中国的一些大城市里，相当规模的中等收入阶层处于巨大的工作与生活压力之下。于是，在现实生活中，他们从内心勾勒着一个悠闲的中产之梦。这种梦幻其实是社会转型时期人们内心的不安定感与疲惫感的一种折射，是一种对安稳而悠闲的生活的期待。中等收入阶层保持一种平和的心态，增加自我认同感，这对于和谐社会的形成将是一个有力推动。

（841 字）

（选自《中国经营报》，作者：向远洪，有改动）

练 习

一、根据课文内容，选择下列词语的正确解释：

1. 举足轻重 （ ）
   A. 每一步都有轻有重　　B. 所处地位重要
   C. 举起来有足够分量　　D. 事情容易办到
2. 和谐 （ ）
   A. 安定　　B. 和睦　　C. 繁荣　　D. 统一
3. 自然 （ ）
   A. 不做作　　B. 甚至于　　C. 天然的　　D. 理所当然
4. 上述 （ ）
   A. 上边提到的　　B. 上等阶层　　C. 上面规定的　　D. 曾经表达
5. 充裕 （ ）
   A. 处处都有　　B. 充分享受　　C. 丰富饱满　　D. 充足宽裕
6. 闲暇 （ ）
   A. 清闲假日　　B. 放假时间　　C. 空闲时间　　D. 空闲假日
7. 号称 （ ）
   A. 特点和名称　　B. 最具有号召力的称呼
   C. 很有名的名字　　D. 以某种说法著名
8. 回避 （ ）
   A. 解决　　B. 回答　　C. 躲开　　D. 掩盖
9. 大打折扣 （ ）
   A. 无法实现　　B. 便宜许多　　C. 大大降低　　D. 大大增加
10. 勾勒 （ ）
    A. 幻想　　B. 勾结　　C. 描画　　D. 制造
11. 认同 （ ）
    A. 认可　　B. 同情　　C. 同意　　D. 认识

二、根据课文内容，选择正确答案：

1. 在社会各个阶层中，对社会的稳定起重要作用的是 （ ）
   A. 强大的阶层　　B. 中产阶层
   C. 有收入的阶层　　D. 成熟的阶层
2. 许多年收入在 8 万～40 万元的家庭不满意自己的生活状态，是因为 （ ）
   A. 还没有成为中产阶层　　B. 对拥有的财富还不满意
   C. 要交纳太多的个人所得税　　D. 生活和工作压力太大

3. 高收入者认为 （ ）

A. 自己的收入已经比较高了 B. 他们之间互相不够和谐

C. 他们还没有拥有心中希望的财富 D. 他们付出得太多了

4. 中国的高收入者认为中产阶层应该是 （ ）

A. 生活悠闲的 B. 财富的创造者和拥有者

C. 生活安稳的 D. 精神自由的

5. 作者认为目前对中产阶层生活的认识是 （ ）

A. 不和谐的 B. 合乎实际的

C. 不现实的 D. 没有具体标准的

6. 如今，大部分美国中产阶级的生活 （ ）

A. 越来越悠闲 B. 正在丧失“悠闲感”

C. 正在逐渐倒退 D. 越来越不安全

7. 关于俄罗斯的中产阶层，下面哪种说法正确？ （ ）

A. 人数每年增加一倍

B. 人数增加并没有带来很大的喜悦

C. 人们害怕成为中产阶层

D. 中产阶层遇到了严重的健康问题

8. 文中提到美国和俄国是为了说明 （ ）

A. 哪一个国家的中产阶层最多

B. 中产阶层的生活应该是怎样的

C. 中产阶层遇到的问题具有普遍性

D. 中国的中产阶层生活得更困难

9. 目前中国中等收入阶层的现状是 （ ）

A. 生活不安定 B. 做着悠闲的梦

C. 心态很平和 D. 心理压力巨大

10. 作者希望中产阶层 （ ）

A. 过上安稳而悠闲的生活 B. 保持一种平和的心态

C. 对自己有清醒的认识 D. 推动和谐社会的形成

三、根据课文内容，判断正误：

1. 在中国有一个强大而成熟的中产阶层。 （ ）
2. 中产阶层的状态对社会的稳定和谐非常重要。 （ ）
3. 在北京，家庭年收入在 8 万元以上的人认为自己就是中产阶层了。 （ ）
4. 目前许多拥有财富的人对自己的生活并不满意。 （ ）
5. 拥有高收入的人内心认为中产阶层的生活应该是悠闲的。 （ ）
6. 过去，美国的中产阶层生活得比较悠闲。 （ ）

7. 中产阶层占美国人口的绝大多数。 (　　)

8. 俄罗斯的中产阶层非常喜欢在商场打折的时候购物。 (　　)

9. 目前社会正处在一个大变化时期。 (　　)

10. 悠闲的中产之梦反映了人们内心的不安定和疲倦。 (　　)

四、选词填空：

A. 举足轻重　　B. 回避　　C. 勾勒　　D. 充裕　　E. 困扰

1. 在目前资金较________的情况下，优质上市公司股票，如金融股、电信股等仍可持有，而绩差股则要考虑减仓。

2. 他的画作采用天然颜料，在线条________、结构比例、色彩调配、人物造型等方面将南亚的绘画艺术和藏族艺术相融合。

3. 商业品牌是每个设计师永远无法________的话题。

4. 作为主力前锋，李金羽在队中的作用________，他的停赛是球队的一大损失。

5. 教练的意图非常明显，就是要让非常疲劳的队员们提前热身保持状态，争取在赛前有更________的休息时间。

6. 整机外形采用了黑色与银白色极具金属质感的搭配，________出简洁明快、时尚靓丽的基调。

7. 李松年比黄小玲显得沉着，他根本不________这件事，一开口就承认是自己追求黄小玲的。

8. 与柏小磊一样，李军从成都回来后便受伤病________，无法投入正常训练。

9. 国内绝大部分石油天然气开采都是由这三大集团完成的，这三大石油石化集团在我国石油与化学工业中占有________的地位。

五、简答题：

1. 在中国，中产阶层的标准是什么？

答：________________________________。

2. 获得高收入的代价是什么？

答：________________________________。

3. 多数美国中产阶级生活中面临的问题是什么？

答：________________________________。

六、回答问题：

1. 中产阶层理想的生活状态是什么？

2. 中产之梦说明了什么？

3. 为什么我们需要“高兴的”中产阶层？

二、创业快速成功从哪儿入手

如果你刚开始创业，第一件要做的事情是学习经营管理的要诀。问题是，你能否快速进入状态呢?

刚开始当老板的人，大多知道必须加强技术、财务、营销、员工等方面的管理，但某些经营诀窍似乎并不是一夜之间可以领悟的。

《财道纵横》认为，想要创业快速成功，不妨试着从以下10个方面入手：

1. 到其他公司学习

如果有机会到其他公司（不管是大型公司总管理处或是小型公司）服务，应悉心观摩老板的经营长处，这对你的创业将大有好处。

2. 雇用精明能干的员工

有些老板惧怕雇用太精明的员工，但许多创业家认为，雇用精明能干的员工，不但有助于业务的拓展，而且自己也可向他们学习，所以许多创业家把成功归因于“雇用比自己精明的员工”。

3. 时常与创业经验丰富的人聚餐

只要他人拥有你所欠缺的实际经验，你不妨主动积极地在空当时间邀约对方，不管是早餐、午餐或晚餐，多与这类“过来人”聚餐聊聊，汲取他们的点子与心得。

4. 利用视听器材增加管理知识

如电视上有关于企业管理的节目，应按时收看或设法录下来有空儿时观看；另外，目前有一些用录音带录制的经营管理课程，可利用空闲或开车时收听，必定有收益。

5. 敢于采用“尝试错误”的学习方法

通常，当你询问创业家如何学习经营管理时，他们一定会回答“从尝试错误中学习经验”。摸索经验或许并非最有效的方式，但自己所领悟的经营要诀，通常是最珍贵、最实在的。

6. 与员工共进午餐

在小型企业中，老板与主要员工每天共进午餐，可加强创意的交流，解决问题以及互相学习等，真是一举数得的办法。

7. 拓宽各种资讯来源

多阅读书籍、杂志、报纸、商业通讯以及交易刊物等，这些均是极珍贵的资讯来源。

8. 运用供应商的智慧

供应商通常不仅熟悉本行业务，而且能够提供许多对你有所助益的特殊资讯。

9. 注意倾听顾客的抱怨及赞誉

从顾客的心声中，发现你的缺失，以便及时改进；如果你的某些措施非常正确，则应继续保持并做得更好。

10. 持续找寻问题

只要你提出问题，大多数人都会乐意解答你的疑问；你的疑问能吸引他人的注意，进而获得他们的钟爱。同样的，如果别人问你问题，你应尽可能地答复；如果你希望知道更多，你首先必须付出更多。

（874字）

（选自 http：//bbs1. jrj. com. cn 理财论坛，有改动）

练 习

一、根据课文内容，选择下列词语的正确解释：

1. 入手 （ ）
   A. 第一步 B. 入迷 C. 开始做 D. 进入
2. 要诀 （ ）
   A. 需要的秘密 B. 重要的内容
   C. 重要的方法 D. 必需的部分
3. 诀窍 （ ）
   A. 关键的方法 B. 简单的办法
   C. 高明的办法 D. 神秘的方法
4. 不妨 （ ）
   A. 不能停止 B. 没有什么损害
   C. 不断地 D. 可以这样做
5. 悉心 （ ）
   A. 好心 B. 细心 C. 尽心 D. 粗心
6. 雇用 （ ）
   A. 总是利用 B. 出钱让人做事
   C. 让人做某项工作 D. 聘请特殊人才
7. 拓展 （ ）
   A. 加大开展 B. 开辟扩展 C. 扩大展览 D. 努力发展
8. 空当 （ ）
   A. 正在 B. 当时 C. 空闲 D. 一点儿
9. 汲取 （ ）
   A. 涉及 B. 吸取 C. 占取 D. 借鉴
10. 点子 （ ）
    A. 一点儿 B. 关键 C. 主意 D. 经验

11. 实在 （ ）

A. 真实　B. 诚实　C. 的确　D. 现实

二、根据课文内容，选择正确答案：

1. 这篇文章主要介绍怎样 （ ）

A. 开始创业　B. 学习经营管理

C. 快速进入公司　D. 快速成功

2. 老板选择的员工应该 （ ）

A. 不会让自己感到害怕　B. 聪明、有能力

C. 向自己学习　D. 能使公司获得成功

3. “过来人”是指 （ ）

A. 其他的人　B. 缺乏足够经验的人

C. 创业经验丰富的人　D. 有空儿来聚餐的人

4. 当老板的人，还应该加强 （ ）

A. 多媒体的使用　B. 与电视台的经常性合作

C. 对员工的监管　D. 企业管理知识的学习

5. “尝试错误”的学习法是指 （ ）

A. 经常向创业家学习经营管理　B. 从错误中学习经验

C. 工作中要经常试着犯些错误　D. 自己去领悟经营要诀

6. “一举数得”的意思是 （ ）

A. 一顿饭花的钱并不多　B. 做一件事，得到多种收获

C. 已经多次证明是成功的　D. 一旦开始就会有很多收获

7. “供应商”是指 （ ）

A. 商业领域的专家　B. 提供专业指导的商人

C. 掌握很多有用信息的商人　D. 提供原材料的商家

8. 老板应该怎样对待顾客？ （ ）

A. 与他们进行发自内心的交流　B. 给顾客各种奖励

C. 听取顾客的各种意见　D. 坚持自己的原则

三、根据课文内容，判断正误：

1. 作为一名创业者，首先要学习经营管理的技巧。 （ ）
2. 学习经营管理的诀窍需要很长的时间消化吸收。 （ ）
3. 创业者应该去非常著名的公司或企业参观学习。 （ ）
4. 要雇用没有自己聪明能干的员工来公司工作。 （ ）
5. 经营活动中出现的错误是宝贵的经验。 （ ）

6. 利用吃饭时间与员工沟通交流非常有好处。 (　　)

7. 要学会充分利用他人的智慧。 (　　)

8. 多问问题会引起他人注意并得到他人喜爱。 (　　)

四、选词填空：

A. 拓展　　B. 不妨　　C. 空当　　D. 进而

1. 我认为，不必这样痛心疾首，________把心态放平和一些。

2. 上个世纪六七十年代，当地旅游业收入主要依靠博彩业，经过几十年新业务的________，目前旅游业已涵盖博彩、购物、会议展览、住宿餐饮、娱乐表演等多个方面。

3. 当姚明被包夹时，火箭队球员便利用穿插跑位在外围快速倒手，最后在________处出手投篮。

4. 企业打造各种商品品牌是为了满足消费者的物质文化生活需要，________更好地占领市场。

5. 如果还不放心，购买时________要求使用湿度计对木材进行湿度检验，这样便可万无一失。

6. 美林电子公司整体搬迁到科技工业园，对进一步________企业发展空间，提升整体形象，具有重大的战略意义。

7. 跟你说吧，我光哑铃就买过几十副呢，拍戏________拿出来练练，挺方便的。

五、简答题：

1. 在事业开创阶段，首先要学习什么？

答：________________________________。

2. 如何拓宽资讯来源？

答：________________________________。

3. 供应商会提供什么帮助？

答：________________________________。

六、回答问题：

1. 要想成为老板，都需要学习哪些方面的知识？

2. 老板与员工之间应该形成怎样的关系？

3. 老板应该如何对待顾客的抱怨？

三、商业合同

甲方：客户

乙方：译林翻译中心

1. 甲方应保证拥有或已取得译稿的版权或翻译权，乙方不对资料中涉及政治、商业秘密等内容所产生的纠纷负责。本中心除保留署名权外，其他权利由客户所有和支配，乙方不承担任何的法律责任。

2. 如甲方对乙方译稿有异议，请在收到译稿后三个工作日内以书面形式提出，逾期视为自动放弃。三个工作日内乙方应按甲方的要求依照客观情况免费修改。

3. 如甲方在翻译过程中修改翻译译稿，甲方也须书面通知乙方，甲方应承担相应的翻译费用；如增加译稿，增加部分按原合同每千字计价，不足千字按千字计算。

4. 甲方有责任尽可能地向乙方提供译稿的翻译辅助资料。

5. 乙方翻译稿件须按“忠实、通顺”的翻译标准进行翻译。但甲方应理解以下可能出现的情况：翻译中存在可译与不可译、两种语言中没有意义绝对相同的两个词，以及各语言或同一语言中表达方式的无限多样性等问题，因而翻译总有偏失等现象。作为译者，乙方应该尽可能减少这种偏失，甲方不能因对某些词的择取而拒稿。任何与此有关的争议，双方应争取以商讨方式解决。

6. 如乙方译稿出现翻译错误，即漏译或与原文意思相对或相反的情况，甲方有权拒收稿件，要求乙方退还预付款项。

7. 当译文错误率超过0.5%时，超过部分错一罚十，同一错误重复出现只计一次。

8. 基于保密原因，无论甲方是否按期取稿，乙方有权将逾期三十天未取的原稿和译稿予以销毁。稿件的销毁不影响客户支付全部译费。

9. 乙方有义务根据甲方的要求随时向甲方报告翻译情况。

10. 按甲方提供的联系方式和时间进行联络失败时，乙方不承担延误责任。

11. 乙方非经甲方任何形式的许可不得向第三方泄露甲方翻译资料内容。

12. 因乙方原因造成交稿时间延误，应按单价乘以应完成天数除以实际完成天数的方式对甲方进行赔偿。

13. 甲方提出的任何退款或索赔金额仅限于乙方所收取的译费金额之内。

14. 甲乙双方任何一方于任务开始之前提出解除协议的，须向对方赔偿协议金额的30%作为违约款；任何一方于任务开始后提出解除协议的，除须向对方赔偿协议金额的30%作为违约款外，还应承担对方因此所产生的费用（总金额不超过本协议的译费金额）。

（849字）

（选自 http：//kaozhengzhijia. bokee. com，有改动）

练 习

一、根据课文内容，选择下列词语的正确解释：

1. 涉及 （ ）

A. 牵扯到　B. 影响到　C. 经历过　D. 接触到

2. 纠纷 （ ）

A. 错误　B. 争执　C. 任务　D. 争吵

3. 异议 （ ）

A. 不同的或反对的意见　B. 不同的含义

C. 与众不同的意见　D. 不一样的议论

4. 逾期 （ ）

A. 超过原有的期望　B. 超过规定的期限

C. 缩短规定的期限　D. 到了一定的期限

5. 商讨 （ ）

A. 商量决定　B. 彼此检讨　C. 热烈讨论　D. 商量讨论

6. 基于 （ ）

A. 考虑到　B. 甚至于　C. 如果是　D. 基本于

7. 予以 （ ）

A. 可以　B. 给以　C. 所以　D. 而已

8. 销毁 （ ）

A. 消除　B. 毁坏　C. 毁掉　D. 报销

9. 延误 （ ）

A. 延续错误　B. 耽误　C. 延长误会　D. 拖延

10. 泄露 （ ）

A. 解释　B. 表达　C. 透露　D. 显露

11. 索赔 （ ）

A. 得到赔偿　B. 要求赔偿　C. 给予赔偿　D. 决定赔偿

12. 违约 （ ）

A. 最终分手　B. 解除约定　C. 违反合同　D. 违反法律

二、根据课文内容，选择正确答案：

1. 译林翻译中心保留 （ ）

A. 版权　B. 翻译权　C. 署名权　D. 所有权利

2. 如果甲方在三个工作日内以书面形式对译稿提出异议，乙方应当 （ ）

A. 自动放弃一切权利　B. 和甲方进行协商

C. 收到修改费用后立即修改　　D. 在三个工作日内免费修改

3. 在翻译过程中，如果甲方要修改译稿，那么　　（　　）

A. 须尽快电话通知乙方　　B. 不需要额外付费

C. 须以书面形式告知乙方　　D. 须按实际超出字数计价

4. 乙方翻译稿件时　　（　　）

A. 应充分尊重原稿　　B. 不允许出现任何偏失

C. 可以对稿件进行适当的修改　　D. 两种语言的词语必须一一对应

5. 对于超过规定期限三十天甲方仍未取回的原稿和译稿，　　（　　）

A. 乙方仍须继续保留　　B. 甲方须另外支付保管费

C. 乙方有权销毁　　D. 甲方须支付双倍的翻译费用

6. 对于甲方翻译资料的内容，乙方　　（　　）

A. 要随时向甲方报告　　B. 要经过甲方同意才能开始翻译

C. 可以告诉给第三方　　D. 不经过甲方同意不能告诉别人

7. 出现下面哪种情况甲方可以向乙方索赔?　　（　　）

A. 译稿引起商业纠纷　　B. 译稿出现错误

C. 没有按时完成译稿　　D. 甲方提供的联络方式导致联络失败

8. 下面哪一项不是乙方的义务?　　（　　）

A. 对译稿严格保密　　B. 提供译稿的翻译辅助资料

C. 随时报告翻译情况　　D. 交稿后三个工作日内免费修改译稿

9. 如果甲方在任务开始之前提出解除协议，那么　　（　　）

A. 甲方须承担由此所产生的全部费用

B. 乙方须向甲方返还协议金额的30%

C. 乙方承担由此所产生费用的30%

D. 甲方须向乙方赔偿协议金额的30%

三、根据课文内容，判断正误：

1. 在翻译工作开始前，甲方必须取得译稿的翻译权。　　（　　）
2. 乙方须对译稿内容引起的纠纷负责。　　（　　）
3. 甲方对译稿有异议必须在收到译稿后三个工作日内提出。　　（　　）
4. 在翻译过程中如甲方增加译稿，则以千字为单位计算翻译费用。　　（　　）
5. 甲方不得因为翻译偏失拒收稿件。　　（　　）
6. 译文出现错误时，每一处错误要给予十倍的罚款。　　（　　）
7. 稿件因甲方逾期三十天未领回而被乙方销毁后甲方将不必支付全部费用。（　　）
8. 如果没有及时和甲方取得联系，乙方必须承担延误责任。　　（　　）
9. 如果乙方因为自身原因延误了交稿，将按照天数来计算赔偿金额。　　（　　）
10. 任何原因导致的索赔总金额都不能超过双方商定的译费总额。　　（　　）

四、选词填空：

A. 基于　B. 延误　C. 予以　D. 商讨　E. 涉及

1. 公司要求，凡规章的主要内容与法律、行政法规、地方性法规相抵触的，要坚决________废止。
2. 中建公司第十五项目部通过和业主不断沟通协调，共同________解决方案，历时五个月，终于化解了双方之间的矛盾。
3. 郭唐说，此次换位体验主要________三方面考虑。
4. 这次"三新行动"规模之大、________面之广、持续时间之长在全国环保公益活动中尚属首次。
5. 对违反规定者，视情节轻重________批评教育、停止职务直至纪律处分。
6. 会见中，李文柳就有关合作事项与客商们进行了积极的________。
7. 航班________时，每30分钟向旅客发布一次航班动态信息，并努力安排旅客尽早成行。
8. 这是一项复杂的社会系统工程，________到全市方方面面、各行各业、每一个人。
9. 对业绩突出的街道干部，在选拔任用上要优先________考虑。
10. 音乐手机、电视手机和定位手机等________多媒体应用的功能手机名称从2005年开始已经成为手机行业的一个亮点。
11. 因为________治疗，李林的伤病虽经手术也已很难治愈了。

五、简答题：

1. 甲方提出修改译稿时，如何计算费用？

   答：________________________________。
2. 乙方翻译稿件的原则是什么？

   答：________________________________。
3. 如果乙方延误交稿时间，应该如何赔偿甲方的损失？

   答：________________________________。

六、回答问题：

1. 为什么翻译有时会出现偏失？
2. 关于解除协议，合同是怎样规定的？

四、美女经济

“漂亮的脸蛋能长出大米”，这曾经是很久以前一部外国电影中的台词，而今已成为一种事实。

大到汽车、房子，小到手机、洗发水，如今只要一打开电视、报纸，满目皆美女，由不得你不看。在广告圈中普遍流行着“三大法宝”：美女、宠物和小孩儿。请美女拍广告，贵的可能要几百万元，便宜的可能只要几百块，但美女广告为企业创造的经济效益则难以计数。比如模特业，有资深人士估计，中国的模特产业一年产值至少 50 亿元。现在的模特产业，已从单一的时装模特发展到车模、手模、脚模、IT 模、珠宝模等各种产品领域。可以说，广告是最有效益的美女经济。

而最直接的美女经济则是选美。环球小姐、国际小姐、世界小姐、中华小姐、中国小姐、上海小姐评选等不断刺激着人们的眼球。选美活动带动了一些周边产业的发展。例如，选美需要电视台来拍，可以带动电视的发展，有很多人要看，又可以带动影碟的发展，这属于上游带动。选美过程中还需要很多“原材料”，比如美容美发、珠宝、服装、宾馆酒店、摄影冲印等，为选美大赛服务的人员将达到上千人，此外还有不少人通过选美走上银幕、拍广告，等等。

在美女经济中受益最大的行业是美容业。选美提供了制造美女的需求，而整容机构则成为了美女的供给方。近期刚刚落幕的人造美女大赛更是为这项蓬勃发展的产业火上浇油。2003 年 11 月，历时近二百天，全身十多处进行整形，中国第一“人造美女”、北京姑娘郝璐璐正式完成“变脸”。随后，广州、昆明、四川等地纷纷开始“人造美女工程”。

面对愈演愈烈的美女经济，女性学家认为其中存在着严重的性别歧视。它是在男性中心主义的背景下设定的，主要是迎合男性的口味。经济学家认为，美女经济其实可能是一种“泡沫经济”。虽然在当前，美女经济可能对经济有着积极的拉动作用，但很快就会供过于求。市场经济的规律会自动地对过盛的美女经济进行矫正。在社会学家眼里，这样的社会现象是对人们尤其是青少年的不良诱导。“小孩儿的理想竟然是‘当美女’；很多女学生坚信‘学得好干得好不如长得好’。”社会将“美”的定义聚焦在脸蛋和躯体上，对社会价值导向是一种严重的误导。

（851 字）

（选自《广州日报》大洋网，作者：秦晖等，有改动）

练习

一、根据课文内容，选择下列词语的正确解释：

1. 效益 （ ）
   A. 效率和利益　B. 反应和利益
   C. 作用和收益　D. 效果和收益
2. 资深 （ ）
   A. 资格老　B. 熟练的　C. 名气大　D. 内部的
3. 周边 （ ）
   A. 边缘　B. 边远　C. 周围　D. 周期
4. 落幕 （ ）
   A. 结束　B. 落下　C. 开幕　D. 完成
5. 火上浇油 （ ）
   A. 增添光彩　B. 使事态加剧　C. 轰轰烈烈　D. 变得更热闹
6. 歧视 （ ）
   A. 不平等地看待　B. 倾向
   C. 多方面地关注　D. 错误
7. 过盛 （ ）
   A. 过于兴旺　B. 过于强烈　C. 过于隆重　D. 过于丰盛
8. 矫正 （ ）
   A. 纠正　B. 确定　C. 指正　D. 强化
9. 诱导 （ ）
   A. 指引　B. 导向　C. 迷惑　D. 引导
10. 聚焦 （ ）
   A. 聚集到一起　B. 使集中于一点
   C. 聚会在一起　D. 使结合到一点

二、根据课文内容，选择正确答案：

1. "漂亮的脸蛋能长出大米"，这是一部外国电影中的 （ ）
   A. 一个故事　B. 一句话
   C. 一个主题　D. 一个事实
2. "漂亮的脸蛋能长出大米" 是要说明 （ ）
   A. 美丽能带来经济效益　B. 漂亮和大米的关系
   C. 美丽的姑娘更会劳动　D. 漂亮的程度

3. 现在我们看电视或报纸，最常看到的是 （　　）

A. 汽车、房子　　B. 手机、洗发水

C. 各种美女　　D. “三大法宝”

4. 请美女拍广告 （　　）

A. 报酬都非常高　　B. 能带来极大经济效益

C. 报酬很难确定　　D. 付出的报酬无法计算

5. 关于选美，下面哪种说法正确？ （　　）

A. 让人们的眼睛感到很不舒服　　B. 带动了许多相关产业的发展

C. 需要准备很多材料　　D. 参加过选美就能成为电影演员

6. 人造美女大赛带来的最大效果是 （　　）

A. 极大地促进了美容业的发展　　B. 产生了中国第一“人造美女”

C. 带动各地开始“人造美女工程”　　D. 制造出了大量的美女

7. 女性学家认为“美女经济” （　　）

A. 应大力提倡　　B. 是对女性的不尊重

C. 应在男性中心主义背景下研究　　D. 应首先考虑女性的需要

8. 经济学家认为“美女经济” （　　）

A. 可以长期拉动经济的发展　　B. 已经供过于求，应该进行抑制

C. 有着非常美好的未来　　D. 是一种比较脆弱的经济现象

9. 社会学家认为“美女经济”会 （　　）

A. 引导青少年正确打扮自己　　B. 给青少年带来新的就业指导

C. 对青少年产生不良的影响　　D. 帮助青少年确立“美”的观念

三、根据课文内容，判断正误：

1. 美女、宠物和小孩儿是最常用来做广告的角色。 （　　）
2. 电视里的美女非常漂亮，人们会忍不住要去看。 （　　）
3. 广告商非常看好美女身上蕴藏的巨大的经济效益。 （　　）
4. 模特产业是最有效益的美女经济。 （　　）
5. 各种选美活动不断地吸引着人们的目光。 （　　）
6. 美容美发、珠宝服装等是选美活动必需的一些元素。 （　　）
7. 整容机构为我们提供着越来越多的美女。 （　　）
8. 美女经济的繁荣说明当前还是一个以男性为中心的社会。 （　　）
9. 当前美女已经太多了，远远超过了社会需求。 （　　）

四、选词填空：

A. 歧视　　B. 聚焦　　C. 矫正　　D. 诱导

1. 环卫工人们在城市面临着越来越多的困扰：交通事故的威胁，有毒有害气体的侵

害，甚至还有来自社会的________。

2. 我校各专业对考生视力的要求是：眼睛的近视________视力不低于4.8。

3. 顿时，现场所有的目光都________在了坐在最后一排的这位美女身上，现场议论纷纷。

4. 有些经销商为了扩大销售量，夸大宣传，隐瞒真相，________消费，损害消费者的利益，因此引发消费者投诉。

5. 记者们与艾滋病患者们同桌进餐，调查周围人群对艾滋病知识的了解情况，以实际行动消除人们对艾滋病患者的偏见和________。

6. 医生说，青春期的孩子容易产生认知和行为的偏差，需要及时________。

7. 尽管没有自动________功能，但这款照相机还是提供LED闪光灯、三种图像分辨率选择、特殊效果设置等拍摄功能。

8. 李老师在课堂上很少满堂灌，他总是采用启发和________的方法，让学生们自己思考，寻找答案。

五、简答题：

1. 为什么说广告是最有效益的美女经济？

答：____。

2. 选美活动会带动哪些产业的发展？

答：____。

3. 经济学家如何看待美女经济？

答：____。

六、回答问题：

1. 模特产业都包括哪些方面？

2. 美女经济有哪些负面影响？

3. 你如何看待“人造美女”？

第十四单元

一、一个卖蛋糕的摄影家
——好利来总裁罗红

摄影是罗红从小的梦想。17 岁就开始出外谋生的罗红，第一份工作就是在影楼里当学徒，他开的第一家店就是照片冲晒店，攒的第一笔钱就用来买了一台理光相机。

在摄影和蛋糕之间切换的契机源于母亲退休后的第一个生日。跑遍全城也没能买到中意的蛋糕令他沮丧。在调查了四川雅安当地所有的蛋糕房后，罗红下定决心：创立自己的蛋糕店。那是 1992 年的事了。

到今天，37 岁的罗红没想到，他的身价已经超过 10 亿。好利来蛋糕店在全国已拥有 600 多家连锁店，管理和经营者已达 8000 多。创业之初的四年里，罗红把大部分时间和精力都给了好利来，但他没有一天忘记自己的摄影梦。在好利来事业稳定以后，他就背起相机，一次次地出发了。

不知不觉，他在 10 年里走过了 18 万余里，足迹遍及中国西部所有省份，并 7 次走进非洲，在那些人迹罕至的地方用镜头记录下一幅幅壮丽广阔的画面。10 年间，罗红的相机换了五六台，越野吉普也从“牧马人”过渡到“沙漠王子”。

“摄影是一门把瞬间变成永恒的艺术，也是一门分享的艺术!”每一年，罗红都要出一本摄影集，把他一年的创作精选出来，送给顾客和亲朋好友，和大家一起分享。许多顾客都习惯了在春节前后到好利来蛋糕店里去领一本罗红摄影集。还有很多消费者通过地铁站里美丽的图片认识了罗红，对好利来的品牌产生了好感。

很多企业家越做越累，而罗红是越做越轻松。摄影让他学会了去授权，让部下更多地承担责任。每当出现心情烦躁、思维麻木等都市不适症时，罗红就把生意交给下属打理，独自驾车出发了。他把镜头对准大山大水，边走边摄。两三天之后心情变化很大。

最开始要远行的时候，罗红特意买了个卫星电话，万一公司有重大事件，可以及时通知到他。“谁知，我带了两次，却一个电话也没有。”罗红说。这时他才真正意识到，地球缺了谁也一样转。现在的他，甚至有时手机都不开。

如果一定要让罗红从蛋糕和摄影之间作出取舍，他的表情会很为难。罗红这样解释：一个都不能少。蛋糕其实也是一种艺术，他会一直做到老，摄影是第二事业，倘若不能摄影，他会忍不住伤心。

（823 字）

（据网络资料综合编写）

练习

一、根据课文内容，选择下列词语的正确解释：

1. 谋生　　（　　）

A. 寻找生存的办法　　B. 计划如何生活

C. 生活如同游戏　　D. 生活非常艰难

2. 契机　　（　　）

A. 工作合同　　B. 重要机会　　C. 转变过程　　D. 关键机器

3. 中意　　（　　）

A. 中等　　B. 中间　　C. 漂亮　　D. 满意

4. 沮丧　　（　　）

A. 痛苦悲伤　　B. 暗中流泪　　C. 灰心失望　　D. 丧失信心

5. 身价　　（　　）

A. 全部工资　　B. 个人财产和地位

C. 个人价值观念　　D. 身体的价格

6. 人迹罕至　　（　　）

A. 人不愿意去　　B. 足迹杂乱

C. 很少有人到达　　D. 游客众多

7. 瞬间　　（　　）

A. 转眼之间　　B. 镜头中间　　C. 变化之间　　D. 亲眼所见

8. 授权　　（　　）

A. 接受权力　　B. 掌握和控制权力

C. 放弃权力　　D. 把权力委托给别人

9. 打理　　（　　）

A. 打成一片　　B. 打算管理　　C. 负责管理　　D. 慢慢处理

二、根据课文内容，选择正确答案：

1. 罗红第一份工作就是影楼学徒是因为　　（　　）

A. 影楼工资高　　B. 他从小喜欢摄影

C. 他家就是开照片冲晒店的　　D. 他想买一台理光相机

2. 罗红决定开蛋糕店是因为　　（　　）

A. 没给母亲买到合适的蛋糕　　B. 他喜欢吃蛋糕

C. 照片冲洗店不如蛋糕店挣钱多　　D. 做蛋糕是他的梦想

3. 经过多长时间蛋糕店的经营就稳定下来了？　　（　　）

A. 十年　　B. 二十年　　C. 五年　　D. 四年

4. 罗红什么时候开始去实现自己的摄影梦？（　）

A. 37 岁时
B. 拥有了 600 多家连锁店以后
C. 蛋糕店经营了四年以后
D. 拥有了超过 10 亿的财产以后

5. 关于罗红的摄影生涯，下面哪种说法不正确？（　）

A. 他走遍了中国的所有省份
B. 10 年内去了 7 次非洲
C. 他的相机换了又换
D. 吉普车越换越好

6. 罗红的摄影集（　）

A. 是他多年创作的精选
B. 每年春节前后出版发行
C. 春节前后在好利来免费赠送
D. 在地铁站里免费赠送

7. 摄影带给罗红的最大好处是（　）

A. 生意越做越轻松
B. 学会了权力下放
C. 避免患上都市不适症
D. 可以不断变化心情

8. 罗红外出有时连手机也不开是因为（　）

A. 他不喜欢被打扰
B. 公司没有发生什么重大事件
C. 没有他公司也能正常运转
D. 不带手机地球也会一样转

9. 蛋糕和摄影，罗红更看重哪个？（　）

A. 蛋糕　B. 摄影　C. 他不清楚　D. 都看重

三、根据课文内容，判断正误：

1. 罗红 17 岁时开了一家照片冲晒店。（　）
2. 罗红用攒的第一笔钱开了一家蛋糕店。（　）
3. 罗红是四川雅安人。（　）
4. 母亲退休后的第一个生日，罗红没能给母亲买到蛋糕。（　）
5. 好利来蛋糕店是全国连锁店。（　）
6. 37 岁的罗红已经是一位成功人士了。（　）
7. 在最初创业的四年里，罗红没有忘记摄影，一有空儿就背起相机出发了。（　）
8. 罗红喜欢拍摄大自然的壮丽景象。（　）
9. 通过地铁站里罗红的摄影作品，很多人认识了好利来蛋糕。（　）
10. 身为企业家，罗红越来越感到疲劳不堪。（　）
11. 第一次出远门时罗红准备了卫星电话。（　）
12. 对于罗红来说，蛋糕既是生意也是艺术。（　）

四、选词填空：

A. 契机　B. 中意　C. 打理　D. 人迹罕至

1. 2007 年才开发的万丈崖瀑布群，因山高林密、峡深壁陡而长期________，也因此保留了岭南罕见的原始生态景观。

2. 今年将在全国四个试点城市同时发放个性化车牌，有车一族可以自主选择一个自己________的车牌号。

3. 孙先生认为，购买由银行专业人士________的基金，肯定比自己买股票要强。

4. 1000年前的罗布泊是个水草丰美的地方，而如今却已经是________的不毛之地了。

5. 滨海小学将以这次主题活动为________，在英语、美术、语文、常识等学科全面推开教学改革。

6. 张大龙在家中排行老四，从小便和姐弟一起帮助家里________卖香烟的小本生意，一家人的生活还算过得去。

7. 由于一直忙于事业，而且也没有遇到________的姑娘，他至今没有结婚，这可急坏了家里的两位老人。

8. 我们要以开展"基层基础建设年"为________，召开全市环保系统基层基础工作现场会，积极探索新形势下加强基层基础工作的有效途径。

五、简答题：

1. 罗红在开蛋糕店前做了什么准备工作？

答：________________________________。

2. 什么是都市不适症？

答：________________________________。

3. 罗红认为摄影是一门怎样的艺术？

答：________________________________。

六、回答问题：

1. 罗红的蛋糕生意做得怎么样？

2. 请介绍一下罗红的摄影生涯。

3. 罗红对待摄影和蛋糕的态度是什么？

二、在大桥守望生命

——南京第一位自杀救助义工陈思

2003年9月10日，首个"世界预防自杀日"，南京长江大桥发生一起自杀事件，这促使陈思扛着自制标语牌走上了大桥。

"全社会都来关注自杀者。天无绝人之路，退一步海阔天空，善待生命每一天。"红色心形的牌子，在车流人群中非常醒目。下面是陈思家的电话和手机号码。南京长江大桥因为其“轰轰烈烈”的效果和极高的成功率，在轻生者心中成为“自杀圣地”，从1968年建成至今，已有1000多人在此自杀，这是陈思选择大桥的原因。

自此，每个双休日的8点到下午5点，陈思都守望在大桥，搜寻着神情仓皇、心事重重的徘徊者。仅仅在最初的20天里，他就把11条生命从死亡线上拉了回来。

在很多人看来，在大桥守望自杀者，类似于守株待兔，牵涉精力过多而效率偏低。半年多来，陈思救助的自杀者一共只有26人。但陈思说：“或许26这个数字很小，但对于自杀者个人和他的家庭来说，却是全部。自杀者认为社会黑暗，不值得留恋，我希望自己能做一支蜡烛，给他们一丝光明和希望。在大桥守望是干预自杀的最后一道防线，它更多的是一种象征意义，让自杀者看到这个社会还关心他们，再苦再累的地方还有人在守候。”

从开始自杀救助的第一天，陈思就把自己的经历和感悟写进了《大桥日记》。日记本越来越厚，陈思的心情却越来越沉。他意识到，仅凭一己之力，是无法担当“生命守望者”使命的。他一直在寻求用更广泛的途径帮助自杀者。长期业余研究心理学的陈思注册了个人心理咨询网站“心灵港湾”，为有精神烦恼和心理障碍的人提供倾诉空间。他也在寻求更多社会力量的加入。他曾在《大桥日记》中写道：“国家那么大，政府肯定有力不能及的地方，民间的声音应该更大一些。”

现在全国约有300多人表示希望在自己的城市为自杀者提供帮助，南京已有10名志愿者走上了大桥。一个人点燃的星星之火，开始在志愿者中传递，温暖越来越多的心灵。社会也开始关注大桥上的自杀者，南京铁路分局大桥派出所和南京工业大学团委制作了励志标语牌，设置在桥栏两侧：“只要春天还在，我就不会悲哀。纵使黑夜吞噬一切，太阳还可以重新回来。”

（827字）

（选自《华东新闻》，作者：姚玉洁、梅洁，有改动）

练习

一、根据课文内容，选择下列词语的正确解释：

1. 守望（　　）

A. 看守看望　　B. 守卫观望　　C. 等待希望　　D. 等着要看

2. 海阔天空（　　）

A. 形容海和天相距遥远　　B. 形容广阔无边

C. 比喻生活充满乐趣　　D. 比喻路途遥远

3. 醒目（　　）

A. 很明显，容易看清　　B. 令人震惊

C. 视力好，能看清　　D. 头脑清醒

4. 轻生者 （　　）

A. 生活轻松的人　　B. 生活贫困的人

C. 想自杀的人　　D. 生命很轻的人

5. 仓皇 （　　）

A. 悲哀凄凉　　B. 慌张匆忙　　C. 孤独痛苦　　D. 自信骄傲

6. 守株待兔 （　　）

A. 比喻被动等待　　B. 守候一只兔子

C. 比喻收获很少　　D. 守着树和兔子

7. 牵涉 （　　）

A. 牵连　　B. 干涉　　C. 牵挂　　D. 花费

8. 感悟 （　　）

A. 感动和觉悟　　B. 感想和体会

C. 丰富的感情　　D. 感情波动

9. 倾诉 （　　）

A. 有倾向性的谈话　　B. 诉说不公平

C. 完全说出心里话　　D. 忘记一切

10. 力不能及 （　　）

A. 力量所达不到的　　B. 力量不能及时到达

C. 努力不够的　　D. 再努力也做不到

11. 纵使 （　　）

A. 就让　　B. 如果　　C. 但愿　　D. 即使

二、根据课文内容，选择正确答案：

1. 陈思成为自杀救助义工是因为 （　　）

A. 首个“世界预防自杀日”南京长江大桥发生了一起自杀事件

B. 从2003年9月10日起全社会都开始关注自杀者了

C. 在车流人群中看到了一块醒目的红色心形牌子

D. 在南京长江大桥上自杀的人太多了

2. “天无绝人之路”的意思是 （　　）

A. 没有通往天堂的路　　B. 天上没有绝对的路

C. 任何困难总有办法解决的　　D. 人一定能战胜大自然

3. 很多人选择在南京长江大桥自杀是因为这里 （　　）

A. 引人注目而且容易成功　　B. 允许自杀

C. 是一个神圣的地方　　D. 有人守候

4. 在最初的20天里，陈思 （　　）

A. 每天从早上8点到下午5点都守在大桥上

B. 发现那些走来走去神情慌张充满心事的就是打算自杀的人

C. 救助了 11 位准备自杀的人

D. 把 11 位在大桥上徘徊的人带回了家

5. 很多人认为守望自杀者 (　　)

A. 类似于一种游戏　　B. 是公益事业

C. 是为了引人注意　　D. 浪费时间和精力

6. 陈思坚持守望自杀者是因为他觉得 (　　)

A. 他喜欢做志愿者　　B. 每个人对他的家人都很重要

C. 能帮助 26 个人已经很满足了　　D. 自己是一支蜡烛，可以照亮别人

7. 陈思觉得自己守望的意义在于 (　　)

A. 能做自己喜欢的事　　B. 让自杀者看到最后的希望

C. 能够迅速出名　　D. 让自杀者无法自杀

8.《大桥日记》记载了陈思 (　　)

A. 守望自杀者的经历和感悟　　B. 要当志愿者的原因

C. 研究心理学的成果和体会　　D. 成立一个援助联合会的设想

9. 通过一段时间的自杀救助，陈思认为 (　　)

A. 政府有义务帮助自杀者　　B. 应该换一种方式来帮助自杀者

C. 自己没有能力再做下去了　　D. 应该发动更多的人参与这件事

10. 关于自杀救助，下面哪种情况正确？ (　　)

A. 陈思决定要放弃了

B. 陈思的义举得到了广泛响应

C. 全国约有 300 人来到南京帮助自杀者

D. 南京长江大桥上每天有 10 位志愿者守候着

11. 那条励志标语的意思是 (　　)

A. 我们喜欢春天　　B. 新的一天会有新的希望

C. 黑夜会吞噬一切　　D. 请不要在这儿自杀

三、根据课文内容，判断正误：

1. 陈思举着一块红色心形的牌子在大桥上救助自杀者。 (　　)
2. 第一个“世界预防自杀日”南京长江大桥上有人跳桥自杀。 (　　)
3. 陈思在劝导自杀者的牌子上写了自己的电话。 (　　)
4. 每年都有 1000 多人在南京长江大桥自杀。 (　　)
5. 自杀者常常是匆匆忙忙地从大桥上跳下去。 (　　)
6. 最多的时候，陈思 20 天里救了 11 个人。 (　　)
7. 陈思认为在大桥守望仅仅是一种象征意义。 (　　)
8.《大桥日记》记得越多陈思的心情就越沉重。 (　　)
9. 为了帮助更多的人，陈思开办了自己的网站。 (　　)
10. 陈思不希望政府参与自杀救助活动。 (　　)

四、选词填空：

A. 醒目　　B. 守株待兔　　C. 纵使　D. 海阔天空　　E. 倾诉

1. 人生总是要遇到很多困难的，不要被困难所击败，好好儿走下去，前面总会是一片________。
2. 办案民警决定________，可是，在附近路口蹲守了几天，就是没有发现嫌疑人。
3. 越来越多的大学设立了心理辅导中心，让同学们在这里________自己的烦恼，帮助他们解决心理问题。
4. 一个作家如果失去了真诚，________很有才华、很有灵气，也只能是靠新的语调编织旧的故事，作品的价值肯定会大打折扣的。
5. 在龙城高级中学的网站主页上，一个名为“叶德卫近期听课笔记”的链接用粗大字体标注，放在最________的位置。
6. ________你有三头六臂，如果选错了方向，成功的可能性也是几乎不存在的。
7. 柯先生查看对方资料，显示对方为一美女。既然闲来无事，对方又是美女，柯先生也就乐得和对方在网上________胡聊起来。
8. 如果你觉得委屈，可以对好朋友________，否则憋在心里对身体不好。
9. 交警部门在西环路设立减速带，制作________的大幅警示牌，创造了安全的交通环境。

五、简答题：

1. 陈思的标语牌上写着什么？
   答：________________________________。
2. 什么样的人可能是自杀者？
   答：________________________________。
3. 为什么说陈思的守望更多的是一种象征意义？
   答：________________________________。

六、回答问题：

1. 陈思为什么选择在南京长江大桥实施自杀救助？
2. 陈思的心情为什么越来越沉重？
3. 社会是怎样回应陈思的努力的？

三、实习生小娅的故事

这几年，在行将毕业的高年级学生中流传的一句话是：找个好的实习单位，等于前脚跨进就业大门。因此，挤进一个热门单位，在一两个月到半年不等的实习期内，忍别人所不能忍，干别人所不能干，吃别人所不能吃的苦，把握好每一次留用机会，成了每位实习生的必做之事。

蒋小娅四年级时争得了去某大报实习的机会，进了任务最重的“专题报道部”。这个部的主要任务是将突发性新闻事件制作成大特写。老记者们都自称“猎手”。“如果你嗅到了什么，小娅，你要追到底，不眠不休地追到底。”蒋小娅被老大哥们一激励，简直觉得全身的血管都在突突跳，她觉得一种“上瘾”的职业正在向她频频招手，蒋小娅迫不及待地投身其间。也怪，小娅到报社第一个月，查得出眉目的突发性新闻事件就有七八件。小娅常常是白天打烂电话跑断腿，晚上还要赶稿到后半夜。她回家时常常是凌晨两点了。

小娅几乎每一次都发现她独力成文的稿件后都加署了其他“作者”。有时是布置任务的主任，有时是其他几位替小娅找采访线索和关系人的老记，但一进入正题他们就袖手旁观了。小娅从未找到协同采访和协作写稿的人，可一旦大块文章出笼，他们的名字是不会少的。蒋小娅咬牙忍着，没有向任何人包括男友抱怨此事。然而，世上没有不透风的墙。一次，总编以闲聊的方式提起：“报社有些老记在实习生的作品后挂名，若有此事，举报有奖。”

蒋小娅自述并无此事，老总不信，要她把每篇作品与人合作的经过写下来，打一份报告。这是蒋小娅出生以来遇到的最大难题，她要么“出卖”她的同伴，也葬送自己留用的机会；要么她就得独自与学生时代的价值观打仗，她赢了输了都免不了伤痕累累。

蒋小娅写出了那份违心的报告。实习结束的时候，她的留用计划已被基本确定下来。据说，逃过一“劫”的办公室同人都为她的留用说了不少好话。

现在，蒋小娅已毕业，正式成为该报的一名视角独特的记者。据说，她得到正式的录用通知后，就一改实习期的“棉花脾气”，变得独来独往，自有主意。蒋小娅工作后自立的规矩是，决不与任何人协作采访及写稿，再重的任务她都一肩挑。她说：“就图标题下面的名字就我一个。”

（853字）

（选自《青年一代》，作者：华明玥，有改动）

练习

一、根据课文内容，选择下列词语的正确解释：

1. 嗅　（　）

A. 看　B. 闻　C. 听　D. 尝

2. 不眠不休　（　）

A. 太累不能睡觉　B. 不分上班下班

C. 不睡觉不休息　　　　　　　　D. 直到睡着为止

3. 频频　　　　　　　　　　　　　　　　　　　　　　　　　　（　）

A. 不断　　　B. 急切　　　C. 亲切　　　D. 热情

4. 迫不及待　　　　　　　　　　　　　　　　　　　　　　　　（　）

A. 急切得不能再等　　　　　　　B. 压迫得不能等待

C. 强迫不允许等待　　　　　　　D. 着急也要等待

5. 眉目　　　　　　　　　　　　　　　　　　　　　　　　　　（　）

A. 眉毛和眼睛　　　　　　　　　B. 人的长相

C. 事情的结果　　　　　　　　　D. 事情的头绪

6. 袖手旁观　　　　　　　　　　　　　　　　　　　　　　　　（　）

A. 手放在袖子里看　　　　　　　B. 在旁边用手指指点点

C. 只在旁边看而不帮忙　　　　　D. 放手去做别的事情

7. 出笼　　　　　　　　　　　　　　　　　　　　　　　　　　（　）

A. 从笼子里出来　B. 出现　　　C. 完成　　　D. 产生影响

8. 举报　　　　　　　　　　　　　　　　　　　　　　　　　　（　）

A. 举起报纸　　　　　　　　　　B. 报告上级

C. 举行报道　　　　　　　　　　D. 检查报纸

9. 葬送　　　　　　　　　　　　　　　　　　　　　　　　　　（　）

A. 埋葬　　　B. 断送　　　C. 送人　　　D. 葬礼

10. 伤痕累累　　　　　　　　　　　　　　　　　　　　　　　（　）

A. 四处受伤　　　　　　　　　　B. 活得很累

C. 一层又一层伤痕　　　　　　　D. 受伤很深

11. 违心　　　　　　　　　　　　　　　　　　　　　　　　　（　）

A. 不是出自本意　　　　　　　　B. 发自内心深处

C. 表达内心想法　　　　　　　　D. 经过认真思考

12. 图　　　　　　　　　　　　　　　　　　　　　　　　　　（　）

A. 为了　　　B. 把握　　　C. 舍弃　　　D. 放心

二、根据课文内容，选择正确答案：

1. 毕业生们普遍认为　　　　　　　　　　　　　　　　　　　　（　）

A. 一定要第一个跨进就业的大门

B. 找到好的实习单位就等于找到了工作

C. 很挤的单位一定是好单位

D. 实习单位对于找工作非常重要

2. 在实习期间，实习生所做的一切都是为了　　　　　　　　　　（　）

A. 证明自己比别人更有忍耐力　　B. 证明自己比别人干得更好

C. 证明自己比别人更能吃苦　　　D. 争取最终留在这个单位

3. 蒋小娅的实习内容是　　　　　　　　　　　　　　　　　　　（　）

A. 跟着老记者去做猎手　　　　　B. 把突发新闻写成大特写

C. 不眠不休地寻找新闻　　　　　D. 每天打电话四处跑

4. 蒋小娅对这份工作的态度是 ( )

A. 觉得可怕　B. 充满好奇　C. 充满热情　D. 觉得太累

5. 第一个月蒋小娅 ( )

A. 干得积极而有成果　B. 紧张得浑身不安

C. 干得很上瘾　D. 遇到很多怪事

6. 蒋小娅自己写的稿子 ( )

A. 后边常常有别人署名　B. 署名被换成了别人

C. 得到了老记者的大力帮助　D. 被总编批评了

7. "世上没有不透风的墙"的意思是 ( )

A. 风可以穿过世界上每一面墙　B. 天下没有能真正守住的秘密

C. 这世界上没有质量很好的墙　D. 有些事流传的速度像风一样

8. 总编让蒋小娅写报告是要她 ( )

A. 介绍稿件的写作经验　B. 更了解记者工作

C. 举报在她文章上署名的人　D. 汇报每天的工作

9. 为什么说蒋小娅遇到了一个"最大难题"? ( )

A. 她怎么解释老总都不相信

B. 如果告诉老总实情就无法留用了

C. 她不得不改变自己一贯的价值观

D. 她无法知道自己是赢是输

10. "棉花脾气"是指 ( )

A. 善良懦弱　B. 单纯幼稚　C. 逆来顺受　D. 温柔纯洁

11. 蒋小娅最终 ( )

A. 逃过了一劫　B. 为办公室同事说了不少好话

C. 成为报社一名出色的记者　D. 完全自立，开始一个人写稿

三、根据课文内容，判断正误：

1. 蒋小娅是毕业班的学生。 ( )
2. 毕业生一般都要实习半年。 ( )
3. 报社里"专题报道部"的工作是最累的。 ( )
4. 老记者都对新闻事件很敏感。 ( )
5. 听老记者们一说，蒋小娅紧张得心突突跳。 ( )
6. 蒋小娅迫不及待地想到专题报道部看看。 ( )
7. 第一个月蒋小娅工作得很辛苦。 ( )
8. 没有人愿意帮助小娅采访和写稿。 ( )
9. 蒋小娅只是向男朋友抱怨了老记者署名的事。 ( )
10. 实习结束时报社决定录用她了。 ( )
11. 蒋小娅规定任何人不能协作采访和写稿。 ( )
12. 正式工作后蒋小娅变得非常独立。 ( )

四、选词填空：

A. 频频　B. 眉目　C. 袖手旁观　D. 图　E. 迫不及待　F. 葬送

1. 现代社会许多女人为事业牺牲了爱情。等事业有了________，也有了经济基础，却发现找不到合适的男人了。
2. 由于他经常迟到，老板终于决定开除他。好好儿的工作就这样被他________了。
3. 政府不该在这个问题上采取________的态度。它最起码可以规定将所有公共交通工具，包括中巴与出租车都改为环保车。
4. 刚回到家，他就________地拆开礼物要看看是什么。
5. 作为国际著名球星，小贝在中国活动期间，________受邀参与各大活动和电视节目。
6. 这些珍稀鸟禽之所以________出现，一方面是因为天气渐渐转暖，而更主要的是因为这里的湖水质量有了较大改善。
7. 小叶不顾家人的强烈反对，毅然决定嫁给修鞋匠小李，她说自己什么都不________，只要小李真心疼她、爱她就足够了。
8. 毒品的危害实在太大了！________了多少幸福的家庭！
9. 他托关系找熟人，又是请客又是送礼，折腾了一个多月，事情才终于有了些________。
10. 当记者询问他不走的理由时，他说："当全社会都来帮助我们时，我们自己又怎能________？"

五、简答题：

1. 每位实习生在实习时都应该怎么做？
答：________________________________。
2. 哪些人在蒋小娅的文章后面署了名？
答：________________________________。
3. 被录用以后蒋小娅为什么不与人合作？
答：________________________________。

六、回答问题：

1. 为什么说找个好的实习单位就等于前脚跨进工作的大门？
2. 实习期间蒋小娅是怎样努力工作的？
3. 通过这篇文章你明白了什么？

四、睡草坪的日子

那年去广州找工作，求老乡，拜同学，一家家工厂、公司去碰运气，碰得焦头烂额，不是"暂不增人"，便是没有我干得了的差事。

半个多月过去了，钱快花光了，可工作还是没着落。夜晚寄居在同学打工的一家工厂的集体宿舍里，两人共挤一张单人床。正是五月，广州已是炎热难当，那滋味可想而知。

有一天找工作时路过一片草地。广州的绿化搞得不错，大片的细绒绒的草地上，等距离地长着旺盛的木芙蓉。在草地上坐下歇息的那一刻，一个“创意”在我心中油然而生：我要把这儿当作我的眠床。

主意已定，我马上去找同学，从他那个汗臭味终日不散的集体宿舍取出行李。

回到了那片草坪，我长出一口气。这世界太不公平，有人日进斗金，有人想卖苦力找不着地方；有人住别墅，有人住臭烘烘的集体宿舍，更有像我这样的走投无路者，连最便宜的客店也住不起而以草地为床。

早睡是睡不着的，绿缎子般的草坪上睡着个人肯定很引人注目。我便背着旅行包到处流浪，等待夜深人静。广州是一座不夜城，不知什么时候才是夜深，夜既深而人不静。走得倦了回到那片草坪，看准一株枝繁叶茂的木芙蓉，睡在下面肯定不易被人发现。

走近树下，我大吃一惊，树底下有一个人躺着，不知是活人还是死人，也不知是好人还是歹人。我正要跑，那人坐起来，招呼我。原来，那人也和我一样，也是找工无着，无钱住旅店，才住进免费草地床。他告诉我，他睡草地已十多天了。他说，每晚都有人睡在这里，多的时候，这一带有几十个。

旅行袋作枕，天作帐，草为床，我仰卧着。想起家乡，想起父母，想到我竟沦落到这般田地，泪水无声地淌出。

那以后，我每日背着行囊四处找工，睡过的草地有五六处。广州草坪多，为漂泊的异乡人提供了方便。

后来，我在朋友的帮助下，进了一家广告公司当业务员，后来又兼做文员，我辛勤的劳动得到公司老总的赏识。我开始住办公室，后来和同事住进了出租屋。

打工六年，我攒下了一笔钱，决定回乡。行前，我来到我曾夜宿过的街边草坪，流连，流连，感谢草坪。

如今，我在家乡的城市拥有一套两室一厅的居室，我没舍得花钱装修，只将卧室四壁全刷成草绿色，为的是纪念一段苦涩而珍贵的人生。

（856字）

（选自《福州晚报》，作者：方建华，有改动）

练 习

一、根据课文内容，选择下列词语的正确解释：

1. 碰运气 （ ）

A. 遇到幸运的事情　　B. 请人帮忙

C. 不管好坏地去试试　　D. 寻找工作

2. 焦头烂额 （ ）

A. 十分艰难狼狈　　B. 头发都烧焦了

C. 浑身都是伤痕　　D. 衣服破烂不堪

3. 差事　（　）

A. 不太好的工作　　B. 工作

C. 很糟糕的事　　D. 职位

4. 着落　（　）

A. 结果　　B. 开始　　C. 落下　　D. 着急

5. 油然而生　（　）

A. 突然产生　　B. 经过思考后产生

C. 很快产生　　D. 自然而然地产生

6. 日进斗金　（　）

A. 每天都能挣钱　　B. 天天看着黄金

C. 挣钱又快又多　　D. 每天不用工作

7. 走投无路　（　）

A. 走到前面没有路　　B. 形容处境极端困难

C. 找不到住的地方　　D. 形容对前途失去希望

8. 沦落　（　）

A. 走下坡路　　B. 处于失望中

C. 沉默落后　　D. 陷入穷困中

9. 漂泊　（　）

A. 四处流浪　　B. 到处找工作

C. 匆匆忙忙　　D. 没有住处

10. 赏识　（　）

A. 赞赏　　B. 欣赏认识

C. 认识　　D. 赏心悦目

11. 流连　（　）

A. 流下了泪水　　B. 不断地流泪

C. 内心不断诉说　　D. 舍不得离开

二、根据课文内容，选择正确答案：

1.“我”在广州找工作时　（　）

A. 有很多人帮忙　　B. 很不顺利

C. 没有地方需要人　　D. 找遍了所有的工厂和公司

2.“我”刚到广州时　（　）

A. 什么工作都不会干　　B. 钱花得很快

C. 在同学打工的工厂工作　　D. 和同学挤着睡在一起

3.“我长出一口气”是因为 (　　)

A. 终于可以不再和同学热烘烘地挤在一起睡觉了

B. 对自己能找到工作充满了信心

C. 终于找到了一个舒适的住处

D. 这个世界太不公平了

4. 为什么说“广州是一座不夜城”? (　　)

A. 因为早睡是睡不着的　　B. 因为广州没有夜晚

C. 因为夜很深了城市还很热闹　　D. 因为即使在深夜人们还很忙

5.“我”看好那棵木芙蓉是因为 (　　)

A. 睡在那里不易被发现　　B. 它开满了花儿很漂亮

C. 树下没有别人　　D.“我”的朋友也睡在那里

6. 树底下那人 (　　)

A. 原来认识“我”　　B. 也是找不着工作的人

C. 是这片草地的主人　　D. 请“我”免费睡草地床

7. 在草地上“我”哭了是因为 (　　)

A. 觉得自己太失败了　　B. 睡得很不舒服

C. 觉得自己对不起父母　　D. 离开了同学

8. 后来“我” (　　)

A. 一直睡在草地上　　B. 一直住在办公室

C. 一直自己租房住　　D. 终于赚了一些钱

9.“我”觉得睡草坪的日子 (　　)

A. 是一段非常悲惨的人生　　B. 让“我”认识了很多朋友

C. 是一段苦涩而珍贵的记忆　　D. 激励着“我”不断努力

三、根据课文内容，判断正误：

1.“我”在广州找工作时托了很多朋友。 (　　)

2. 经过半个月的努力，“我”终于找到了工作。 (　　)

3. 五月的广州非常热。 (　　)

4. 找工作的路上“我”发现可以睡在草地上。 (　　)

5. 广州的草地是专门让无家可归的人睡觉的。 (　　)

6.“我”被一个睡在树下的人吓了一跳。 (　　)

7. 睡在草地上“我”想起了父母。 (　　)

8. 那时候“我”白天到处找工作，晚上就回到那棵树下睡觉。 (　　)

9.“我”在那家广告公司干得很好，有了自己的办公室。 (　　)

10. 找到工作以后“我”仍然时常去睡草地。 (　　)

11.“我”在广州工作了六年。 (　　)

12. 后来“我”在广州买了一套房子。 ( )

四、选词填空：

A. 焦头烂额 B. 油然而生 C. 走投无路 D. 赏识 E. 着落 F. 沦落

1. 公司主张开放的沟通环境，员工的很多想法都能够被公司听取、________，这也是许多人愿意选择在英特尔工作的原因。
2. 好莱坞演员工会与前不久刚刚被编剧及导演们搞得________的美国电视电影制片协会的合同，今年七月就会到期。
3. 在学生时代他曾经是班上的优秀生，不知为何现在却________为罪犯。
4. 面对这种中国乒乓球无敌的局面，一种无趣和无奈________。乒乓球比赛，从世界层面看，正在失去吸引世界观众的魅力。
5. 赵大宝________，只好再去求人，最后通过一个老朋友的介绍在一家酒店当上了保安。
6. 多少失意的人________天涯，一辈子漂泊。
7. 除了工作，年轻的妈妈每天考虑的就是到哪儿去给女儿借钱治病，不仅为钱忙得________，而且也欠下了一屁股的债。
8. 老高说他有个朋友，每月都能做50万的营业额，深得公司经理的________。
9. 一般情况下，凡事不到________的地步，谁会以这种有辱自身人格尊严的形式来表达某种利益诉求？
10. 小丁已经毕业一年了，工作却还没有________，他能不着急吗？
11. 王有彬为人谦和，有着儒雅的长者之风，又因喜着工装而具有一种“工人老大哥”式的朴实，因此，更让人心底的敬意________。

五、简答题：

1. 为什么“我”不想住在同学那里？
   答：________________________________。
2. 为什么说广州的绿化搞得不错？
   答：________________________________。
3. 离开广州前“我”去了哪里？
   答：________________________________。

六、回答问题：

1. 为什么“我”觉得世界太不公平？
2. 睡在草地上时，“我”心里是什么感觉？
3. 睡草坪的日子对“我”有哪些影响？

第十五单元

一、全球面临水资源危机

根据联合国最新公布的报告，全球很多地方正在面临水资源匮乏的危机，而水资源开发与管理不善是导致这一危机的重要原因。据联合国公布的数据，全球用水量在20世纪增加了6倍，其增长速度是人口增速的两倍。联合国教科文组织认为，目前地球上淡水资源总体充足，但由于分布不均、管理不善、环境变化及基础设施投入不足等原因，全球约有五分之一的人无法获得安全的饮用水，40%的人缺乏基本卫生设施。

目前，在全球500条大河中，超过半数严重枯竭。全球很多地区的农村和城市面临水资源匮乏的危机。就农村而言，据预测，到2030年，全球粮食需求将提高55%，因此农村地区需要更多的灌溉用水，而这部分用水已经占到全球人类淡水消耗的近70%。就城市而言，据预测，到2030年，城镇人口比例会增加到近三分之二，从而造成城市用水需求激增。联合国估计，届时缺乏清洁用水和卫生设施将严重威胁城市贫民的基本生存。

此外，科学证据表明，全球大部分地区的水质正在下降。科学家发现，淡水物种和生态系统的多样性正在迅速衰退，其退化速度往往快于陆地和海洋生态系统。五分之一的淡水鱼种群或濒临灭绝，或已经绝迹。2002年，全球约有310万人死于腹泻和疟疾，其中近90%的死者是不满5岁的儿童。每年约160万人的生命原本都是可以通过提供安全的饮用水来挽救的。

联合国在最新公布的《世界水资源开发报告》中认为，导致目前全球水危机的主要原因是管理不善，表现在水资源浪费严重，发展中国家水资源开发能力不足及用于水资源的财政投入滞后。联合国认为，全球水资源危机基本上可以说是一场公共管理体系的危机，这个体系“决定了哪些人、在什么时候、通过何种方式、能够得到什么样的水，并且决定了哪些人有权得到水资源以及相关服务”。

根据联合国制定的千年发展目标，将在2015年前使全球得不到安全饮用水的人数减半。另外，联合国还呼吁各国和地区建立水的安全机制，预防各种与水有关的自然灾害，如海啸、洪水、风暴、旱灾等。

（784字）

（选自新华网，作者：颜亮，有改动）

练习

一、根据课文内容，选择下列词语的正确解释：

1. 匮乏 （ ）

A. 缺少 B. 断绝 C. 乏力 D. 疲乏

2. 分布 （ ）

A. 布满 B. 散布 C. 布置 D. 分配

3. 枯竭 （ ）

A. 断绝 B. 干燥 C. 枯萎 D. 缺少

4. 灌溉 （ ）

A. 大江大河 B. 农民们洗浴

C. 生产粮食 D. 给农田浇水

5. 激增 （ ）

A. 激烈增长 B. 剧烈增强

C. 强烈增加 D. 急剧增长

6. 届时 （ ）

A. 当时 B. 到那时 C. 暂时 D. 这一次

7. 物种 （ ）

A. 各种动物 B. 各种事物

C. 生物种类 D. 事物种类

8. 衰退 （ ）

A. 衰弱 B. 退后 C. 衰老 D. 落后

9. 濒临 （ ）

A. 临时 B. 临近 C. 面对 D. 最终

10. 滞后 （ ）

A. 后退 B. 落后 C. 停留 D. 跟上

二、根据课文内容，选择正确答案：

1. 淡水是指 （ ）

A. 味道清淡的水 B. 颜色很淡的水

C. 含盐分极少的水 D. 供人饮用的水

2. 造成水资源危机的重要原因是 （ ）

A. 没有很好地开发与管理 B. 全球用水量激增

C. 全球人口增加了两倍 D. 用水量的增长超过了人口增长

3. 关于水资源，下面哪种说法正确？ （　　）

A. 在 20 世纪增长了 6 倍　　B. 总体资源充足

C. 全球 20%的人处于缺水状态　　D. 五分之二的人没有饮用水

4. 据预测，到 2030 年， （　　）

A. 全球大部分河流将干涸　　B. 全球粮食产量将增加 55%

C. 农村将需要更多的灌溉用水　　D. 全球淡水资源消耗将增加 70%

5. 对城市来说，2030 年时面临的严重问题将是 （　　）

A. 城镇人口激增　　B. 在城市中贫民受到威胁

C. 城市中的水大量增加　　D. 贫民缺少清洁用水和卫生设施

6. 淡水鱼种群减少的主要原因是 （　　）

A. 没有足够的食物　　B. 水质恶化

C. 保护措施不力　　D. 自身退化

7. 下面哪一项不是水资源管理不善的表现？ （　　）

A. 全球水资源浪费严重　　B. 水资源开发能力不足

C. 用于水资源的财政投入不足　　D. 公共管理体系出现危机

8. 联合国的目标是 （　　）

A. 建立水资源公共管理体系　　B. 使更多的人得到安全的饮用水

C. 创建全球水安全机制　　D. 减少与水有关的自然灾害

三、根据课文内容，判断正误：

1. 20 世纪全球用水量增加的速度是人口增速的两倍。 （　　）
2. 水资源在全球分布不均匀也是造成危机的原因之一。 （　　）
3. 全球 500 条大河中已经有 250 条以上严重枯竭。 （　　）
4. 到 2030 年，农村灌溉用水将占全球人类淡水消耗的 70%多。 （　　）
5. 到 2030 年，城市人口数量的大幅增加将导致用水需求激增。 （　　）
6. 五分之一的淡水鱼种群已经灭绝了。 （　　）
7. 导致全球水资源危机的主要原因是水质下降。 （　　）
8. 联合国要求各国和地区必须建立水的安全机制。 （　　）

四、选词填空：

A. 匮乏　　B. 枯竭　　C. 届时　　D. 濒临　　E. 滞后

1. 公司计划在 4 月 10 日安排一场慈善晚宴，________会有许多明星到场。
2. 第三季度，公司财务状况进一步恶化，人员流失，资金严重缺乏，现金流________，业务停滞。
3. 这个湖泊的神秘之处在于一年四季无论天气阴雨还是干旱，其水位一直保持不变，从不________。

4. 近年来，青岛发电公司利用________大海的优势，积极开发海水资源，广泛应用于发电设备冷却、海水淡化等领域，每年利用海水量近5亿立方米。

5. 由于历史欠账较多，尽管近年来电网建设一再提速，但仍________于经济社会发展的需要，这已经成为制约国民经济发展的"瓶颈"。

6. 为了缓解中小企业人才________的问题，市经委积极组织我市中小企业参加全国中小企业网上招聘活动。

7. 下个月月底，河西路桥西侧将建起两座便桥，________，老桥将要拆除。

8. 黑社会活动的猖獗也暴露出当局管理方面的巨大漏洞和法律的________无力。

五、简答题：

1. 哪些原因导致了水资源匮乏的危机？

答：____。

2. 到2030年，严重威胁城市贫民基本生存的是什么？

答：____。

3. 与水有关的自然灾害有哪些？

答：____。

六、回答问题：

1. 水质下降对人类造成的危害是什么？

2. 为什么说全球水资源危机是一场公共管理体系的危机？

3. 面对全球水资源危机，人类应该怎么做？

二、环境荷尔蒙——生活中的隐形杀手

鱼的雌性化、人类精子数的减少……种种不明原因的生物变化，据称都与"环境荷尔蒙"有关。环境荷尔蒙问题已成为当前最重要的全球性环境问题之一。

荷尔蒙，指在生物体内分泌的物质。"环境荷尔蒙"，则指人工合成的化学物质，由于它是一种"存在于环境之中、具有类似动物荷尔蒙作用的化学物质"，于是便有了"环境荷尔蒙"这个新创造的复合词，它又被称为"环境内分泌扰乱化学物质"、"环境雌激素物质"、"类激素物质"。至今，已发现的七十余种可能含有环境荷尔蒙的物质包括二噁英、PCB、除草剂和杀虫剂中曾广泛使用的剧毒物质DDT、塑料制品原材料中的双酚A等。

由于工业生产的发展，在制药、塑料制品添加剂和除草剂的生产和使用、垃圾处理等过程中大量环境荷尔蒙不断被释放，给生物和人类自身带来许多危害，引起人们的广泛关注。目前，环境荷尔蒙已被认为是继臭氧层受到破坏、地球变暖之后的第三大地球环境问题。

环境荷尔蒙并不直接发生毒作用，它只是扰乱生物体内荷尔蒙的合成以及荷尔蒙的信息传递。环境荷尔蒙破坏了体内的正常荷尔蒙，随之就会引起各种异常现象，包括生殖器异常、精子数量减少、卵巢癌及乳房癌等生殖器的癌症、性行为异常等现象。

人类精子数的减少，被怀疑是环境荷尔蒙对人类影响最为直接的结果。1992 年，丹麦科学家首先指出，从 1938 年至 1990 年间，人类的精子数呈减少趋势。随后，法国、美国、英国、日本等国也相继提交了类似的报告。同时，女性中患乳癌、子宫癌等生殖器官的恶性肿瘤和子宫内膜疾病的人数明显增加。目前，二口恶英已被认为是近年来急剧增加的子宫内膜炎的主要发病原因。

面对环境荷尔蒙污染，我们应加强自我保护，比如不吸烟，不要用塑料容器加热食品，尽量少吃罐头食品；婴儿奶瓶要选用玻璃的而不是塑料的，少给孩子玩儿聚氯乙烯玩具；避免使用聚苯乙烯制的一次性杯子，尽量少用或不用化学材料制的家庭内装修材料；减少家用杀虫剂、洗涤剂的用量；避免食用含残留农药、化肥多的蔬菜、水果；避免使用含有环境荷尔蒙的化妆品、生成剂等。

（825 字）

（据网络资料综合编写）

练　习

一、根据课文内容，选择下列词语的正确解释：

1. 隐形　（　　）
   A. 看不见形状　B. 隐藏起来
   C. 形状很模糊　D. 时有时无
2. 分泌　（　　）
   A. 作用　B. 产生　C. 分解　D. 分配
3. 释放　（　　）
   A. 造出来　B. 解释　C. 放出来　D. 消除
4. 扰乱　（　　）
   A. 使混乱　B. 使困扰　C. 使打扰　D. 使干涉
5. 呈　（　　）
   A. 表现　B. 大量　C. 具有　D. 开始
6. 相继　（　　）
   A. 源源不断地　B. 共同　C. 一个接一个　D. 各自
7. 发病　（　　）
   A. 发烧　B. 疾病　C. 生病　D. 发生

8. 残留　　　　　　　　　　　　　　　　　　　　　　　　　　　　　　　　（　　）

A. 保留　　B. 残存　　C. 含有　　D. 残忍

二、根据课文内容，选择正确答案：

1. 当前最重要的全球性环境问题之一是　　　　　　　　　　　　　　　　（　　）

A. 鱼的雌性化　　B. 环境荷尔蒙问题

C. 人类精子数的减少　　D. 使用添加剂

2. 荷尔蒙是指　　　　　　　　　　　　　　　　　　　　　　　　　　　（　　）

A. 在生物体内分泌的物质　　B. 人工合成的化学物质

C. 环境内分泌扰乱化学物质　　D. 环境雌激素物质

3. 环境荷尔蒙的产生源于　　　　　　　　　　　　　　　　　　　　　（　　）

A. 不明原因的生物变化　　B. 地球环境恶化

C. 人类工业生产的发展　　D. 生物体内分泌的物质

4. 第三大地球环境问题是　　　　　　　　　　　　　　　　　　　　　（　　）

A. 地球变暖　　B. 臭氧层受到破坏

C. 环境荷尔蒙　　D. 人类精子数的减少

5. 下列哪一项不是环境荷尔蒙引起的异常现象？　　　　　　　　　　　（　　）

A. 生殖器异常　　B. 卵巢癌及乳房癌

C. 精子数量减少　　D. 正常的荷尔蒙受到破坏

6. 环境荷尔蒙对人类最为直接的影响是　　　　　　　　　　　　　　　（　　）

A. 产生毒作用　　B. 患各种癌症人数明显增加

C. 精子数减少　　D. 子宫内膜炎发病率增加

7. 二噁英主要导致下列哪种疾病的产生？　　　　　　　　　　　　　　（　　）

A. 子宫内膜炎　　B. 卵巢癌

C. 生殖器异常　　D. 子宫癌

8. 根据本文，下面哪一项不正确？　　　　　　　　　　　　　　　　　（　　）

A. 减少家用洗涤剂的用量　　B. 不要用塑料容器加热食品

C. 尽量少吃罐头食品　　D. 让孩子玩儿聚氯乙烯玩具

三、根据课文内容，判断正误：

1. 鱼的雌性化、人类精子数的减少可能与环境荷尔蒙有关。　　（　　）

2. 荷尔蒙和环境荷尔蒙是相同的物质。　　（　　）

3. 二噁英、PCB、DDT、双酚 A 等可能含有环境荷尔蒙。　　（　　）

4. 环境荷尔蒙是地球变暖之后出现的环境问题。　　（　　）

5. 目前，地球环境问题包括臭氧层受到破坏、地球变暖、环境荷尔蒙。（　　）

6. 环境荷尔蒙能够对生物体产生毒作用。　　（　　）

7. 环境荷尔蒙通过破坏人类体内正常荷尔蒙从而造成各种危害。（ ）

8. 环境荷尔蒙直接引发各种生殖器官的癌症。（ ）

9. 二噁英对女性身体的影响很大。（ ）

10. 为防止环境荷尔蒙可能造成的危害，我们要避免食用过多的蔬菜水果。（ ）

四、选词填空：

A. 隐形　B. 扰乱　C. 相继　D. 释放

1. 近年来，一些商家________推出了多款新颖别致的纸盒包装，使其在食品领域的应用日趋广泛。

2. 平时生活较规律的人若在假期大睡懒觉，就会________体内生物钟的节律，使内分泌激素出现异常。

3. 如果你想要________出更多的磁盘空间，也可以通过降低回收站占用的磁盘空间量来达到目的。

4. 外表光鲜的衣物下隐藏的细菌很不容易被发觉，而这些细菌往往成为人们健康的________杀手。

5. 随着城市基础设施的完善和公共财力的提高，城市的一些公共场所________开始向市民免费开放。

6. 要想彻底铲除腐败，必须破除这样一种潜规则：运用所谓"技巧"，设置________程序，对抗法律的正当程序。

7. 亲情短信平台的开通使服刑人员及其亲属可在大墙内外及时沟通、交流情感。这样做不仅有利于帮助服刑人员________心理压力，而且有利于服刑人员亲属通过短信的方式对服刑人员进行帮教。

五、简答题：

1. 什么是环境荷尔蒙？

答：________________________________。

2. 目前已经发现的可能含有环境荷尔蒙的物质有哪些？

答：________________________________。

3. 哪些工业生产活动容易造成环境荷尔蒙污染？

答：________________________________。

六、回答问题：

1. 环境荷尔蒙是如何对人类产生影响的？

2. 面对环境荷尔蒙污染，我们应该如何保护自己？

三、喷泉是城市中的“负离子发生器”

水珠飘洒、造型优美的喷泉，不仅能为城市增添许多灵气，降低周围环境的温度、增加湿度，而且还能产生大量的负离子，是城市中名副其实的“负离子发生器”。

同济大学基础医学院院长厉曙光教授通过对上海市区的喷泉进行了连续两年的有趣研究发现，喷泉开启时，其周围环境中的空气负离子最高瞬间值可达到7万个以上，是喷泉未开时的90～200倍，而且在一天中任何时间内产生的负离子都没有明显差别。

负离子素有“空气维生素”的美称，一般家庭居室中的空气负离子含量仅为每立方厘米50个左右，城市公园中约为400～800个，旷野郊区为1000个左右，乡村为5000个，而在海滨、瀑布、河流、山川等处空气中负离子含量则高达2万个左右。

现代医学研究表明，空气负离子具有广泛的生物学作用，它作用于神经系统可使人精神焕发，心情愉快，并可提高脑啡呔的水平从而起到镇静作用；它还可促进血液中的红细胞血红蛋白的合成，增强造血功能，改善心脏的功能；肺是空气负离子作用的重要部位，它可提高平滑肌的张力，改善肺的通气功能；空气负离子还有助于心血管系统，对原发性和更年期高血压病人的舒张压和收缩压都有一定的降低作用。

与天然形成的空气负离子相比，喷泉产生的空气负离子有什么局限呢？经过反复研究，厉教授发现，喷泉产生的空气负离子在空气中滞留的时间很短，只有喷泉开启时才是享用空气负离子的最佳时机。空气负离子的含量多少与喷泉的大小成正比，与人跟喷泉之间的距离成反比，而且受风向的影响很大，下风向时空气负离子明显增多，上风向或侧风向时则低得多，当人们在喷泉边感觉到有丝丝水珠扑面而来时，正是空气负离子含量最高处。此外，尽管喷泉在一天内产生的负离子没有差别，但从季节上来看还是有一些不同，炎热炙人的7月份产生的空气负离子最多，而春寒料峭的3月份则最少。

城市的建筑设计师从讲究美观和观赏艺术性的角度出发，常常把喷泉设计成贴墙式、垂直式、水帘式、高水柱、低水柱等风格迥异的不同类型，而厉教授从科学研究者的角度认为，那些贴墙式、低水柱或者垂直式水柱的喷泉，产生负离子的效果较差，从城市生物学角度来看，是一种很可惜的资源浪费。

(862字)

(选自新华网，作者：张建松，有改动)

练　习

一、根据课文内容，选择下列词语的正确解释：

1. 灵气　　　　　　　　　　　　　　　　　　　　　　　　（　　）

A. 神秘气息　　　　B. 聪明灵活

C. 极其有效　　　　D. 机灵活泼

2. 开启　　　　　　　　　　　　　　　　　　　　　　　　（　　）

A. 打开　　B. 打通　　C. 开创　　D. 开发

3. 旷野　　　　　　　　　　　　　　　　　　　　　　　　（　　）

A. 有山有水　　　　B. 一眼望不到边

C. 安静的野外　　　D. 开阔的原野

4. 焕发　　　　　　　　　　　　　　　　　　　　　　　　（　　）

A. 振作　　B. 变化　　C. 集中　　D. 发展

5. 局限　　　　　　　　　　　　　　　　　　　　　　　　（　　）

A. 错误　　B. 限制　　C. 范围　　D. 极限

6. 滞留　　　　　　　　　　　　　　　　　　　　　　　　（　　）

A. 留下　　B. 落后　　C. 停留　　D. 后退

7. 扑面　　　　　　　　　　　　　　　　　　　　　　　　（　　）

A. 直冲脸面来　　　B. 拍打脸面

C. 抚摩脸面　　　　D. 撞击脸面

二、根据课文内容，选择正确答案：

1. 下面哪一项不是喷泉的作用？　　　　　　　　　　　　（　　）

A. 清洁城市　　　　B. 增加湿度

C. 降低温度　　　　D. 产生大量负离子

2. 喷泉周围空气负离子含量最高的时候是　　　　　　　　（　　）

A. 喷泉打开时　　　B. 中午时候

C. 喷泉未开时　　　D. 打开后一段时间

3. 下面哪一个地方空气负离子含量最高？　　　　　　　　（　　）

A. 家居室内　　　　B. 城市公园

C. 旷野郊区　　　　D. 瀑布河流

4. 空气负离子对人体哪个部位起的作用最重要？　　　　　（　　）

A. 神经系统　　　　B. 心脏

C. 肺部　　　　　　D. 心血管

5. 空气负离子是如何作用于心脏的？ （ ）

A. 通过提高脑啡呔水平起到镇静作用

B. 通过刺激造血从而改善心脏功能

C. 通过提高平滑肌张力改善通气功能

D. 通过改善舒张压和收缩压起到降压作用

6. 喷泉产生的负离子的局限是 （ ）

A. 数量变化大，停留时间短　　B. 只能在喷泉开启时享用

C. 受地点和季节变化影响　　D. 只能在有风的时候感受

7. 下面哪种情况下喷泉产生的空气负离子最多？ （ ）

A. 春季有风的天气喷泉开启时

B. 夏季喷泉开启时能感受到水珠

C. 喷泉周围潮湿的空气远远吹来时

D. 炎热的天气在喷泉周围

8. 下面哪一项与空气负离子的多少无关？ （ ）

A. 喷泉的大小　　B. 早晚的不同

C. 距离的远近　　D. 风向的变化

9. 课文第五段中“料峭”的意思是 （ ）

A. 略有寒意　　B. 非常寒冷

C. 变化无常　　D. 温度低

10. 历教授认为那些风格迥异的喷泉 （ ）

A. 能给人美的享受　　B. 具有艺术观赏性

C. 设计不够美观　　D. 是一种资源浪费

三、根据课文内容，判断正误：

1. 喷泉能使城市显得更美丽。 （ ）

2. 历教授对喷泉进行了两年的研究。 （ ）

3. 负离子是存在于空气中的一种维生素。 （ ）

4. 空气负离子对人的健康大有好处。 （ ）

5. 喷泉产生的空气负离子不如天然形成的负离子。 （ ）

6. 人距离喷泉越近，感受到的空气负离子越少。 （ ）

7. 风吹向的那一边比风刮来的那边产生的负离子多。 （ ）

8. 当你感受到喷泉的丝丝水珠时，你也享受到了大量的空气负离子。 （ ）

9. 季节也是影响喷泉产生的空气负离子含量的因素之一。 （ ）

10. 贴墙式、垂直式、水帘式的喷泉非常美观艺术。 （ ）

11. 如果喷泉设计得不合理，将会是一种资源的浪费。 （ ）

四、选词填空：

A. 开启　　B. 滞留　　C. 局限　　D. 灵气

1. 一些专家指出，考试三分之一是考心态，当考生________潜能、调整心态后，临场往往会有非常好的发挥。
2. 一些本土企业的新车，已不再________于产品外销，而是连设计和目标都定位于海外。
3. 到昨天为止，老人________在社区卫生中心已经四天了，他的出院手续早已办好，但是他的四个子女没有一个来接他。
4. 在尚未________空调的各大卖场，初夏的燥热将对消费者的购买欲望以及消费耐心产生巨大的影响。
5. 在拥有千万人口的大城市，高速交通系统尚未能随城市扩大而普遍建立，这必然会导致交通高峰期间人员的________现象。
6. 因为那里富有天地________且没有环境污染，使当地生产的端午茶保持了自然本性，真正具有了天然保健饮品的特质。
7. 他只知道埋头苦干，从来不出去走走看看，思维已经受到了严重的________，失去了创新能力。
8. 最近频繁出现在各类时尚、综艺类电视节目中的她，不仅演技充满________，生活中更是个旷达之人。

五、简答题：

1. 为什么说喷泉是城市中名副其实的“负离子发生器”？
   答：____。
2. 喷泉产生空气负离子的季节差别是什么？
   答：____。
3. 喷泉设计有哪些不同类型？
   答：____。

六、回答问题：

1. 空气负离子具有哪些生物学作用？
2. 喷泉产生的空气负离子的含量受哪些因素影响？

四、海洋——人类的宝库

我们地球的海洋面积占地球表面的71%，如果将海洋中所有的水均匀地铺盖在地球表面，地球表面就会形成一个厚度 2700 米的水圈，所以有人说地球的名字起错了，应该叫作“水球”。

浩瀚的海洋是孕育生命的摇篮，她抚育着形形色色的海洋动物，同时也是我们地球生物的起源地。海洋是调节空气、气候的大魔术师，她给我们提供了一个动态的环境，一个生机勃勃的世界。

世界上大部分资源皆蕴藏于海洋。据估计，世界石油极限储量 1 万亿吨，可采储量 3000 亿吨，其中海底石油 1350 亿吨；世界天然气储量 255 亿～280 亿立方米，海洋储量占 140 亿立方米。20 世纪末，海洋石油年产量达 30 亿吨，占世界石油总产量的 50%。

世界许多近岸海底已开采煤铁矿藏。日本海底煤矿开采量占其总产量的 30%；智利、英国、加拿大、土耳其也有开采。亚洲一些国家还发现许多海底锡矿。

海滨沉积物中有许多贵重矿物，如：含有发射火箭用的固体燃料钛的金红石；含有火箭、飞机外壳用的铌和反应堆及微电路用的钽的独居石；含有核潜艇和核反应堆用的耐高温和耐腐蚀的锆铁矿、锆英石；某些海区还有黄金、白金和银等。已发现的海底固体矿产有 20 多种。

多金属结核含有锰、铁、镍、钴、铜等几十种元素。世界海洋 3500 米～6000 米深的洋底储藏的多金属结核约有 3 万亿吨。其中锰的含量可供世界用 18000 年，镍可用 25000 年。

热液矿藏是一种含有大量金属的硫化物，由海底裂谷喷出的高温岩浆冷却沉积形成。已发现 30 多处矿床。仅在美国加拉帕戈斯裂谷储量就达 2500 万吨，开采价值 39 亿美元。

可燃冰是一种被称为天然气水合物的新型矿物，它是在低温、高压条件下，由碳氢化合物与水分子组成的冰态固体物质。其能量密度高，杂质少，燃烧后几乎无污染；其矿层厚，规模大，分布广，资源丰富。据估计，全球可燃冰的储量是现有石油天然气储量的两倍。在世界油气资源逐渐枯竭的情况下，可燃冰的发现又为人类带来新的希望。

由于人类对两极海域和广大的深海区调查得还很不够，大洋中还有多少海底矿产人们还难以知晓。浩瀚的海洋给我们带来了无比丰富的财富，养育着我们数亿年来的生命，孕育着我们的大地。

（831 字）

（选自中国公众科技网，有改动）

练习

一、根据课文内容，选择下列词语的正确解释：

1. 宝库 （　　）

A. 珍稀的物品　　B. 生产珍稀物品的地方

C. 储藏的珍宝　　D. 保存珍贵物品的地方

2. 抚育 (　　)

A. 照料培育　　B. 培养教育　　C. 安抚慰问　　D. 细心照顾

3. 形形色色 (　　)

A. 各种颜色　　B. 各种各样　　C. 各种形式　　D. 不同色彩

4. 生机勃勃 (　　)

A. 充满生命力　　B. 充满机会

C. 有大量的物种　　D. 许多生活的机会

5. 蕴藏 (　　)

A. 藏起来　　B. 含蓄　　C. 包含　　D. 储存

6. 极限 (　　)

A. 最高级数　　B. 最小程度　　C. 最大限度　　D. 最低限度

7. 开采 (　　)

A. 打开　　B. 取出　　C. 采取　　D. 开挖

8. 沉积 (　　)

A. 落到下面　　B. 沉淀堆积　　C. 大量聚集　　D. 沉重积压

9. 耐 (　　)

A. 受　　B. 有　　C. 抗　　D. 非

二、根据课文内容，选择正确答案：

1. 关于海洋，下面哪种说法不正确？ (　　)

A. 海洋是孕育生命的摇篮　　B. 海洋蕴藏着许多资源

C. 海洋能调节气候　　D. 人类已经全面认识了海洋

2. 海底石油的可采储量是 (　　)

A. 1350 亿吨　　B. 1 万亿吨　　C. 3000 亿吨　　D. 30 亿吨

3. 下面哪一项不属于海滨沉积物中的贵重矿物？ (　　)

A. 煤铁矿　　B. 金红石　　C. 锆铁矿　　D. 独居石

4. 制造飞机外壳需要用的稀有金属是 (　　)

A. 钛　　B. 锆　　C. 铌　　D. 钽

5. 下面哪种说法不正确？ (　　)

A. 日本已经进行海底煤矿开采

B. 海底储藏的多金属结核约有 3 万亿吨

C. 目前，已发现的海底固体矿产有 30 多种

D. 美国加拉帕戈斯裂谷的热液矿藏储量为 2500 万吨

6. 关于可燃冰，下面哪种说法不正确？ (　　)

A. 它是一种新型矿物　　B. 正逐渐代替石油和天然气

C. 储量非常丰富　　　　　　　D. 是一种无污染的新能源

三、根据课文内容，判断正误：

1. 海洋不但是海洋动物的起源地，也是地球生物的起源地。 (　　)
2. 海洋是一个充满生命充满变化的世界。 (　　)
3. 世界上可供开采的石油储量达1万亿吨。 (　　)
4. 海底石油的储量占全球储量的50%。 (　　)
5. 靠近海岸的海底煤铁矿已经开始开采。 (　　)
6. 智利、英国等国家也开始开采海底锡矿。 (　　)
7. 金红石中含有固体燃料钛。 (　　)
8. 锆铁矿、锆英石具有耐高温、耐腐蚀的特点。 (　　)
9. 多金属结核主要储藏在深海海底。 (　　)
10. 美国发现了30多处热液矿藏。 (　　)
11. 可燃冰将成为未来重要的资源。 (　　)
12. 世界石油、天然气资源正在逐渐枯竭。 (　　)

四、选词填空：

A. 蕴藏　　B. 极限　　C. 开采　　D. 形形色色　　E. 生机勃勃

1. 为保护资源，和田玉和翡翠都已限制________，而需求量却在急剧扩大，因此玉的价格上涨是在所难免的。
2. 图书市场出现上的________的高考复习资料，内容大同小异，编写质量良莠不齐，有些甚至滥竽充数，令学生们无所适从。
3. 采取以租养贷的方式，很快就可以聚集财富，但这其中也________着多种风险。
4. 这些年轻人要在船上生活几个月，其间，他们不见陆地，生活所需全靠船上的物资和海洋的供给，以此挑战人类心理和生理________。
5. 范思哲一生都在追求这种美的震慑力，他的作品中总是________着极度的完美，以致濒临毁灭的强烈的张力。
6. 作为信访工作人员，他每天要与________的人打交道，还要记录、处理许多细小琐碎的市民纠纷。
7. 这个年代，________、充满活力的中国人，正用一颗颗解放的心，编织着更富饶、更绚烂、更幸福的未来。
8. 我的很多同学也像我一样，想去北部湾这个________的地方闯一闯，实现自己的梦想。
9. 随着中央的政策引导，现在许多采矿公司也在采取越来越多的措施，避免出现资源________完以后矿竭城衰的局面。
10. 生活在都市的人们越来越喜欢体验________活动带来的惊险刺激的感受。

五、简答题：

1. 地球为什么应该叫作“水球”？

答：____。

2. 热液矿藏是如何形成的？

答：____。

3. 可燃冰作为一种新型矿物有哪些优点？

答：____。

六、回答问题：

1. 为什么说海洋是“人类的宝库”？

2. 为什么说可燃冰的发现为人类带来新的希望？

3. 海洋都蕴藏着哪些资源？

第十六单元

一、停下脚步 欣赏风景

“累死了！累死了！”不知从哪一天开始，这句话成了许多人的口头禅，同时也恰如其分地反映了现代上班族的精神状态，“亚健康”一词就这样悄然诞生。

亚健康是介于健康与疾病之间的一种状况，身体上并没有任何器质性病变，因此常常被人忽视。在目前激烈的竞争环境下，人的生存压力比以往大大增加，导致很多人都处于亚健康状态。据前不久公布的一项健康调查结果显示，上海、无锡、深圳等地的1197位中年人中，66%的人有失眠、多梦、不易入睡或白天打瞌睡的现象，62%的人经常感到腰酸背痛。

看到这些数据，可能很多人开始觉得紧张，开始对自己的健康状况产生怀疑。其实也大可不必，只要作好自我调节，适当减压，摆正自己的位置，不过高要求自己，也不低估自己的能力，放宽心、多运动，就能成为一个正常的健康人。

有一位著名的心理学家说过：“工作、爱情、游戏是人生的三个重要方面，偏废了任何一方面，就不能算作一个精神健康的人。”

每个人都希望拥有一个温馨的家，能够在工作之余尽情放松。但是，生活中有些人已经停不住了，他们就像开足马力的战车，只想着工作、挣钱、投资、再挣钱……这些人用拼命工作来压抑对爱情和娱乐的渴望。他们一边抱怨着，一边却仍在不断地给自己加大各种压力：没有房子的要房子，赚到房子的要换别墅；当了科长想处长，当了处长想局长……年年月月，天天如此，大脑就这样日夜不停地转动着。但无论多么努力，不少人却觉得生活似乎越来越没有意思，感觉自己好像被一个巨大的旋涡吸附着，身体里的能量正慢慢消失。对于这种人，就算他获取了再多的金钱与名利，也不能感受到亲情、友情、爱情带来的幸福和快乐。然而，在这个现实世界里，我们发现越来越多的人正在这无穷的物欲中痛苦地挣扎着。

有位哲人说得好：“爬山的时候，别忘了欣赏周围的风景。”假如工作的目的是为了挣钱，挣钱的目的是为了投资，投资的目的是为了挣到更多的钱，你就会在“爬山”的时候只顾低头看路，完全忘记出游的目的。所以，在“爬山”的途中，别忘记停下来欣赏周围美丽的风景，或许你还会有意外的发现。

（833字）

（选自 http://www.booso.com）

练习

一、根据课文内容，选择下列词语的正确解释：

1. 口头禅 （ ）

A. 互相之间交流的常用语言　B. 佛教用语

C. 经常不自觉地说出来的词语　D. 口语

2. 恰如其分 （ ）

A. 非常恰当　B. 刚好到点

C. 如同表一样准　D. 恰巧完成

3. 病变 （ ）

A. 生病的变化　B. 病情变化加重

C. 变得容易生病　D. 疾病引起的身体变化

4. 大可不必 （ ）

A. 完全没必要　B. 从大的方面看不需要

C. 大部分多余　D. 大概可以避免

5. 放宽心 （ ）

A. 标准降低　B. 心胸宽广

C. 不要紧张　D. 心里放不下

6. 偏废 （ ）

A. 倾斜作废　B. 重视一个而忽视其他

C. 一定要废除　D. 单单荒废了某一方面

7. 旋涡 （ ）

A. 充满吸引力的地方　B. 复杂多变的环境

C. 急速旋转的水流　D. 旋转不停的机器

8. 吸附 （ ）

A. 牢牢吸住　B. 吸到附近

C. 反复吸引　D. 在附近吸收

9. 物欲 （ ）

A. 自然的欲望　B. 物质享受的欲望

C. 食物的欲望　D. 想要更好的条件

二、根据课文内容，选择正确答案：

1. 现代上班族的精神状态是 （ ）

A. 感觉很累　B. 流行口头禅

C. 竞争激烈　D. 生存压力大

2. “亚健康”的意思是 （ ）

A. 第二个健康 B. 无法正常睡眠

C. 有严重的病 D. 身体不好但没有生病

3. 现在处于“亚健康”状态的人越来越多是因为 （ ）

A. 空气污染越来越严重 B. 人们睡得越来越不好

C. 生活压力越来越大 D. 人们经常腰酸背疼

4. 健康调查显示 （ ）

A. 超过一半的人处于亚健康状态 B. 三个城市的人处于亚健康状态

C. 亚健康就是失眠、腰酸背疼 D. 中年人更容易处于亚健康状态

5. 下面哪一项不是精神健康的必需条件？ （ ）

A. 爱情 B. 工作 C. 游戏 D. 成功

6. 人们的压力越来越大是因为 （ ）

A. 欲望越来越多 B. 无法尽情放松

C. 都拥有了汽车 D. 没有对爱情和娱乐的渴望

7. 什么人不能感受到生活的幸福与快乐？ （ ）

A. 生病的人 B. 处于亚健康状态的人

C. 没有家庭的人 D. 一心只想着名利的人

8. 第五段中“巨大的旋涡”是指 （ ）

A. 水里的旋涡 B. 不健康的心态

C. 无穷的欲望 D. 生活的艰难

9. “爬山”在这里是 （ ）

A. 比喻对成功的追求 B. 指一种能唤起对生活热爱的运动

C. 比喻挣钱的过程 D. 指治疗亚健康的办法

10. 这篇文章告诉我们 （ ）

A. 我们都可能处于亚健康状态 B. 爬山的时候应该看风景

C. 越来越多的人在追求名利 D. 应该享受生活而不只是挣钱

三、根据课文内容，判断正误：

1. “累死了”这句话现在很流行。 （ ）

2. “亚健康”这个词不知不觉地出现在我们的生活中了。 （ ）

3. 亚健康状况没有引起人们的重视。 （ ）

4. 亚健康会引起身体器官的病变。 （ ）

5. 关于亚健康的调查让许多人感到紧张。 （ ）

6. 要避免出现亚健康就必须善于调整自己的状态。 （ ）

7. 只要不低估自己的能力就不会出现健康问题。 （ ）

8. 那位著名心理学家认为人生最重要的是工作。 （ ）

9. 生活中有些人已经不会让自己放松享受了。 ( )

10. 人生就像爬山，享受过程很重要。 ( )

四、选词填空：

A. 放宽心 B. 偏废 C. 恰如其分 D. 大可不必

1. 在具体的教学过程中，对学生运用不同的数学方法解答问题，老师都应给予________的评价，以便让他们都得到被肯定的快乐。
2. 你就________吧，这孩子学习这么努力，考大学没问题的。
3. 不同的人或同一人在不同年龄段对电磁辐射的承受能力是不一样的，即使在超标环境下，也不意味着所有人都会得病，因此________对电磁辐射"草木皆兵"。
4. 报考艺术类的学生越来越多了，专家提醒我们，在学好专业课的同时千万不能________文化课。
5. 那如何________地把你体会到的感情表达出来呢？首先，要进入作者创作时的"情境"，从这一角度对其心理进行更深入、更为细致的体会。
6. 各地政府应该知道，在搞经济建设的时候一定要注意对文化遗产的保护，二者不可________。
7. 我素来不把生日当回事儿，随便在哪儿吃顿饭还不都一样，________如此挑东挑西，铺张浪费讲排场。
8. 妈妈劝我说，要把大事看作小事，把小事看作没事，________，自己要学会调节。

五、简答题：

1. 什么是亚健康状态？
   答：________________________________。
2. 课文中提到的那项调查的范围是什么？
   答：________________________________。
3. 课文中提到的那位哲人的名言是什么？
   答：________________________________。

六、回答问题：

1. 怎样做才可以成为一个健康的人？
2. 为什么说有的人"就像开足马力的战车"？
3. 你怎样理解那位哲人的话？

二、人体的生物钟

人的生命过程是复杂的，又是奇妙的，它无时无刻不在演奏着迷人的“生物节律交响乐”。这就是通常人们所说的生物钟。生物钟也叫生物节律、生物韵律，指的是生物体在生理、行为及形态结构等方面随时间作周期变化的现象。科学家发现，生物钟是多种多样的，就人体而言，已发现一百多种。

生物钟对人健康的影响是非常巨大的。整个人类都是以一昼夜为周期进行作息，人体的生理指标，如体温、血压、脉搏；人的体力、情绪、智力和妇女的月经周期；体内的信号，如脑电波、心电波、经络电位、体电磁场的变化，等等，都会随着昼夜变化作周期性变化。没有人否认这一系列现象与人的健康的关系。科学家发现，生物钟紊乱的时候，人就容易生病、衰老或死亡。有的人的生物钟几十年都是相对稳定的，他的健康状况就比较好，而生物钟一旦被打破，较长时间处于紊乱状态，就容易产生各种各样的不适或疾病，有的甚至危及生命。据说，欧洲名酒枣威士忌的商标是一长寿老人的头像，这位老人活了152岁。当时，英国国王想见这位长寿老人，就请他到王宫来吃喝玩乐，以示隆重款待。谁知，由于生活规律被突然改变，一周后老人不治而亡。

在我们的生活中，也有一些健康老人，几十年如一日，终日劳作，越显健康。有一天，由于儿女的孝顺，让他休息“享清福”，结果不是周身不舒服，就是一病不起。有的刚退下来的老人，身体状况反而不如上班的时候，都是与生物钟突然改变有关。

我们认为，年轻人要及早认识、发现和掌握自己的生物钟，然后逐步顺应它，使之发挥良性效果。老年人要把几十年形成的生物钟保养好，不要轻易改变它，免得引起生物钟紊乱而影响身心健康。孝顺的儿女们，也不要轻易让老人迁就你们的“孝心”。据调查，在一家老人保健康复中心里，好几个九旬老人在家的时候身体状况、精神状态都很正常，儿女送他们到中心是想让他们得到良好的医疗保障，但结果，这几个老人都是不到半月“无疾”而终。这与老人的生物钟被改变有无关系，我们无法深究。不过，我们相信，认识生物钟、掌握生物钟、顺应生物钟对维护和增进人们的身心健康是有帮助的。

（839 字）

（据网站资料综合编写）

练　习

一、根据课文内容，选择下列词语的正确解释：

1. 节律　　（　　）

A. 控制规律　　B. 运动节奏和规律

C. 节制与规律　　D. 单位时间内的规律

2. 紊乱 （ ）

A. 稳定　B. 破坏　C. 变化　D. 杂乱

3. 衰老 （ ）

A. 变老　B. 衰退　C. 变坏　D. 衰亡

4. 不适 （ ）

A. 不合适　B. 不恰当　C. 不舒服　D. 不舒适

5. 危及 （ ）

A. 威胁到　B. 很快出现危机

C. 发展到　D. 在某方面危险

6. 不治而亡 （ ）

A. 不愿治疗而死亡　B. 无法治疗而死亡

C. 没有治疗而死亡　D. 无法治疗而失去

7. 劳作 （ ）

A. 体力劳动　B. 种地　C. 工作劳累　D. 做生意

8. 顺应 （ ）

A. 应该沿着　B. 顺便应该　C. 掌握适应　D. 顺从适应

9. 迁就 （ ）

A. 勉强适应别人　B. 迁移新址

C. 坚持自己的意思　D. 就到那里

二、根据课文内容，选择正确答案：

1. 生物钟是 （ ）

A. 生物体的周期性变化　B. 一种作息制度

C. 人类所特有的　D. 最近才发现的

2. 下面哪一项不是生物钟的同义词？ （ ）

A. 生物节律交响乐　B. 生物节律

C. 生物韵律　D. 生理变化

3. 人类生物钟周期性变化的依据是 （ ）

A. 人体的生理指标　B. 人在体力情绪等方面的变化

C. 人体内的信号　D. 白天和黑夜的变化

4. 生物钟对人健康的影响不包括 （ ）

A. 体温血压　B. 人际交往

C. 情绪智力　D. 人体磁场

5. 生物钟紊乱的结果是 （ ）

A. 肯定会生病　B. 开始迅速衰老

C. 会导致突然死亡　D. 容易出现健康问题

6. 欧洲那位长寿老人的死亡是因为 （ ）

A. 突然改变生活规律　　B. 吃得太多玩儿得太开心

C. 他确实太老了　　D. 王宫的招待过于隆重

7. "享清福" 的意思是 （ ）

A. 让生活变得简单清楚　　B. 享受儿女们给予的幸福

C. 安安静静什么都不做　　D. 享受清闲舒适的生活

8. 劳动了几十年的老人闲下来容易生病是因为 （ ）

A. 他们不喜欢享清福　　B. 终日劳作影响了身体健康

C. 身体已经习惯了劳动　　D. 他们不得不迁就儿女

9. 老人保健康复中心的事例是要说明 （ ）

A. 儿女不应该太孝顺老人　　B. 九十岁以上的老人最好住在家里

C. 那里的医疗保障很差　　D. 改变老人的生物钟是很危险的

三、根据课文内容，判断正误：

1. 生物钟时刻在发挥作用。 （ ）
2. 人体的生物钟可以演奏交响乐。 （ ）
3. 人体生物钟的单位时间是一天一夜。 （ ）
4. 几十年生物钟都很稳定的人一般比较健康。 （ ）
5. 生物钟一旦打破就会危及生命。 （ ）
6. 那位长寿老人不习惯王宫的饮食所以死了。 （ ）
7. 一些健康老人喜欢忙碌的生活，觉得几十年劳作就像劳作了一天一样。 （ ）
8. 有些刚刚退休的老人身体不如工作的时候了。 （ ）
9. 老年人最好要顺应自身多年形成的生物钟。 （ ）
10. 认识掌握生物钟对健康大有好处。 （ ）

四、选词填空：

A. 紊乱　　B. 危及　　C. 顺应　　D. 迁就

1. 孩子小的时候千万不能过分________他，否则他以后会很自私。
2. 对待国际规则，我们需要一种从________到参与的新思维。
3. 医学专家警告，胖大海不能泡茶服用，因为有的患者可能会出现过敏反应，如全身皮肤发痒、口唇水肿等，长期大量饮用还可能________生命。
4. 恋爱中的人通常智商为零，他们往往心甘情愿地________对方。
5. 刚到美国的时候，因为 12 个小时的时差，他的生活完全________了。
6. 植物神经功能________是一种内脏功能失调的综合征，包括循环系统功能、消化系统功能或性功能失调的症状。
7. 耕地锐减已成为________我国粮食安全的最大隐忧。目前，各省耕地保护工作大都存在诸多问题。

五、简答题：

1. 什么是生物钟？

答：____。

2. 生物钟紊乱的后果是什么？

答：____。

3. 我们应该怎样对待自己的生物钟？

答：____。

六、回答问题：

1. 人体的哪些方面会出现周期性变化？

2. 儿女应该怎样孝顺老人？

3. 你知道自己的生物钟吗？说一说。

三、危险的餐桌

我们的身边原本充满看不见的危险，但现在我们不幸看见了，而且是在餐桌上。来自食物方面的危险问题，正成为公众视野中一个日渐热门的话题。

还有多少人会因为担惊受怕而决心成为一位素食主义者？至少，美国资深记者尼科尔斯·福克斯就是慢慢变成这样一个人的。那是上世纪最后十年左右发生的事情。一开始，这个决定的作出仅仅是因为她对口味的挑剔，那些她曾非常喜爱的肉制品变得不再美味可口，再也不能挑动她的食欲。但数年之后，当她知道其中原因是因为它们受到污染的时候，她决定去追索真相。她那本轰动一时的环保著作《美食与毒菌：食物链受污染的惊人真相》，令公众对围绕着他们生活的噩梦——上世纪 90 年代中期爆发的疯牛病——的产生和演变过程第一次有了触目惊心的详尽了解。在书中，尼科尔斯·福克斯描绘了一幅幅令人震惊的图景：疯牛病和相关的克雅氏病，被大肠埃希氏杆菌严重污染的蔬菜沙拉，墨西哥湾受毒物侵染的牡蛎……

这并非遥远的美国往事，在这本书出版后至今的几年时间里，来自食物方面的危险丝毫没有减少。危险来自农药，来自制造、加工、包装过程中的各种不安全因素，危险甚至就来自食品原料本身。

现在，我们身处于一个被农药和毒物戕害的世界。由于生物链交叉感染，致病的因素几乎残留在我们所有的食物中——牛肉里有激素，水果含有防腐剂，鱼被水银污染，鸡和鸡蛋里又有致癌物质……人类正在失去对食物供应链的控制，最普通的日常食品在生产的每一道工序中都可能受到污染而置人于死地。

如果说艾滋病的出现改变了“性解放”运动的进程，长久以来的食物安全危机则带来生活方式的另一种改变。越来越多的人逐渐成为素食者。英国素食者协会曾经宣布，自从疯牛病与克雅氏病相关的消息颁布后，1996 年加入素食者行列的人数创下了历史新高。

但在这场人与自身创造的巨大灾祸的斗争中，成为素食者仅仅是防守的一种方式。建立完善的法规标准、监督机制和规范的行业生产方式则是在修筑城墙。改变目前状况的原动力必须来自那些对现状极度不满、决心重新控制局面、获得安全食品的消费者。

（836 字）

（选自《新周刊》，作者：符郁，有改动）

练　习

一、根据课文内容，选择下列词语的正确解释：

1. 视野　（　　）

A. 全面认识　B. 关心的问题

C. 认识范围　D. 看到的原野

2. 素食　（　　）

A. 只吃蔬菜　B. 吃饭简单　C. 只吃肉类　D. 食品朴素

3. 挑剔　（　　）

A. 挑选　B. 过分严格要求

C. 挑出　D. 按照规矩办事

4. 追索　（　　）

A. 追逐打闹　B. 追踪思考　C. 追求索取　D. 追寻探索

5. 触目惊心　（　　）

A. 看到严重的情景而内心震动　B. 接触眼睛心里吃惊

C. 碰到眼睛引起强烈不适　D. 看到眼睛心里害怕

6. 戕害　（　　）

A. 严重伤害　B. 用刀砍伤　C. 非常害怕　D. 得病而死

7. 颁布　（　　）

A. 颁发　B. 公布　C. 透露　D. 传出

二、根据课文内容，选择正确答案：

1. 人们现在日益关注　（　　）

A. 素食主义者　B. 食品安全问题

C. 环境污染问题　D. 我们生存的世界

2. 关于尼科尔斯·福克斯，下面哪种说法不正确？ (　　)

A. 是一位素食者　　B. 是一位经验丰富的记者

C. 为了拒绝污染她不再吃肉　　D. 她的那本环保著作曾非常流行

3. 尼科尔斯·福克斯开始调查食品污染问题是因为她 (　　)

A. 是资深记者　　B. 对口味十分挑剔

C. 知道了肉制品不再可口的原因　　D. 想写一本能引起轰动的书

4. 尼科尔斯·福克斯在她的书中揭露了 (　　)

A. 美食与毒菌的关系　　B. 食品链受污染的严重情况

C. 公众生活中的噩梦　　D. 疯牛病产生的原因

5. 下面哪一项不是尼科尔斯·福克斯的书中描绘的情况？ (　　)

A. 肉类安全出现了问题　　B. 蔬菜沙拉受到污染

C. 海洋食品被毒物侵染　　D. 鸡和鸡蛋能够致癌

6. 尼科尔斯·福克斯的书出版后 (　　)

A. 食品安全大大改善　　B. 食品安全没有改进

C. 国际社会非常重视　　D. 政府提出了解决方案

7. 几乎所有的食物中都有致病因素的原因是 (　　)

A. 生物链交叉感染　　B. 这个世界充满农药和毒物

C. 人类没有控制食物供应链　　D. 食品生产工序污染严重

8. 食品安全危机使 (　　)

A. 艾滋病人数大量增加　　B. 越来越多的人成为素食者

C. 人类面临巨大灾难　　D. 消费者对社会现状极其不满

9. 从根本上解决食品安全问题的力量来自于 (　　)

A. 素食主义者　　B. 政府控制监管

C. 生产行业　　D. 消费者自身

三、根据课文内容，判断正误：

1. 对于来自食物方面的危险问题，公众们议论纷纷。 (　　)
2. 有些人是因为担心肉类的安全问题而变成素食主义者的。 (　　)
3. 1980 年尼科尔斯·福克斯就开始关注食品安全问题了。 (　　)
4. 尼科尔斯·福克斯是一个对口味比较挑剔的人。 (　　)
5. 尼科尔斯·福克斯想知道为什么肉制品引不起她的食欲了。 (　　)
6. 从尼科尔斯·福克斯的书中公众对疯牛病有了全面的了解。 (　　)
7. 食物危险来自于各个方面。 (　　)
8. 现在最普通的日常食品也可能会因污染而导致人死亡。 (　　)
9. 我们吃的任何一样食品都有可能受到污染。 (　　)
10. 艾滋病促使人们重新思考食品安全。 (　　)
11. 自从疯牛病出现后，英国的素食者们成立了自己的协会。 (　　)

12. 英国1996年新增加的素食者人数超过了以往任何一年。 （ ）

四、选词填空：

A. 视野 B. 喧哗 C. 颁布 D. 挑剔 E. 触目惊心

1. 调查结果令人________，这个城市竟然有如此众多的流浪者。
2. 公共场所高声________、随手乱扔垃圾等等不文明行为在我们的生活中常常不经意地出现，此时，你可否想过自己已经“失礼”了。
3. 她从小生活条件优越，吃饭非常________，稍微不合口味就不吃。
4. 沉寂已久的昆曲终于再次进入了大众的________，国家对于昆曲文化传承投注了很大关注。
5. 工人们称，每位工人历年的加班费公司一直欠着没给，新劳动法的________激发了员工向公司讨要往年被欠加班费的勇气。
6. 在干部人事制度改革方面，要着眼于拓宽用人________，着力构建公开、平等、竞争、择优的选人用人机制。
7. 人无完人，如果对朋友太________了，终究会被朋友抛弃。
8. 每次来到老年公寓，原本欢声笑语的大家立即停止________，这是大家遵守老年公寓规定的表现。
9. 业内人士指出，现在，中国学生赴英留学持续升温，这与近年来英国________的众多工作延签政策有关。
10.《黑镜头》是一个摄影集系列，里面很多照片揭露了令人________的贫困与黑暗。

五、简答题：

1. 尼科尔斯·福克斯成为素食者的起因是什么？

   答：____。
2. 食品危险来自哪些方面？

   答：____。
3. 生物链交叉感染的后果是什么？

   答：____。

六、回答问题：

1. 请介绍一下尼科尔斯·福克斯的书。
2. 我们处在一个什么样的世界中？为什么？
3. 面对食品安全问题，我们应该怎么做？

四、零食主义

追问喜欢零食的原因，恐怕没有几个人可以说出具体而详细的理由来，更多的人是把眼一瞪：为什么喜欢？喜欢就是喜欢呗，哪有为什么！零食的魅力亦在于此。它可以不露声色、不露痕迹地把你的爱好占领，而到头来，它还靠在那里一脸无辜。

真的要追究原因，应该是零食可以满足人“口齿留香”和不停咀嚼的愿望。自古食为第一，基本的温饱问题已经解决，人的牙口却仍旧不愿意就此清闲，它总想不停地找事干，以满足主人不断膨胀的幸福感。于是，寻找并咀嚼美味的食品成了其最大目标，也成了人体验幸福感的一大途径。美容界有一个说法：不停地咀嚼可以锻炼人的面部肌肉，从而增加并平衡人面部的线条感，使人的脸看起来更舒服。换句通俗点儿的话来说，就是可以美容。内因外因都对零食笑脸相迎，我们似乎没有理由拒绝它的诱惑。

零食就是乐趣。学会吃零食，其实是学会发现并享受人生的一种乐趣。一项统计显示，人生的快感很大一部分来自味觉。没事的时候，拿点儿零食放在嘴里，体会它们各种各样或酸或甜或辣或咸的感觉，一种与主食氛围完全不同的休闲和快意油然而生。这份放松，在生活节奏快如列车的今天，很难得。

吃零食还可以放松心情，释缓压力。吃零食是一种心境，是一种适合在轻松的氛围中做的动作，如同打呵欠。研究显示，在紧张或受惊吓的状态中，人不可能打呵欠，只有在懒散的情况下才有可能让呵欠畅通无阻。零食也一样。有的人忙如陀螺，或整天莫名紧张，估计他没时间也没心境去体验零食。零食只有在清闲时才能好好儿享用。要想让自己放松，不妨试一试来点儿零食吃吃。

当然，爱吃零食还有其他好处，比如爱吃零食的人一般懂得一心二用的精髓所在。纵观零食界，喜欢吃零食的人肯定能在吃零食的时候兼干其他事情：看电视、看书、看电影、聊天儿、玩儿，甚至思考。如此一举多得，高效率，不简单。

爱吃零食的人心态年轻，热爱生活。人们对零食的常规性认识是：零食是儿童的专利。其实，错了。成年人喜欢吃零食的也有很多，而且这些人都有着和儿童一样的心态和性情，单纯、可爱、生活里处处充满着阳光。

零食主义，是一种情调，是一种状态，更是一种生活理念和追求。零食主义，没有什么特别的意思，只是代表了一种消费理念，一种生活状态。

（894字）

（选自《华商报》，作者：钟河，有改动）

练习

一、根据课文内容，选择下列词语的正确解释：

1. 魅力 （ ）
   A. 非人的力量 B. 鬼魅的力量
   C. 美丽的力量 D. 对人的吸引力
2. 不露声色 （ ）
   A. 不被发现 B. 没有声音 C. 没有颜色 D. 不表现声音
3. 无辜 （ ）
   A. 没希望 B. 不幸福 C. 没有罪 D. 不清楚
4. 咀嚼 （ ）
   A. 脸部运动 B. 细细地咬烂
   C. 吮吸 D. 吃各种东西
5. 诱惑 （ ）
   A. 迷惑 B. 欺骗 C. 吸引 D. 美味
6. 味觉 （ ）
   A. 对味道的感觉 B. 对气味的感觉
   C. 喜欢的味道 D. 喜欢的气味
7. 快意 （ ）
   A. 快乐满意 B. 快速 C. 爽快舒适 D. 快捷
8. 释缓 （ ）
   A. 释放缓慢 B. 放松减缓 C. 解释缓慢 D. 体验缓慢
9. 懒散 （ ）
   A. 懒得散步 B. 休息 C. 不想起床 D. 松懈
10. 精髓 （ ）
    A. 骨髓 B. 精力 C. 精华 D. 精神
11. 纵观 （ ）
    A. 竖着来看 B. 放眼观察 C. 历史考察 D. 流行观点

二、根据课文内容，选择正确答案：

1. 大部分人喜欢零食是 （ ）
   A. 没有理由的 B. 因为零食有营养
   C. 因为零食很美味 D. 因为零食能美容
2. 零食的魅力在于 （ ）
   A. 能增强幸福感 B. 能补充能量

C. 让人不知不觉上瘾　　D. 能美容

3. 零食吸引人的真正原因是（　）

A. 美味可口　　B. 满足人的咀嚼愿望

C. 解决温饱问题　　D. 能让幸福不断膨胀

4. 美容界认为零食（　）

A. 可以提高咀嚼能力　　B. 可以给人满足感

C. 可以让人体验幸福　　D. 可以美容

5. 零食的乐趣在于（　）

A. 可以美容　　B. 它与主食完全不同

C. 让人轻松　　D. 它的味道丰富

6. 研究表明吃零食（　）

A. 可以缓解紧张情绪　　B. 可以吸引人的注意力

C. 可以增强工作能力　　D. 让人莫名紧张

7. 作者认为吃零食（　）

A. 是孩子的专利　　B. 是一种休闲的生活态度

C. 对健康大有好处　　D. 没有什么特别的意义

三、根据课文内容，判断正误：

1. 吃零食的人不喜欢别人问为什么。（　）
2. 零食可以满足人们对于口感的要求。（　）
3. 从古到今零食都是第一重要的事情。（　）
4. 吃零食是体验幸福感的一种方式。（　）
5. 美容专家认为零食可以美容。（　）
6. 人的心理和生理都需要零食，所以我们应该吃零食。（　）
7. 零食给人的乐趣主要来自于味觉。（　）
8. 心情放松的时候人才会想吃零食。（　）
9. 受惊吓时人会不断地打呵欠。（　）
10. 整天忙得要命或莫名其妙地紧张的人是没心情吃零食的。（　）
11. 爱吃零食的人常常会同时做几件事。（　）
12. 人们一般认为只有儿童才吃零食。（　）

四、选词填空：

A. 不露声色　　B. 懒散　　C. 无辜　　D. 纵观　　E. 魅力　　F. 精髓

1. 尽管他在场上并不张扬，也________，但他却一直是球队最危险最稳定的杀手。
2. 太极拳的________不是如何攻击敌人，而是如何调整自己的内心。
3. 小张在火车站出口发现了上次的那个骗子，于是________地跟在骗子后面，并用朋友的手机拨打了报警电话。

4. ________如今的中国篮坛，姚明可以说是一名国宝级球星。
5. 周大伟一再表示自己是________的，并相信自己的部分罪名能在上诉中平反，这能极大地减少刑期。
6. 武夷山的________在于它的灵气，让你流连忘返不忍离去。
7. 很多人在春节后患上了“节后综合征”，这主要是因为春节七天假期里日子过得轻松而________，而上班后各种压力接踵而至，一时无法适应所导致的。
8. 检察官深知，放纵一名犯罪分子不但危及法律的权威，也会让更多________的人遭受伤害。
9. 周恩来的人格________受到全世界人民的尊敬。
10. 被释放回家后，________惯了的他仍不思悔改，成天游手好闲，家人只好以控制经济来约束他。
11. ________当今社会，一股复兴传统文化的浪潮方兴未艾，这充分表明中国本土文化复兴已经成为中国人的一个既内在又普遍的心理诉求和基本共识。

五、简答题：

1. 为什么吃零食可以美容？
   答：____。
2. 爱吃零食的人心态怎么样？
   答：____。
3. 什么是零食主义？
   答：____。

六、回答问题：

1. 人们喜欢零食的深层原因是什么？
2. 为什么说“零食就是乐趣”？
3. 吃零食都有哪些好处？

参考答案

第一单元

一、路　遇

一、1. D　2. A　3. C　4. A　5. C　6. B　7. B　8. A　9. C　10. B　11. C

二、1. C　2. A　3. A　4. C　5. B　6. D　7. A

三、1. √　2. √　3. ×　4. ×　5. √　6. √　7. √　8. ×　9. √　10. ×

四、1. C　2. D　3. B　4. A　5. A　6. E　7. D　8. C

二、车　战

一、1. A　2. C　3. C　4. B　5. C　6. C　7. D　8. D　9. A　10. A　11. D

二、1. D　2. B　3. A　4. C　5. B　6. C　7. D

三、1. √　2. √　3. ×　4. √　5. ×　6. √　7. √　8. √　9. √　10. ×

四、1. D　2. E　3. A　4. B　5. E　6. C　7. B　8. A

三、开往春天的火车

一、1. A　2. B　3. C　4. A　5. B　6. C　7. A　8. B　9. A　10. B　11. B　12. B　13. D

二、1. C　2. A　3. C　4. A　5. B　6. D　7. B　8. C

三、1. ×　2. √　3. √　4. ×　5. √　6. √　7. ×　8. ×　9. √　10. √　11. √

四、1. D　2. A　3. B　4. E　5. C　6. D　7. A　8. C　9. B　10. F

四、单片眼镜

一、1. B　2. D　3. A　4. C　5. C　6. D　7. B　8. C　9. D　10. B　11. A　12. B　13. D

二、1. B　2. D　3. B　4. B　5. A　6. C　7. A　8. B

三、1. ×　2. √　3. √　4. ×　5. √　6. √　7. √　8. √　9. ×　10. √

四、1. C　2. A　3. B　4. B　5. A　6. E　7. F　8. D　9. G　10. H　11. G　12. H
13. E　14. F

第二单元

一、沙堡与大海

一、1. A　2. B　3. D　4. C　5. B　6. A　7. D　8. D　9. A　10. B　11. C　12. A

二、1. A　2. A　3. A　4. C　5. A　6. D　7. D　8. B

三、1. √　2. ×　3. √　4. √　5. √　6. ×　7. √　8. √　9. √　10. √

四、1. B　2. E　3. A　4. D　5. C　6. E　7. A　8. C　9. F

二、穿越一万公里的鱼

一、1. A　2. A　3. C　4. B　5. B　6. D　7. A　8. B　9. C　10. A　11. C　12. D

二、1. C　2. C　3. B　4. C　5. B　6. A　7. C　8. C　9. D

三、1. ×　2. √　3. ×　4. √　5. ×　6. √　7. √　8. √　9. √　10. √　11. ×　12. √

四、1. B　2. A　3. A　4. C　5. D　6. C　7. E　8. F　9. F

三、爱心不会闲置

一、1. B　2. A　3. D　4. C　5. D　6. C　7. B　8. C　9. A　10. D　11. C

二、1. A　2. C　3. C　4. B　5. D　6. D　7. D　8. C　9. D　10. D

三、1. √　2. ×　3. ×　4. √　5. √　6. √　7. √　8. ×　9. √　10. √

四、1. E　2. C　3. B　4. D　5. B　6. D　7. C　8. A

四、谷仓与友谊

一、1. D　2. A　3. C　4. D　5. A　6. B　7. A　8. D　9. C　10. D　11. B　12. D　13. B

二、1. D　2. B　3. B　4. A　5. C　6. C　7. B　8. C　9. B　10. C

三、1. √　2. ×　3. ×　4. √　5. √　6. ×　7. √　8. √　9. √　10. ×　11. √　12. ×

四、1. C　2. A　3. F　4. A　5. B　6. D　7. E　8. F　9. D　10. B

第三单元

一、影评：《开往春天的地铁》

一、1. D　2. B　3. D　4. B　5. D　6. C　7. B　8. B　9. C　10. B　11. C　12. A　13. D

二、1. A　2. A　3. A　4. B　5. C　6. B　7. B　8. D　9. D　10. D

三、1. ×　2. √　3. √　4. ×　5. √　6. ×　7. √　8. ×　9. √　10. √

四、1. B　2. C　3. D　4. A　5. B　6. E　7. C　8. D

二、《妈妈我拿什么爱你》剧情介绍

一、1. B　2. A　3. A　4. D　5. C　6. C　7. B　8. C　9. B　10. C　11. C

二、1. A　2. A　3. B　4. D　5. D　6. A　7. B　8. C　9. B　10. B

三、1. ×　2. ×　3. √　4. √　5. ×　6. ×　7. √　8. ×　9. √　10. ×

四、1. F　2. A　3. E　4. C　5. B　6. A　7. C　8. D　9. E　10. D

三、《影响中国的100次事件》序

一、1. B 2. A 3. A 4. D 5. B 6. D 7. B 8. C 9. C 10. A 11. B

二、1. B 2. B 3. C 4. C 5. A 6. B 7. A 8. C

三、1. × 2. × 3. × 4. √ 5. √ 6. √ 7. √ 8. √ 9. × 10. ×

四、1. C 2. B 3. A 4. D 5. B 6. F 7. E 8. A 9. C 10. E 11. F

四、因为我们是水做的

一、1. D 2. A 3. C 4. B 5. A 6. A 7. D 8. B 9. C 10. A 11. C

二、1. A 2. D 3. C 4. C 5. B 6. A 7. C 8. B 9. B 10. C

三、1. √ 2. √ 3. × 4. √ 5. × 6. √ 7. × 8. √ 9. × 10. √

四、1. C 2. B 3. A 4. E 5. D 6. B 7. A 8. E

第四单元

一、换个灯泡需要几个人

一、1. C 2. A 3. C 4. B 5. C 6. B 7. A 8. B 9. C 10. C 11. A

二、1. C 2. B 3. C 4. B 5. C 6. B 7. B 8. B

三、1. √ 2. × 3. √ 4. √ 5. √ 6. √ 7. × 8. √ 9. √

四、1. A 2. C 3. B 4. D 5. F 6. D 7. C 8. A 9. E

二、秘书综合征

一、1. A 2. C 3. B 4. C 5. A 6. C 7. A 8. A 9. D

二、1. C 2. A 3. A 4. B 5. C 6. C 7. A 8. B 9. C

三、1. √ 2. × 3. √ 4. × 5. √ 6. √ 7. × 8. √ 9. √ 10. ×

四、1. B 2. E 3. F 4. C 5. D 6. A 7. D 8. C 9. E 10. B 11. F

三、名正言顺

一、1. C 2. B 3. A 4. D 5. B 6. A 7. B 8. D 9. B 10. C 11. C 12. B 13. D

二、1. D 2. B 3. A 4. C 5. B 6. A 7. B 8. D 9. D 10. D

三、1. √ 2. √ 3. × 4. √ 5. √ 6. √ 7. × 8. × 9. × 10. √

四、1. C 2. A 3. B 4. D 5. E 6. C 7. A 8. E 9. B

四、讲个笑话给你听

一、1. A 2. C 3. B 4. B 5. A 6. C 7. A 8. D 9. B 10. B 11. A 12. C 13. C

二、1. B 2. C 3. B 4. A 5. C 6. B 7. C 8. D

三、1. √ 2. √ 3. × 4. √ 5. × 6. √ 7. √ 8. × 9. √ 10. × 11. √ 12. √

四、1. D 2. B 3. A 4. B 5. C 6. E 7. C 8. D

第五单元

一、小院之恋

一、1. B 2. B 3. C 4. A 5. C 6. D 7. D 8. A 9. C 10. D

二、1. C 2. D 3. A 4. A 5. B 6. C 7. A 8. B 9. D 10. A 11. A 12. C

三、1. √ 2. × 3. √ 4. × 5. × 6. √ 7. √ 8. √ 9. × 10. √

四、1. A 2. B 3. E 4. A 5. B 6. D 7. E 8. D 9. C

二、搞定家事

一、1. D 2. A 3. D 4. C 5. B 6. C 7. A 8. B 9. B 10. B 11. D

二、1. A 2. B 3. D 4. C 5. B 6. D 7. A 8. C 9. B 10. D

三、1. × 2. √ 3. √ 4. √ 5. √ 6. × 7. √ 8. × 9. √ 10. ×

四、1. A 2. B 3. D 4. C 5. D 6. B 7. A 8. C

三、爱在饭桌

一、1. C 2. B 3. B 4. D 5. B 6. C 7. A 8. C 9. B

二、1. B 2. C 3. A 4. B 5. D 6. D 7. B 8. A

三、1. × 2. × 3. √ 4. √ 5. √ 6. √ 7. × 8. √ 9. √ 10. ×

四、1. A 2. F 3. B 4. A 5. C 6. D 7. E 8. B 9. C 10. E 11. D

四、饭　桌

一、1. C 2. A 3. D 4. B 5. B 6. D 7. A 8. C 9. A 10. D

二、1. D 2. A 3. C 4. C 5. C 6. B 7. C 8. B 9. B 10. C

三、1. √ 2. √ 3. √ 4. × 5. √ 6. √ 7. × 8. √ 9. √ 10. √ 11. ×

四、1. D 2. B 3. A 4. C 5. B 6. E 7. A 8. D 9. C 10. E

第六单元

一、日本“爱妻日”丈夫早回家

一、1. A 2. A 3. B 4. A 5. C 6. A 7. B 8. D 9. C 10. B 11. C 12. D

二、1. D 2. B 3. B 4. D 5. A 6. C 7. B 8. D

三、1. × 2. × 3. √ 4. √ 5. √ 6. × 7. √ 8. √ 9. √ 10. √

四、1. C　2. D　3. A　4. E　5. B　6. A　7. B　8. D　9. C

二、悉尼歌剧院的诞生

一、1. D　2. A　3. C　4. B　5. A　6. A　7. B　8. C

二、1. B　2. D　3. A　4. C　5. D　6. A　7. C　8. C　9. D

三、1. √　2. √　3. ×　4. √　5. ×　6. √　7. √　8. √

四、1. G　2. C　3. F　4. A　5. E　6. A　7. D　8. G　9. F　10. D　11. B　12. E　13. C

三、乌鸦狂轰克里姆林宫

一、1. D　2. A　3. B　4. D　5. A　6. B　7. A　8. C　9. C　10. B　11. C　12. B　13. A

二、1. B　2. B　3. C　4. D　5. D　6. C　7. A　8. D

三、1. ×　2. √　3. √　4. √　5. √　6. √　7. √　8. √　9. √　10. ×

四、1. B　2. D　3. A　4. E　5. B　6. C　7. A　8. C　9. E　10. D

四、爱尔兰和诺贝尔奖有缘

一、1. A　2. D　3. B　4. D　5. B　6. D　7. B　8. A　9. A　10. B　11. A

二、1. C　2. B　3. A　4. C　5. C　6. D　7. C

三、1. √　2. √　3. ×　4. ×　5. ×　6. √　7. √　8. ×　9. ×　10. √

四、1. C　2. D　3. B　4. A　5. E　6. A　7. E　8. D　9. C

第七单元

一、那达慕——欢乐的草原

一、1. B　2. A　3. D　4. C　5. C　6. D　7. A

二、1. C　2. B　3. C　4. B　5. A　6. A

三、1. ×　2. √　3. ×　4. ×　5. ×　6. ×　7. √　8. ×　9. √　10. ×　11. ×　12. ×

四、1. A　2. D　3. B　4. A　5. C　6. B

二、假如中国没有春节

一、1. B　2. B　3. C　4. B　5. B　6. A　7. D　8. B　9. B　10. D

二、1. B　2. A　3. C　4. C　5. D　6. D　7. D　8. B　9. C　10. B

三、1. √　2. ×　3. √　4. √　5. ×　6. ×　7. √　8. ×　9. √　10. √　11. ×　12. √

四、1. B　2. A　3. F　4. C　5. A　6. D　7. F　8. E　9. D　10. B　11. E

三、三代人眼中的中秋变迁

一、1. A　2. D　3. B　4. A　5. C　6. A　7. C　8. D　9. C

二、1. C　2. D　3. C　4. A　5. C　6. D　7. D　8. B

三、1. √　2. √　3. √　4. ×　5. ×　6. ×　7. √　8. ×　9. ×

四、1. B　2. D　3. A　4. E　5. B　6. C　7. D　8. A　9. E　10. C

四、为何吃饺子

一、1. D　2. B　3. A　4. C　5. C　6. A　7. C　8. C

二、1. B　2. A　3. A　4. B　5. D　6. C　7. D　8. C

三、1. √　2. √　3. √　4. ×　5. ×　6. ×　7. √　8. ×　9. √　10. ×

四、1. D—A—C—B—E—F;

2. (1) C　(2) E　(3) F　(4) D　(5) G　(6) A　(7) B

第八单元

一、乌鸦是人类的朋友

一、1. B　2. C　3. A　4. A　5. C　6. B　7. D　8. C　9. A　10. A

二、1. C　2. D　3. B　4. C　5. B　6. D　7. B　8. C

三、1. ×　2. √　3. ×　4. √　5. ×　6. ×　7. ×　8. √　9. √　10. √

四、1. C　2. D　3. A　4. B　5. D　6. C　7. B　8. E　9. A　10. E

二、河马的礼仪

一、1. A　2. A　3. C　4. A　5. C　6. B　7. A　8. D　9. C　10. B　11. C　12. B

二、1. D　2. D　3. D　4. C　5. C　6. C　7. B　8. D

三、1. ×　2. √　3. ×　4. √　5. √　6. ×　7. √　8. √　9. √　10. ×

四、1. C　2. B　3. A　4. E　5. D　6. C　7. A　8. E　9. B

三、会排队的毛毛虫

一、1. B　2. B　3. C　4. B　5. B　6. A　7. D　8. B　9. A　10. C

二、1. B　2. C　3. B　4. A　5. B　6. C　7. A　8. B　9. C

三、1. ×　2. √　3. ×　4. ×　5. √　6. ×　7. √　8. √　9. √　10. ×　11. ×

四、1. C　2. D　3. B　4. A　5. E　6. D　7. E　8. A　9. B　10. C

四、动物“计划生育”觉悟高

一、1. B　2. A　3. B　4. C　5. B　6. D　7. A

二、1. B　2. C　3. D　4. C　5. C　6. B

三、1. ×　2. ×　3. √　4. ×　5. ×　6. √　7. √　8. √　9. √

四、1. B　2. D　3. C　4. D　5. E　6. B　7. A　8. E　9. A

第九单元

一、潍坊——美丽古老的风筝城

一、1. C　2. B　3. D　4. C　5. A　6. A　7. A　8. D　9. B

二、1. B　2. A　3. C　4. B　5. B　6. C　7. D　8. C　9. C　10. C

三、1. √　2. √　3. ×　4. ×　5. √　6. √　7. √　8. ×　9. ×　10. √　11. ×

四、1. B　2. F　3. A　4. B　5. E　6. D　7. F　8. D　9. C

二、悠悠厦门

一、1. D　2. C　3. B　4. B　5. A　6. B　7. C　8. A　9. D　10. A　11. B

二、1. A　2. D　3. C　4. A　5. B　6. C　7. C　8. D　9. B　10. D　11. C

三、1. ×　2. √　3. ×　4. ×　5. ×　6. √　7. √　8. √　9. √　10. ×

四、1. A　2. D　3. B　4. D　5. C　6. C　7. A

三、平民城市天津卫

一、1. B　2. D　3. B　4. A　5. C　6. C　7. A　8. C　9. C　10. D　11. B　12. C

二、1. A　2. C　3. C　4. A　5. A　6. D　7. D　8. B　9. B　10. D

三、1. √　2. ×　3. √　4. √　5. ×　6. √　7. √　8. √　9. ×　10. ×　11. √
12. √

四、1. E　2. A　3. D　4. B　5. C　6. B　7. E　8. A　9. C　10. D

四、有趣的三个“迷魂阵村”

一、1. C　2. B　3. B　4. A　5. C　6. D　7. D　8. B　9. B　10. A　11. C　12. D

二、1. A　2. A　3. C　4. C　5. D　6. C　7. A　8. B　9. B

三、1. √　2. ×　3. √　4. √　5. ×　6. √　7. ×　8. √　9. ×　10. √　11. √
12. ×

四、1. A　2. C　3. E　4. D　5. C　6. F　7. E　8. B　9. A　10. B

第十单元

一、越野行走族

一、1. A　2. C　3. B　4. C　5. B　6. D　7. B　8. C　9. B　10. B　11. C

二、1. D　2. C　3. A　4. B　5. D　6. A

三、1. √　2. ×　3. √　4. √　5. ×　6. √　7. √　8. √　9. ×　10. √

四、1. C　2. A　3. D　4. E　5. B　6. F　7. A　8. E　9. B　10. D　11. F

二、电脑游戏——虚幻的现实世界

一、1. D 2. B 3. B 4. C 5. D 6. B 7. A 8. B 9. D 10. A 11. A 12. C 13. B

二、1. B 2. A 3. B 4. C 5. D 6. B 7. C 8. D 9. C 10. C

三、1. × 2. √ 3. √ 4. × 5. √ 6. √ 7. √ 8. × 9. × 10. √

四、1. C 2. A 3. B 4. E 5. C 6. A 7. D 8. F

三、时尚是一笔糊涂账

一、1. C 2. B 3. A 4. C 5. A 6. B 7. C 8. B 9. C 10. B 11. C

二、1. A 2. D 3. C 4. B 5. C 6. C 7. B 8. D 9. C 10. B 11. B

三、1. × 2. √ 3. √ 4. × 5. × 6. √ 7. √ 8. × 9. √ 10. √ 11. √ 12. √

四、1. C 2. A 3. E 4. B 5. C 6. F 7. D 8. D 9. E 10. F

四、青少年为何喜欢怪打扮

一、1. B 2. C 3. B 4. C 5. D 6. A 7. D 8. B 9. C 10. B 11. A 12. B

二、1. B 2. B 3. C 4. A 5. A 6. D 7. D 8. B 9. C 10. D

三、1. × 2. √ 3. × 4. √ 5. √ 6. √ 7. √ 8. × 9. √

四、1. B 2. A 3. C 4. B 5. D 6. A 7. C 8. D

第十一单元

一、别人的意见有多大用处

一、1. B 2. C 3. A 4. A 5. C 6. D 7. B 8. A 9. D 10. C 11. C 12. A

二、1. D 2. B 3. A 4. B 5. A 6. D 7. D 8. D 9. C 10. C

三、1. √ 2. × 3. √ 4. √ 5. × 6. √ 7. √ 8. × 9. × 10. √ 11. √ 12. √

四、1. A 2. D 3. F 4. D 5. B 6. C 7. B 8. F 9. A 10. E 11. C

二、人生的五个磁盘

一、1. D 2. B 3. C 4. D 5. A 6. B 7. B 8. A 9. D 10. A 11. C 12. A 13. A

二、1. D 2. C 3. D 4. C 5. C 6. B 7. C 8. C 9. A 10. B

三、1. × 2. √ 3. × 4. √ 5. √ 6. √ 7. × 8. ×

四、1. C 2. E 3. B 4. D 5. A 6. D 7. B 8. A 9. C 10. E

三、内省是做人的责任

一、1. A 2. C 3. B 4. B 5. A 6. D 7. C 8. B 9. C 10. B

二、1. A　2. A　3. B　4. A　5. D　6. A　7. D　8. B　9. C

三、1. √　2. √　3. √　4. √　5. √　6. ×　7. ×　8. ×　9. √　10. √　11. √

四、1. B　2. C　3. D　4. A　5. E　6. A　7. B　8. E　9. C

四、爱之叶

一、1. C　2. B　3. D　4. D　5. D　6. A　7. C　8. C

二、1. D　2. A　3. C　4. B　5. B　6. A　7. C

三、1. √　2. ×　3. √　4. √　5. ×　6. ×　7. √　8. ×　9. ×　10. √　11. ×

四、1. A　2. A　3. B　4. D　5. C　6. C　7. E　8. F　9. E

第十二单元

一、25%的年轻人在贫困线下

一、1. D　2. C　3. A　4. C　5. B　6. B　7. A

二、1. C　2. D　3. D　4. D　5. B　6. A　7. D　8. C

三、1. √　2. ×　3. ×　4. √　5. √　6. ×　7. √　8. √　9. √　10. √

四、1. A　2. C　3. A　4. B　5. B

二、毕业焦虑困扰学生群体

一、1. A　2. B　3. D　4. C　5. B　6. D　7. D　8. A　9. D　10. D　11. B

二、1. C　2. A　3. B　4. A　5. D　6. B　7. A　8. A　9. C　10. C　11. C　12. D

三、1. ×　2. √　3. √　4. √　5. √　6. ×　7. √　8. ×　9. ×　10. √

四、1. C　2. A　3. B　4. D　5. C　6. B

三、考试中的性别差异

一、1. A　2. C　3. A　4. D　5. D　6. B　7. C　8. A

二、1. B　2. A　3. C　4. D　5. C　6. B　7. D　8. D

三、1. ×　2. ×　3. √　4. ×　5. √　6. √　7. ×　8. ×　9. ×　10. √

四、1. C　2. A　3. D　4. B　5. A　6. D　7. C　8. B

四、走出教育循环

一、1. A　2. C　3. D　4. C　5. D　6. C　7. A　8. A　9. B　10. D　11. A　12. B

二、1. D　2. D　3. C　4. B　5. C　6. B　7. D　8. C　9. B　10. C　11. B　12. A

三、1. ×　2. √　3. √　4. ×　5. √　6. √　7. ×　8. ×　9. √　10. √

四、1. E　2. D　3. C　4. A　5. B　6. D　7. A　8. F　9. E　10. C

第十三单元

一、我们需要高兴的"中产阶层"

一、1. B　2. B　3. D　4. A　5. D　6. C　7. D　8. C　9. C　10. C　11. A

二、1. B　2. D　3. D　4. A　5. C　6. B　7. B　8. C　9. D　10. B

三、1. ×　2. √　3. ×　4. √　5. √　6. √　7. √　8. ×　9. √　10. √

四、1. D　2. C　3. B　4. A　5. D　6. C　7. B　8. E　9. A

二、创业快速成功从哪儿入手

一、1. C　2. C　3. A　4. D　5. C　6. B　7. B　8. C　9. B　10. C　11. A

二、1. B　2. B　3. C　4. D　5. B　6. B　7. D　8. C

三、1. √　2. √　3. ×　4. ×　5. √　6. √　7. √　8. √

四、1. B　2. A　3. C　4. D　5. B　6. A　7. C

三、商业合同

一、1. A　2. B　3. A　4. B　5. D　6. A　7. B　8. C　9. B　10. C　11. B　12. C

二、1. C　2. D　3. C　4. A　5. C　6. D　7. C　8. B　9. D

三、1. √　2. ×　3. √　4. √　5. √　6. ×　7. ×　8. ×　9. √　10. √

四、1. C　2. D　3. A　4. E　5. C　6. D　7. B　8. E　9. C　10. A　11. B

四、美女经济

一、1. D　2. A　3. C　4. A　5. B　6. A　7. A　8. A　9. D　10. B

二、1. B　2. A　3. C　4. B　5. B　6. A　7. B　8. D　9. C

三、1. √　2. ×　3. √　4. ×　5. √　6. √　7. √　8. √　9. ×

四、1. A　2. C　3. B　4. D　5. A　6. C　7. B　8. D

第十四单元

一、一个卖蛋糕的摄影家

一、1. A　2. B　3. D　4. C　5. B　6. C　7. A　8. D　9. C

二、1. B　2. A　3. D　4. C　5. A　6. C　7. B　8. C　9. D

三、1. ×　2. ×　3. √　4. ×　5. √　6. √　7. ×　8. √　9. √　10. ×　11. √　12. √

四、1. D　2. B　3. C　4. D　5. A　6. C　7. B　8. A

二、在大桥守望生命

一、1. B　2. B　3. A　4. C　5. B　6. A　7. D　8. B　9. C　10. A　11. D

二、1. A　2. C　3. A　4. C　5. D　6. B　7. B　8. A　9. D　10. B　11. B

三、1. √　2. √　3. √　4. ×　5. ×　6. ×　7. ×　8. √　9. √　10. ×

四、1. D　2. B　3. E　4. C　5. A　6. C　7. D　8. E　9. A

三、实习生小娅的故事

一、1. B　2. C　3. A　4. A　5. D　6. C　7. C　8. B　9. B　10. D　11. A　12. A

二、1. D　2. D　3. B　4. C　5. A　6. A　7. B　8. C　9. C　10. C　11. C

三、1. √　2. ×　3. √　4. √　5. ×　6. ×　7. √　8. √　9. ×　10. √　11. ×　12. √

四、1. B　2. F　3. C　4. E　5. A　6. A　7. D　8. F　9. B　10. C

四、睡草坪的日子

一、1. C　2. A　3. B　4. A　5. D　6. C　7. B　8. D　9. A　10. A　11. D

二、1. B　2. D　3. A　4. C　5. A　6. B　7. A　8. D　9. C

三、1. √　2. ×　3. √　4. √　5. ×　6. √　7. √　8. ×　9. ×　10. ×　11. √　12. ×

四、1. D　2. A　3. F　4. B　5. C　6. F　7. A　8. D　9. C　10. E　11. B

第十五单元

一、全球面临水资源危机

一、1. A　2. B　3. A　4. D　5. D　6. B　7. C　8. A　9. B　10. B

二、1. C　2. A　3. B　4. C　5. D　6. B　7. D　8. B

三、1. √　2. √　3. √　4. ×　5. √　6. ×　7. ×　8. ×

四、1. C　2. B　3. B　4. D　5. E　6. A　7. C　8. E

二、环境荷尔蒙——生活中的隐形杀手

一、1. A　2. B　3. C　4. A　5. A　6. C　7. C　8. B

二、1. B　2. A　3. C　4. C　5. D　6. C　7. A　8. D

三、1. √　2. ×　3. √　4. ×　5. √　6. ×　7. √　8. ×　9. √　10. ×

四、1. C　2. B　3. D　4. A　5. C　6. A　7. D

三、喷泉是城市中的“负离子发生器”

一、1. D　2. A　3. D　4. A　5. B　6. C　7. A

二、1. A　2. A　3. D　4. C　5. B　6. A　7. B　8. B　9. A　10. D

三、1. √　2. √　3. ×　4. √　5. √　6. ×　7. √　8. √　9. √　10. √　11. √

四、1. A　2. C　3. B　4. A　5. B　6. D　7. C　8. D

四、海洋——人类的宝库

一、1.D 2.A 3.B 4.A 5.D 6.C 7.D 8.B 9.C

二、1.D 2.A 3.A 4.C 5.C 6.B

三、1.√ 2.√ 3.× 4.× 5.√ 6.× 7.√ 8.√ 9.√ 10.× 11.√ 12.√

四、1.C 2.D 3.A 4.B 5.A 6.D 7.E 8.E 9.C 10.B

第十六单元

一、停下脚步 欣赏风景

一、1.C 2.A 3.D 4.A 5.C 6.B 7.C 8.A 9.B

二、1.A 2.D 3.C 4.D 5.D 6.A 7.D 8.C 9.C 10.D

三、1.√ 2.√ 3.√ 4.× 5.√ 6.√ 7.× 8.× 9.√ 10.√

四、1.C 2.A 3.D 4.B 5.C 6.B 7.D 8.A

二、人体的生物钟

一、1.B 2.D 3.A 4.C 5.A 6.B 7.A 8.D 9.A

二、1.A 2.D 3.D 4.B 5.D 6.A 7.D 8.C 9.D

三、1.√ 2.× 3.√ 4.√ 5.× 6.× 7.× 8.√ 9.√ 10.√

四、1.D 2.C 3.B 4.D 5.A 6.A 7.B

三、危险的餐桌

一、1.C 2.A 3.B 4.D 5.A 6.A 7.B

二、1.B 2.C 3.C 4.B 5.D 6.B 7.A 8.B 9.D

三、1.√ 2.√ 3.× 4.√ 5.× 6.√ 7.√ 8.√ 9.√ 10.× 11.× 12.√

四、1.E 2.B 3.D 4.A 5.C 6.A 7.D 8.B 9.C 10.E

四、零食主义

一、1.D 2.A 3.C 4.B 5.C 6.A 7.C 8.B 9.D 10.C 11.B

二、1.A 2.C 3.B 4.D 5.C 6.A 7.B

三、1.× 2.√ 3.× 4.√ 5.√ 6.√ 7.√ 8.√ 9.× 10.√ 11.√ 12.√

四、1.A 2.F 3.A 4.D 5.C 6.E 7.B 8.C 9.E 10.B 11.D